智慧泉系列丛书

赵 洋 ◎ 编著

女人必须知道的婚恋心理学

智慧的女人用心经营婚姻 糊涂的女人用心毁灭婚姻

天津科学技术出版社

图书在版编目(CIP)数据

女人必须知道的婚恋心理学/赵洋编著.—天津:天津科学技术出版社,2010.3
(智慧泉系列丛书)
ISBN 978-7-5308-5324-5

Ⅰ.①女… Ⅱ.①赵… Ⅲ.①女性—婚姻—社会心理学—通俗读物
②女性—恋爱心理学—通俗读物 Ⅳ.①C913.1-49

中国版本图书馆 CIP 数据核字(2010)第 042979 号

责任编辑:刘丽燕
责任印制:白彦生

天津科学技术出版社出版
出版人:蔡 颢
天津市西康路 35 号 邮编 300051
电话(022)23332398(事业部)23332697(发行)
网址:www.tjkjcbs.com.cn
新华书店经销
三河市南阳印刷有限公司印刷

开本 710×1000 1/16 印张 15.5 字数 247 000
2010 年 8 月第 1 版第 1 次印刷
定价:29.80 元

前言

对于女人来说,最大的幸福莫过于拥有炙热的爱情和美满的婚姻。

在都市里,有越来越多这样的女性,她们接受过良好的教育,对情感的认知视野开放,生活理念花样繁多,大多有着一份不错的职业。但她们进入家庭,养育后代后,渐渐开始面临着与母亲那一代女人完全不同的心理与生理困惑。那些悠远的爱情理想和轻叹的恋爱悲欢,又怎能承受迷离复杂的花开花落;暗地里流转的情意与欲念,竟显出从没有过的盎然生机。

恋爱自由了,但是似乎并不甜美;婚姻自主了,却成为一座围城。我们还相信爱情吗?我们还需要婚姻吗?爱情、婚姻与性可以单独存在吗?也许只有生活本身才能给出答案。

一段婚姻,两个人。这看起来是多么简单的一种关系,相处起来却是一门大学问。人们常说"相爱容易相处难",说的就是婚姻需要经营,需要细心呵护。神仙眷侣的生活只能在神话中出现,真正的婚姻生活是琐碎和平凡的,从婚前的阳春白雪、甜甜蜜蜜到婚后的云淡风轻、平淡如水是一个很短暂的过程,而婚后的生活却是一个漫长的需要终其一生去努力经营的过程。

女人经常会感叹:为什么自己的老公婚前婚后如同变了一个人?感觉爱情在贬值,曾经向往的美好婚姻也变得有些面目可憎了。

善于把握的女人,会冷静现实地承认这种贬值及婚姻暗流的客观存在,不会为爱情的贬值大吵大闹或者自卑自叹,她会巧妙地使爱情的贬值变为升值,能牢牢地把握住婚姻的走向,最后真正驾驭婚姻。

不善于把握婚姻的女人,面对婚姻中的暗流涌动不能客观地接受现实,不能冷静地接受爱情贬值的现象。最后,本来还不算太糟的婚姻被她们

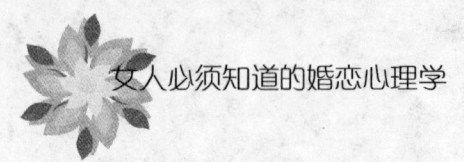

搞得更糟,原来不算太贬值的爱情贬到了零,甚至贬到了负值,两人不再有爱,取而代之的是彼此的抱怨和仇视,最终将男人送到别人的怀抱中。

　　婚姻和爱情是烈马,需要女人用智慧去巧妙驾驭。如何在婚姻中巧妙地化解矛盾?如何理智地去弥合情感裂痕?本书编者编辑了大量丰富的案例和心理测验,就婚恋问题进行了广泛探讨,从心理学、伦理学、社会学等多个方面予以分析与疏导,只有真正了解了婚恋心理,才能在生活中获得婚恋的智慧,才能开创属于自己的明朗天空。

编　者

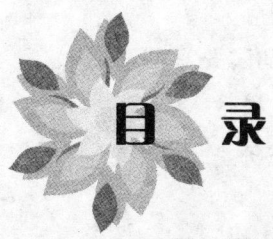

目 录

第一章 了解自己,了解男人

男女两性无论是在生理上还是在心理上都有显著的不同。美国心理学家伊思·罗伯特认为"你对你的配偶越了解,你就越能取悦于他,就越能获得美满的婚姻"。然而心理学家发现,有73%的妻子和丈夫,不了解自己的配偶,不知道彼此的需求。

男人来自火星,女人来自金星 / 003
 认知心理差异 / 003
 情感心理差异 / 004
 行为心理差异 / 005
 语言差异 / 006
男人有"死穴" / 008
 男性的心理禁区 / 009
 老婆总是别人的好 / 010
 窥视男性的内心世界 / 011
 一眼把男人看穿 / 018
 女人眼中的好男人 / 022
女人心,海底针 / 024
 女性有敏锐的直觉 / 024
 女性为什么爱购物 / 025
 揭示女性的内心秘密 / 027

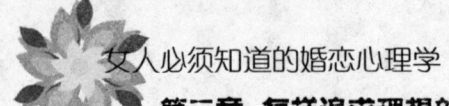

第二章 怎样追求理想的爱情

爱情是人们渴求为所爱的人付出一些或全部所有,并希望其永远幸福的感情思想。爱情是人类感情中最复杂、最微妙、多矛盾的统一。爱情的现象可以去理解,去描写,去解释,去研究,但爱情的美只能在感动中得以体会。

爱从哪里来 / 037
  人为什么要恋爱? / 038
  爱情对身心的影响 / 039
  爱情的过程 / 040
  美妙的初恋 / 040
  心理测验:你在恋爱吗? / 042

找到自己的白马王子 / 045
  择偶心理面面观 / 045
  男性的择偶心理 / 046
  女性魅力测试 / 047
  女性的择偶心理 / 049
  择偶心理的误区 / 050
  只嫁有钱人 / 051
  不要拿婚姻当跳板 / 053
  找老公只找最好的 / 054
  择偶不能太死板 / 057

天涯何处无芳草 / 059
  什么是单恋 / 059
  单恋的心理疏导 / 061
  爱情要主动去争取 / 062
  女生该怎样"倒追" / 065

危险的脚踩两只船 / 068
  什么是"三角恋" / 069
  选择者的心理规范 / 069

竞争者的心理规范 / 070
　　举棋不定怎么办 / 071
她的爱情鸟已经飞走了 / 073
　　失恋的心理反应 / 074
　　不要无谓地等待 / 075
　　主动失恋 / 075
　　失恋的短期心理调节 / 076
　　承受爱情的挫折 / 077
　　失恋的长期心理调节 / 079
　　不要留恋逝去的恋情 / 079
　　警惕失恋后的报复心理 / 081
　　怎样提出中断爱情关系 / 082
　　测试：你会失恋吗？ / 083
情人眼里出西施 / 086
　　什么是审美错觉 / 087
　　消极的审美错觉 / 087
　　光晕心理与迁移心理 / 088
爱在虚拟的世界中 / 090
　　网络爱情的特点 / 091
　　网络爱情的心理危机 / 091
谈恋爱也要有技巧 / 093
　　准备好初次约会 / 093
　　约会时不要说太多 / 095
　　撒娇也要有限度 / 097
　　不必每天黏在一起 / 099
　　谈恋爱时要坦诚 / 100
　　美丽不是爱情的唯一 / 102
　　不必表现得过于"精明" / 104
　　过去的"情史"可以隐瞒 / 106
　　不要提起他的前女友 / 108

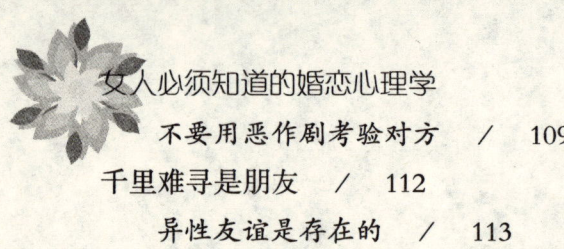

不要用恶作剧考验对方 / 109

千里难寻是朋友 / 112

  异性友谊是存在的 / 113

  异性友谊的维护 / 114

第三章 怎样得到美满的婚姻

  没有幸福的家庭生活，人们可能无法拥有真正的快乐和光明的远景。在人的一生中，没有任何成功可以弥补婚姻的失败。然而长久的婚姻关系，白头偕老的愿望并非是我们的一厢情愿，而是在共同努力下的如仲秋田野里金灿灿的果实。

等到花儿也谢了 / 117

  单身者的心理动因 / 117

  爱情游戏要适可而止 / 119

  世上有没有好男人？ / 121

  大龄单身女性的心理障碍 / 122

硝烟弥漫的"实战演习" / 124

  试婚心理分析 / 124

  试婚心理危机 / 126

  同居永远不会稳定 / 127

留恋单身的"落跑新娘" / 129

  婚前恐惧的心理分析 / 129

  婚前恐惧的心理调适 / 130

错爱一生的悲剧 / 133

  婚姻与爱情的冲突 / 134

  适合婚姻的心理素质 / 135

  婚姻观测试 / 136

婚礼后他被"打回原形" / 138

  婚后两性心理差异 / 139

婚后两性心理变化 / 140

婚姻是爱情的坟墓？ / 142
　　婚后心理不适的成因 / 142
　　婚姻满意度测试 / 143
　　重建婚后情感 / 145
　　结婚的女人更要自珍 / 146
　　"相敬如宾"未必幸福 / 148

两个女人的心理战 / 151
　　婆媳关系障碍 / 152
　　婆媳关系建设 / 153
　　婆媳关系中的男人 / 154
　　不要取笑男友的家人 / 154
　　婆媳关系处理能力测试 / 156

爱上一个不回家的人 / 159
　　鱼与熊掌兼得 / 160
　　丈夫心中只有事业怎么办 / 161
　　事业型女性的婚姻 / 163
　　婚姻状况测试 / 164

模范夫妻为什么离婚？ / 166
　　离婚的原因分析 / 166
　　该撒手时就撒手 / 168
　　离婚带来的异常心理 / 170
　　离婚后的心理调适 / 171

重入围城的困惑 / 172
　　再婚者的心理障碍 / 173
　　再婚者的心理调适 / 174

目录

第四章 如何克服婚恋中的矛盾

现代女性对于爱情和婚姻总带着无比的憧憬,却经常忽略了"理想"与"现实"的差异。婚姻就是两只刺猬在一起过冬。挨得近了,扎;离得远了,冷。只要掌控好双方的距离,那就不扎也不冷了。

磕磕碰碰算什么! / 179
  产生夫妻矛盾的心理因素 / 180
  容忍生活习惯的不同 / 181
  如何化解夫妻争执 / 182
  吵架也是一门学问 / 184
  吵架时哪些话不该说 / 186
  夫妻间要相互尊重 / 189
  男人不能百依百顺 / 190
  怎样对待沉默寡言的丈夫 / 192
  怎样对付坏脾气的男人 / 194
  如何挽救婚姻 / 195
  婚姻健康测试 / 196

"醋坛子"打翻一个家 / 199
  为什么女人爱"吃醋" / 200
  男性的忌妒心理 / 200
  克服爱情中的忌妒心理 / 201
  如何消除伴侣的醋意 / 202
  忌妒心理测试 / 203

丈夫是我一个人的 / 206
  夫妻间要留有空间 / 206
  不要掏空老公的口袋 / 208
  消除"妻管严"现象 / 209
  让不让丈夫"看美女"? / 210

金钱不是万能的 / 212

金钱与爱情　/　213
　　钱要怎么花？　/　214
　　让家庭财政更合理　/　215
　　好妻子应当会"管钱"　/　215
　　怎样对付留私房钱的男人　/　217
　　了解配偶的金钱观　/　219
"红杏出墙"的诱惑　/　221
　　什么是婚外恋　/　222
　　产生婚外恋的心理原因　/　222
　　为何有的女性甘愿做情妇　/　223
　　预防婚外恋的发生　/　224
　　防范"第三者"插足　/　225
　　丈夫发生外遇的二十个信号　/　226
　　婚姻状况测试　/　228
天亮以后说分手　/　230
　　一夜"情"还是一夜"性"　/　231
　　"一夜情"的危害　/　232

第一章 了解自己,了解男人

男女两性无论是在生理上还是在心理上都有显著的不同。美国心理学家伊思·罗伯特认为"你对你的配偶越了解,你就越能取悦于他,就越能获得美满的婚姻"。然而心理学家发现,有73%的妻子和丈夫,不了解自己的配偶,不知道彼此的需求。

男人来自火星，女人来自金星

> 女人到家门口才掏出开门的钥匙，而男人早就掏了出来。

刚出生时，男女之间是没有心理的性别差异的。随着成长，心理差异逐渐显现出来，以性别偏好为最初的形式。大约在两岁左右，男女儿童开始表现出对玩具和游戏的不同偏好；4岁左右，表现得更为明显和稳定。如男孩爱好运动类游戏和汽车、建筑材料等玩具，女孩则喜欢坐着的游戏、扮演家庭成员角色及与之相关的玩具；4~6岁期间，儿童开始表现出性别定型行为。研究表明，男女心理的发展速度和水平是不完全一致的。从出生到青春发育期这一段时间，女孩的心理发展较超前；从青春发育期开始，男女心理发展状况总体趋平，当然性别特征和性别差异是明显的。

男女心理差异是先天遗传因素和后天环境、教育因素相互作用的结果。后天环境和教育因素对男女心理差异的形成起决定性作用，可以扩大、缩小甚至泯灭先天遗传因素的影响。由于种种原因，男女的社会地位、家庭分工不同，且存在许多传统观念和偏见，使人们在给儿童选择玩具、取名字、服饰打扮、养育方式上有所区别，影响了儿童的性别定型。对儿童不同的教育要求和不当的教学方法，强化了性别差异。

认知心理差异

一个爱劳动的妻子常常把家具挪来挪去，有时候，一个星期内就要把房间重新布置一番。

一天夜里，丈夫听到有人敲房门，便迷迷糊糊地从床上跳下来，跑进漆黑的起居室，一下撞到墙上。

这一声响将他妻子从睡梦中惊醒。她听到丈夫在喊叫:"亲爱的,你又把房门放到什么地方去了?"

在一堆杂乱的物品中快速地找到自己想要的东西,这是女性特有的能力。而男性则主要依靠习惯和逻辑思维,这也难怪上面故事中的丈夫要碰壁了。

据研究,从八九岁开始,男孩在看图计算、走迷宫等空间知觉能力方面,无论速度还是精确性,都比女孩表现出明显的优势。

感官方面,男女在触觉、嗅觉和痛觉的灵敏性方面不相上下,对声音的辨别、定位及颜色色调的知觉上女性优于男性,而男性视觉上则比女性灵敏。

记忆方面,女性机械记忆、短时记忆优于男性,而男性的理解记忆、长时记忆优于女性。

思维方面,男女发展总体平衡,但发展速度及水平随年龄阶段而不同,开始的时候女孩思维发展略优于男孩,而且差异逐渐加大。青春期以后,男孩思维发展的速度,迅速赶上并超过女孩。男性擅长抽象思维,而女性擅长形象思维。

情感心理差异

丽莎收到男朋友的来信,只见信上写着:"亲爱的,我想念你!想念你那金色的鬈发,浅蓝色的眼睛,高高的颧骨,还有你左手上的伤疤以及1.65米的身高。"

丽莎的女朋友见了来信,奇怪地问:"这样的情书确实少见。你的男朋友是干什么的?"

"他在警察局里专门写寻人告示。"

这个男人写的情书可算是前所未有了,从这里,我们就能够看出两性之间表达感情时的差异。

在情感心理上,男女差异非常明显,表现为:女性情感易变,男性相对稳定;男性情感多停留在表面,易冲动,女性则容易深入体验;男性情感粗犷,女性情感细腻;男性对愤怒、惊恐感受强烈,女性则对悲伤、忧愁体会更深刻;女性的感情主观色彩较重,男性则较为理性、客观;某种情感在女性之间会迅速传播,在男性之间则非常迟缓;女性个人情感具有弥漫性,男性情感较集中;男性心胸较开阔,情绪问题少,女性心胸则较狭窄,情绪问题多;女性言行感情色彩重,男性言行感情色彩轻。

在情感表达方式上,男女也有明显差异。女性的情感表达常表现出委婉、含蓄、含糊、暧昧等特点,尤其是女孩儿,偏好掩饰自己的真实情感。比如让她们对人或事给出一个"好""坏"的评价时,往往得不到其明确答复——遇到非常喜欢的,不说喜欢;对自己讨厌的,也不说讨厌。其实这样可以留给自己很大的选择余地。当被男性追求时,女性更会暧昧有加。这样可以增加自己的神秘感和吸引力,让男性更大胆、热烈地追求自己并考验他的真心。其实,女性有时候自己摸不透自己,也不知道自己到底是什么人,常常没有明确的目的与目标而是依靠感觉来生活。这是女性情感表达暧昧的另一个原因。而男性在情感表达上喜欢直截了当,不喜欢兜圈子。对人或事的"好""坏",他们不掩饰自己的真实情感,会作出明确的决断,好就是好,坏就是坏,不会含糊其辞。

行为心理差异

市政府的接线生接到一个电话,但她重复了好多遍"你好,这里是市政府",都没有回音。

最后,话筒里传来一个女人很紧张的声音:"这儿真是市政府吗?"

"是的,女士。"接线生说,"你要跟谁说话?"

又停了一会,那个女人声音温和地说:"我不找谁,我只是在我丈夫的口袋里发现了这个电话号码。"

女性疑心通常比男性重,尤其表现在对配偶的信任问题上。妻子经常怀疑和害怕丈夫有外遇。心理学家认为,这是因为在她们心目中,认为男人总想逃避家庭的责任,一想到把终身托付给男人时,就会不寒而栗、倍加防范。

女性往往有较多的朋友,尤其与同性朋友之间能长久保持较亲密的联系;而男性则较少有长期亲密联系的朋友。他们除了握手之外,似乎不再需要任何进一步的接触。对此,心理学家认为,小女孩可以手拉手一起上学,受了委屈互相安慰,养成亲密接触的习惯;小男孩从小就被教导要坚强、独立、自己的事情自己做。他们不敢像女孩那样做,否则会被别人说没出息。这种观念根深蒂固以至影响其一生的交友态度。

通常,我们认为信口开河、夸夸其谈的人,男性多于女性。可大多数心理学家却不这么认为,他们说女性更擅长撒谎、欺骗、隐瞒、找借口等花样。因为她们的体力天生比男性弱,所以不得不靠小计谋来弥补生存的缺陷。

语言差异

丈夫对妻子说:"哥伦布肯定没老婆。要不,他什么大陆也发现不了。"

妻子:"那是为什么?"

丈夫:"哥伦布如果有老婆的话,在出海前,她一定会问哥伦布:你上哪儿去?为什么去?有什么事吗?和谁一起去?去多少时间?为什么……"

为什么男人总是嫌女人唠叨,而女人总是嫌男人冷淡呢?是因为他们的重要沟通能力——语言,存在差异。

语言运用作为一种社会行为,存在着性别差异。两性的言语差异表现在语音、用语和交谈三个方面。语音方面,女性发音的绝对音高高于男性,比男性更娇柔,语音听觉比男性更敏感;男性发音比女性含混,"底气"比女性更足。用语方面,女性颜色词语的掌握能力强于男性,比男性更喜欢使用情感词,比男性更善于使用委婉语。交谈方面,女性说话比男性含蓄,与男性相比不喜欢左右话题,言辞比男性更温文尔雅。男女交谈的兴奋点不同,男性更多地将注意力集中在谈话内容上,而女性将注意力集中在交谈过程本身。

男女言语差异受男女心理发展特点的影响。在青春发育期以前,女性在理解人际关系、形成义务感和责任感等方面比男性成熟得早,心理年龄比男性要大1岁左右,因此语言礼貌友好、热情洋溢、字斟句酌;而男性常常傲慢自负、盛气凌人。

到了青春期后,男性对异性反应较强烈,但比较粗心,不太注重细节,形成了气粗声大、言语有力、直来直往、敢说敢道的语言特点。

那么男人为什么会感觉女人说话唠叨呢?是因为女性的谈话一般是张口即出,通常没有经过大脑的宏观思考,于是说出的话往往显得冗长,要不就是不时地在重复,要不就是突然改变话题。而男性间的交谈则不是这样,他们谈话时总要先弄清楚对方的谈话思路,然后才有所回应。用一个心理学的名词来说,女性说话的特点是没有"回馈"。她们不会等到确认对方所说的内容之后再考虑自己该说什么,而男人想说话却插不上嘴,只好三缄其口。

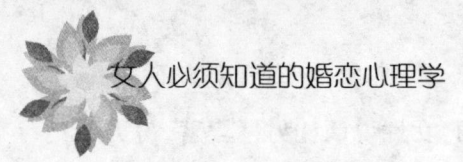

女人必须知道的婚恋心理学

男人有"死穴"

> 男人都喜欢听话的女人，但男人若是开始喜欢一个女人时，就会不知不觉地听那女人的话了。
>
> ——作家古龙论男人

这天，阿晶在办公室里跟男同事怄完气，下班回家又和丈夫吵了一架。

办公室的小熊与阿晶的丈夫是同窗好友，两家人很是亲密。这天上午在办公室里闲聊，同事们都一个劲地夸奖小熊全力支持妻子的工作，自己承担了家务和教育孩子的重任，可称得上是一个"模范丈夫"。正当小熊被大家捧得心花怒放的时候，阿晶半开玩笑地说："是不是打老婆也算是模范丈夫的一条标准？前几天他老婆还跑到我家来避难呢！"

此话一出，办公室里顿时鸦雀无声。小熊则恼羞成怒，大叫："胡说八道！"一整天都紧绷着脸。

阿晶回到家里对着丈夫发起了牢骚："人家小熊都升为科长了，而你呢？难道你比他窝囊？"

"没错，我承认我是个没本事的人。"丈夫生气地说。

"你就是这样不争气，永远发达不起来。跟着你这个窝囊鬼，害得我遭人白眼！"

"你真是不讲道理！胡搅蛮缠……"丈夫显得很难忍受，拍着桌子大声责骂阿晶。

阿晶在一天里遭到两个男人指责，主要原因就是她不小心触犯了男人的心理禁区。

男性的心理禁区

从心理学的角度看,人们在内心深处往往有一个心理禁区。不同的人其心理禁区各不相同,敏感的程度也有差别。男人虽然比女人坚强,但他们也有脆弱的一面。有些话题,他们是最不愿谈及的,女士们应懂得些心理学,懂得男人的心理忌讳。如果你误闯了男人的"雷区",很容易招惹不快。

对大多数男人来说,不被别人认为是失败者已算是"成功",在这里,成功不是用取胜而只是以"不失败"来衡量。之所以满足于"不失败",那是因为多数男人内心承认真正的成功者是屈指可数的。谈论他的失败,难免有时令他恼羞成怒。

男人天生竞争欲强,并且从不愿服输。许多男人常常会妒忌另一个男人的成功。如果一个人,特别是一个女人在他面前赞赏另一个男人的成就,会使他认为你是有意贬低他。

不要"教"男人怎样做,让他感觉你在颐指气使。也许你是出于好心,但他可能会以为你怀疑他心智的成熟度或者看不起他今天的成就。在男人看来,让女友教他怎样工作、怎样举止简直是对自己能力的极端不信任,甚至引申到你对于他现在职位、收入的不满。而女人们真实的想法只是想跟男人交流一下处世的方法哪种更能见效,更能为自己加分,并没有质疑男人的能力的意思。

男人最讨厌女人问诸如"你以前的女朋友比我漂亮吗"这种八卦问题,如果再从你的姐妹口中隐约听到什么传言,那就不要怪他怒发冲冠了。男人是很难面对自己以往失败的恋情的,而你却要逼他讲自己失败的经历,是很残忍的。而他在潜意识里总是希望自己能胜过你的前男友,虽然在你不经意间提到的时候,感觉不到他的好奇,但事实上,他是相当在乎的。

男人不会喜欢饶舌的女人,即便他的家人或朋友有很粗俗的举止或不合时宜的举动也不要轻易评论,如果你肆意批评,就会让他感觉你嫌弃他的背景。在没有妨碍你的情况下,最好远远避开,但如果妨碍了你们的正常生活,那可得一定跟他好好谈一谈,相信他会想办法解决。

不要干涉男人的爱好和品位。他喜欢穿着幼稚的球衣在球场踢球可能是你无法忍受的爱好,但这却是他最引以为荣的事情。你把你认为过时的灰蓝色衬衫处理掉,但那却是他穿着最舒适的东西。你认为自己给他买的时装高贵典雅,却被他嗤之以鼻为"庸俗物质"。

男人对女人的品位,和女人认为的品位往往是两回事。这没什么好奇怪的,你不是也对家中电脑的维修一窍不通吗?不要强迫他改变自己的爱好,如果你真的对他的衣着品位很在意,不妨在衣橱中增加一些你选择的款式,鼓励他多穿几次,让他渐渐地接受你的建议。有的时候,他们也仅仅是嘴上不愿意承认你是正确的罢了。

性无能是男人最大的禁忌。男人一旦在性功能方面出现问题,如果有任何的风吹草动和旁人的闲言碎语,那么再坚强的男子汉也会变得脆弱起来,产生无法自制的性苦闷、性困惑和性恐惧。如果他在性生活方面让你有任何不好的感觉,你应该说出来,但是方法要恰当。不要板着脸,像受到侮辱似的,否则,会让男人相当困惑,认为你喜怒无常。另外,性能力被怀疑也会是他的"奇耻大辱"。如果你有任何不满意,可以考虑换一种方式来表达。若是你的爱人以往并没有太多的经验,也不要表现出自己的失望。

虽然,好面子的男人有着诸多的禁区,但并不意味着你就不能向对方表达一下自己的不满。不妨换一个角度、换一种说法,选择讲话的技巧,会让你们的生活更加甜蜜和谐。

老婆总是别人的好

为什么男人总认为"老婆总是别人的好"呢?这不是男人的品质问题,而是有深层的心理原因。

一般的,女性的情感来得慢,但去得也慢,她们对丈夫的爱通常是自始至终的;而男性情感来得快,走得也快,容易移情别恋,喜欢在外面拈花惹草,虽然有时候他不一定不爱自己的妻子,也就是"喜新不厌旧"。

女性在外面很注意自己的形象,外出时总要搽脂抹粉半天,然而在家里她们却无所顾忌,乱七八糟。可能她们认为,夫妻之间没有注意形象的必要,男人们通常也会这样说。可实际上,男人的潜意识没有休息,慢慢地,就会使他们对妻子的形象产生了一些厌恶。

人无完人，金无足赤。可男人们就是梦想自己的妻子完美无缺，而且喜欢拿自己的妻子和别人的老婆比较。可他们的比较方法往往是不公平的。通常将妻子与众多的人相比，这种"一对多"的比较方式，必然将自己的妻子比得一无是处。

心理学研究表明，同一种刺激次数多了、时间久了，人们在心理上就会适应它，反应就变得迟钝；新异的刺激更容易吸引人的注意力。夫妻两人同吃一锅饭，同睡一张床，日复一日，年复一年，妻子的美丽会令丈夫熟视无睹，对其吸引力自然就不如别人的老婆。另外，夫妻双方还可能因为志向、兴趣爱好、需要的差异等种种原因而发生摩擦，无疑会拉大夫妻间的心理距离，让丈夫产生"别人老婆好"的错觉。

俗话说"距离产生美"，夫妻之间太了解了，也会使丈夫觉得别人的老婆好。妻子如果主动与丈夫保持一点距离，给丈夫造成一种神秘感，对维系婚姻的美好是有好处的。夫妻间不需要隐私的想法和做法无疑会减弱彼此的吸引力。

男人认为"别人的老婆好"，这是因为他接触到的只是别人妻子可爱的一面，而对她在自己家里的所作所为却不甚了解。别人的老婆好，是因为男人把她当成了花瓶欣赏；自己的老婆不好，是因为男人把她当成了油瓶使用。如果将花瓶与油瓶的用途交换，男人最终还是会发现原来自己的老婆最好。

窥视男性的内心世界

恋爱中的男人都希望自己在恋人的眼中有良好的形象，总是喜欢展露自己最佳的一面，而千方百计对自身一些小毛病加以遮掩。如果他把品行上的劣迹也给掩藏起来，那日后一定有吵不完的架。

怎样才能了解他真实的内心呢？心理学家发现，从人们在生活上的具体举止习惯，可以挖掘出其潜意识中的各种素质，由小见大，从下面的一些小事情上，你就可以看穿他的内心。

动物性的欲求会影响一个人的基本性格。吃吃喝喝是人类本能的行为,从这些本能的行为可了解一个人的性格。

01.吃东西时他会——
A.慢慢地　　B.没什么特殊之处　　C.很快

02.喝饮料时他会——
A.一点一点地慢慢地喝　　B.没什么特别之处
C."咕噜咕噜"地发出声音

03.喝咖啡或红茶时,放糖和奶的方法是——
A.放很少　　B.不太清楚　　C.两样都加很多

04.他会挑食吗?
A.会挑食　　B.不太清楚,好像不太会挑食　　C.什么都吃

05.在餐厅吃饭,他会——
A.剩很多　　B.没什么特别之处　　C.不剩一点,全部吃完

06.在吃饭之前,会擦筷子吗?
A.拿起来就用　　B.不太清楚　　C.会擦筷子

如果他吸烟,请回答07～10题,否则请回答11～14题。

07.他吸的香烟是什么种类?
A.烟斗或雪茄　　B.国产的一般香烟　　C.外国香烟

08.他吐烟时是什么样子?
A.一点点慢慢吐出来　　B.没什么特别之处　　C.从鼻子吐出来

09.他把烟熄灭时的动作是——
A.随手把烟屁股丢掉　　B.没什么特别之处

C.用力压在烟灰缸里才弄熄

10.他怎样拿烟?
A.用大拇指和食指夹住　　　B.没什么特别的拿法
C.用食指和中指夹住

11.在餐厅付钱时,他从哪里掏出钱?
A.从胸前口袋的皮夹中拿出来　　　B.从长裤的口袋中拿出钱包
C.找半天之后才找到

12.他高兴或不高兴时会表现在脸上吗?
A.不会表现出来　　　B.不会特别表现出来
C.立刻表现出来

13.他笑的时候是什么样子?
A.不太发出声音地笑　　　B.很少笑　　　C.大声笑

14.回想你与他通话时,他的声音怎样?
A.声音很小几乎听不见　　　B.普通,没什么特别
C.很大声讲话

日常的动作习惯,往往可以反映一个人的性格。日常生活中这些不断重复的动作,便表达了那个人的性格。

15.他坐在椅子上的样子是——
A.静静地、慢慢地坐下　　　B.想不出有什么特别之处
C.发出声音才坐下

16.在椅子上坐时,他的腿会怎么放?
A.跷脚坐　　B.膝盖合并坐　　C.腿张开坐

17.他从椅子上站起来时是什么动作？

A.静静地站起来　　　B.很有礼貌地站起来　　　C.挺胸后站起来

18.他与别人说话时,手会——

A.玩弄桌上的东西或是口袋里面的东西

B.一直搓动,手心让对方看到　　　C.交叉握住

19.与人面对面谈话时,他的眼神如何？

A.不看对方,多半闭着眼睛　　　B.眼睛有时闭上

C.凝视对方的眼睛

20.和人谈话时,他的头多半会怎样？

A.平视前方　　　B.习惯性地斜向一边　　　C.低头

21.一起并肩走时,他的手会怎样？

A.完全不会碰触你,或不知道　　　B.有时会碰触你的手

C.不仅手会碰触你的手,身体其他部位也会碰触

22.在等公共汽车时,他的手会怎么放？

A.放在屁股附近　　　B.平行放下　　　C.交叉放在胸前

23.一听到走路的声音,你知道是他来了吗？

A.走路一点声音也没有　　　B.没什么特别之处

C.他走路声音很大、很有个性

24.他会一边走路一边听随身听吗？

A.绝对不会　　　B.有时会　　　C.会

要了解他的潜在性欲求及愿望,可由他喜欢的衣服类型来判断。也就是说:衣服往往是一种无意识的自我主张。

25.他胸前的口袋,多半都放什么东西?

A.手帕或是太阳眼镜　　　　B.什么东西也没放

C.钢笔或是笔记本

26.他的裤子折线很明显吗?

A.很明显　　　　B.折线不是很清楚　　　　C.隐隐约约

27.他戴什么领带?

A.外国高级领带　　　　B.不怎么起眼的领带

C.有校徽的领带,或是花领带,或是没有戴领带

28.他穿的皮鞋如何?

A.非常的亮　　　　B.普通亮而已　　　　C 很脏

29.他的衬衫是什么颜色?

A.花衬衫或是黄色的　　　　B.白色　　　　C.蓝色

30.他的胡须是——

A.很稀疏　　　　B.普通　　　　C.很浓密

31.他的头发整理得如何?

A.上发胶、很光鲜　　　　B.普通、很干净　　　　C.乱七八糟的

32.他的气味——

A.擦古龙水,身上很香　　　　B.没什么特别之处

C.汗臭味,有男人特有的气味

33.他经常更换领带吗?

A.经常更换　　　　B.普通,没什么特别的感觉

C.常戴同样的领带

第一章　了解自己,了解男人

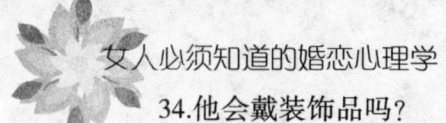

34.他会戴装饰品吗？

A.不经常戴　　　　B.常戴,不太显眼

C.会戴袖扣、领带别针等装饰品,非常显眼

选A得1分,选B得3分,选C得5分。

总分30~53分

他是为理想而生的浪漫派,平时给人很老实的感觉,但是对喜欢的女性却很热情,同时会把对方当圣母玛丽娅般地理想化。另外,他很容易一见钟情,同时也很难忘记一个人。他很容易对像自己母亲及初恋情人的人一见钟情,要特别小心谨慎。

他本来是很安静的,但只有两个人的时候,他会畅谈他的人生观及将来的梦想,说着说着,不知不觉会流下眼泪。他会深情地看着你,谈他的以往。

这一类型的人,会很体贴地照顾自己的伴侣。想获得这一类型男人的爱恋,你不妨送给他精美的卡片,并在上面表达你的心情。比如:"这是我以前就很喜欢的诗,现在把它送给你。"

总分54~77分

他是个严肃慎重派,不管做什么事,都会先预测到别人的想法之后才行动。他绝对不会冒险,非常小心谨慎,在工作岗位上多半会得到别人的信任。他把工作和私生活分得很清楚,所以不喜欢你打电话到公司。即使对一个女孩子有好感,也会表现出很冷淡的样子。

这一类型的人着装很朴素,不太注重时尚。不喜欢名牌货及华丽的东西,很重视与自己收入相当的生活。他一定会遵守与别人的约定,即使迟到了也会匆匆而来。

如果他是你的意中人,你可以找一找与他工作有关的东西,或是他一直想买却买不起的东西,悄悄地放在他桌上效果会很好。他收到这种意想不到的礼物,一定会比平常人更感激你。

这种类型的人,很容易怀念起自己的故乡及孩提时代。送给他家乡的特产也有很好的效果。如果你送他手工做的抱枕、毛衣、领带,他会非常地感激。

总分 78 ~ 102 分

他是个自信固执型的男人,不喜欢太华丽的东西,给人素净的感觉。这种类型的人多半很顽固。对自己很有自信,对别人也要求严格。

这一类型的人,性格大都比较内向,头脑聪明,不喜欢平凡的东西,所以希望得到周围人的肯定。他比较喜欢安静,二人约会也都多半是去咖啡店喝咖啡,或是到有情调的地方跳跳舞。

如果你喜欢他,不妨送给他外国名牌的东西。此外,他也很喜欢别人没有的东西。他对打火机、手表等不太感兴趣,对可打扮自己的领带、袖扣、眼镜、鞋子等较有兴趣。要注意一点,他对领带非常讲究,你如果送的是与他的领带相同花色的东西,他一定会很高兴。

总分 103 ~ 126 分

这是个好管闲事的男人,很受大家的欢迎,只要看到别人有麻烦,一定不会袖手旁观,和谁都合得来,属八面玲珑型。他很喜欢热闹,有很多朋友,相交满天下。不过,他容易轻易答应别人,当别人交代他事情的时候,他总是说"交给我来办就好"、"我知道了",可是后来却都没有切实执行。

每次聚会他都会要帮忙,而且还要一直喊"好忙好忙"。他很喜欢小孩,在大家面前牵女孩子的手,他也会害羞。遇到高兴的事,一定隐藏不住。

对于女性来说,这种类型的男人,你要送的礼物最好是让他很快想到是你送的东西。比方像每天都会用的咖啡杯、闹钟等。或是二人合照的照片,最好还附有很漂亮的相框。他有时还会忘了你为他织的围巾、毛衣、袜子,不过你也不要太失望。不要送他吃的东西。

总分 127 ~ 150 分

他是喜恶分明型的人,对人的好恶表现明显,和自己合得来的人他会和颜悦色,不喜欢的人他就摆脸色给人看。非常容易受自己心情的影响。这一类型的人不是很注重自己的仪表。

对于热恋中的女孩子,你不妨送他个钱包,也许会有非常好的效果。接着,你可以找一枚他生日同年发行的硬币,在卡片上写着"祝你好运"送给他。他对男性化妆品、领带都没有兴趣,你想送这些东西给他都不适合,反而会有负面的效果。

一眼把男人看穿

不要以为男人都是大大咧咧的,有的时候他们也会把自己藏得很深,但是不经意间,一些小细节还是会暴露他们本来的面目。

领带是男人性格的标志

时尚界有句俗语:女人买不尽的帽子,男人买不尽的领带。领带起源于17世纪后半叶,起初是士兵绑在脖子上的布,此后宫廷的绅士用来作为上衣的装饰品。心理学家认为在男性服饰中,领带是一种象征。除了斗牛士和舞蹈演员可以身着华丽的服饰之外,衣着朴素的男性就只能借助于戴在胸前的领带来表现自己了。

碎花领带是身着正装西服的男士最常用的搭配,这是一种非常有分寸,比较节制的打扮。常佩戴碎花领带的人性格极其稳定,不会因为感情上的波动而影响自己的工作,知道自己处理事情的时候该从何处入手。他们决断力强,承担风险的能力也极强,拥有平常心使他们对责任分配的公正性有坦然的理解。这种人相当适合从事司法或证券期货投资方面的工作。

素色领带是近年来流行的式样,特别适合年轻充满活力的男性。素色领带给人一种平易近人的印象,这也是常佩戴素色领带的人处世的原则。他们感情深厚,常以仁爱之心待人,不仅自己行事无可挑剔,而且从不会乱发脾气。即使别人犯了错误,他们也是温和地批评,或巧妙的提醒对方。"和气生财"这也是他们寻找运气的重要前提。

常佩戴鲜艳颜色领带的人对新鲜的事物总是情有独钟。为了赶上时代潮流,他们是不在乎自己是否会入不敷出的。这样的人消极而依赖性强,个性特征是幼稚、不成熟、没有独立自主的精神。这可能源于童年时受到过度的保护,于是养成了任性依赖的性格。他们对别人的感觉、想法,人与人之间的关系等问题毫无兴趣,缺乏纵观大局的判断力。因为胆子小,所以内心充满不安,经常烦恼或者与人争执不休。而在那些爱护自己的人面前又会撒娇取宠。

领带皱皱巴巴的人一看就是一个平庸者,既不注重自己,也不关心他人。我们知道眼神的光芒能够反映出一个人的精力、斗志、热情、聪明等等,而这种人眼睑下垂,眼睛无精打采。可想而知,如果不改变现状,这种人最后必定是失败者。

戴领带的人,会给人一种严肃守法、富有理性、有责任感的印象。而不打领带的男人属于极有个性的人。他们穿着随意,不拘小节,不喜欢用名牌衣服来"包装"自己。他们性格粗犷,喜欢独来独往,只做自己喜欢做的事,而且对任何事情都有自己独特的见解,对事物的内在充满好奇,这是一个艺术家所具备的性格。这种人有卓越的创造力,活力旺盛,喜欢领导别人做事。如果一个人说:领带会束缚脖子,我不喜欢。那么这个人一定在伺机自己立业。

喜欢戴窄领带的男性一般自信心十足;相反,喜欢戴宽领带的男性则是对现状不满,对未来也不抱期望。心理学家发现,美国的金融中心华尔街有一个特别的"领带指数":如果戴宽领带的人多,说明股市在下跌,经济状况在恶化,人们对未来丧失信心;如果戴窄领带的人多了起来,则说明经济开始好转,股市在上升,大家都踌躇满志。

喜欢系领结的男人希望自己能够树立一种稳重的形象。他们对钱看得很重,善于理财,是精打细算的顶尖高手,因此适合从事证券业。这样的人对输赢看得重,不愿意承担风险,生活平稳甚至平淡。有些喜欢系领结的人往往讨厌麻烦的事。当他被人指责时,愠怒之色马上显现于脸上,气势汹汹地与别人争吵。

把领结打得小而紧的人心胸狭窄,疑心重重,甚至关水龙头也要再三确认,他们孤僻自闭,一毛不拔,遇事先替自己打算,不易结交知心朋友。领结大而松的人感情丰富而且有绅士风度,善于与人交往,在社交场合颇得人们的欢心。领结大小适中的人安分守己,为人彬彬有礼,勤奋用功,在事业上一丝不苟,是一个有责任心的人。

领带的作用类似于女士们的丝巾，男人的行事原则和人品秉性可以完完全全地展现在领带打法与颜色的搭配上。心理学家能够通过测验来了解系不同领带的人的个性。每个民族对领带也都有自己的见解。仔细观察周围男人的领口，便不难发现他们性格本色的蛛丝马迹。

一支香烟看个性

从不抖烟灰的人往往比较慵懒，这种人大多缺乏自信心，一般身体状况不太好，具有较强的自卑心理。如果在开会或工作的时候出现这种情况，那么这样的人往往是个工作狂。抽烟时不抖烟灰的人做事情常常是大而化之，他们生活的态度也比较随意。另外，这种人一般都比较懒散，他们思考问题一般也比较肤浅，很难进行很深入地研究。

有些急性子，抽烟时候的表现是恨不得一口气把一根烟抽完，甚至把烟头都弄湿了。这种人多半容易愤怒，同时也表现得很贪心。但他们有时又表现得好恶分明，常常喜欢参与各种各样的活动，好像什么事情都能做。

叼着烟卷工作的人对自己的工作充满信心，办事比较执著，有可能成为某一方面的专家。但是由于他们的自视过高，办事比较勉强，通常与同事的关系处理得不够好，有时还会产生纠纷而导致失败。不过这样的人一般不会服输，面对困难，常常会产生更大的勇气。在生活中，这种人希望自己的能力得到别人的承认，否则他们就会产生强烈的反抗情绪，或产生消极情绪。总的来说，这是一种需要别人来认可和肯定的人。

抿着嘴抽烟的人多半个性深沉，一副不慌不忙的样子。这样的人个性沉稳，办事一般都不会采取轰轰烈烈的动作。他们稳扎稳打，从来不做要冒很大风险的事情。他们做事往往处心积虑，一般不会暴露自己的真实想法。然而，这种人也有他们的不足之处，就是缺乏工作上的主动性和足够的创造性。

从拿烟的姿势来看，用大拇指和食指的指尖拿着香烟，两根手指形成一个圆圈，其他手指优雅地伸展开。外表看来，他们正摆出一副诱人、无攻击性的姿势，但内心巧妙地设下一个满怀敌意的陷阱，就像猎人一样希望有人掉下去。

把香烟拿在拇指和食指的尖端，其他手指缩向掌心。表面看他们可能想烧死正在和他们讲话的人，或任何一个来找他们的人。事实上，这种拿烟法表明他们蕴藏了一股沸腾的怒气，而且随时都可能爆发出来。

用食指和中指拿烟，烟头与手掌平行。这模样仿佛他们正要把烟给对方，而他们也的确愿意付出，但他们希望给的不只是烟。这样的拿法还表示他们不怕大胆暗示对方。总而言之，他们愿意先采取行动，跨出第一步，让别人了解他们。

将烟反过来夹在食指和中指间，而且拿得比较低，烟头几乎碰到掌心。这种拿烟法透露出一股强烈自我毁灭的倾向，他们不可能把这种实质表现出来，甚至隐藏了愤怒的方式，就和他们藏烟头的方式一样。

紧握的拳头死命抓着夹在食指和中指底部的那根烟。他们会把这根烟抽到剩下烟屁股。即使不饿，他们也会硬塞东西到肚子里，以免别人用所剩之物使利润变相增值，他们在用餐之后，往往将一次性筷子折成几段。

拿烟的手是张开的，每抽一口烟，就用手捂住嘴巴。他们仿佛告诉别人，他们每开口说一个字，必定先自我检视。事实也的确如此，他们的每一个想法必定是经过深思熟虑后才说出口的，别人想责难他们，首先为想办法而伤脑筋。

香烟的危害要比酒精厉害得多，所以当你分析完一位吸烟者的心理活动后，不妨劝他把烟熄掉。而从对方熄灭香烟的姿势中，你就又多了一次观察对方的机会。

心理学家发现，有人熄灭烟头的方法很特别，他们往往把正在冒烟的烟头在烟灰缸里很快压灭，就像有什么急事等着要办似的。通常来说，这类人有着充沛的精力，做起事来从不会半途而废，有很高的工作积极性。但是他们最缺乏的就是不会处理自己的欲望与现实的关系，往往顾此失彼。这种人做事雷厉风行，从不拖泥带水，他们有着较强的时间观念，是赶在时间前面的人。因为这种人多半有着超前的意识，所以他们往往会产生对现状不满的情绪。

熄灭烟头的动作很轻、很慢的人一般都是慢性子。这种人个性慎重温和，考虑问题比较全面，有一定的领导才能。这种人的不足之处就是不会很好地表达自己的意见和建议，无论做什么事情常常都是犹豫再三举棋不定。

把冒烟的烟蒂弹在水或草丛里的人为人洒脱,但多以自我为本位且性格懒散。不能很好地完成他人所托付的事,对金钱也毫无概念。他们真实表现自我感情却受人排斥,他们不仅常遗失物品,还常否定自己的过去。

用水浇烟蒂,从这个动作便可看出,这种人胆子小,没有安全感。从心理学角度来说,这种人一般属于神经质、操劳型的人。他们天生胆子小,做什么事都是小心翼翼的,唯恐出任何差错,即使都是安全的,他们也会凭空想象出许多不安全的因素,把自己弄得诚惶诚恐。他们多愁善感,与人发生口角之后,会影响一整天的情绪。

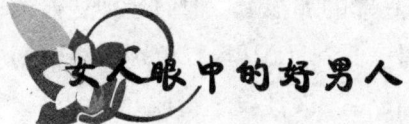

女人眼中的好男人

女人眼中的好男人并非是一种永久不变的形象。女性对男性的认知会随着她的年龄、阅历的增长而产生变化。

一般而言,女人对男性真正开始有理智的认知时,应该始于20岁。20岁的女孩,由于刚刚脱去孩子的稚嫩,她还未经历太多的人与事,所以此时的女孩对待恋情大多很天真、淳朴,不会受到世俗的干扰,她们的心中没有太多的功利性,看待生活也基本趋于表面。所以这个年龄段眼中的好男人的形象多会停留在外在的一些条件上,此时的女孩对于生活的认识过于简单,是盲目的。

当女人过了30岁之后,生活经验与品味都随着阅历一起成长起来,这时她们眼中的好男人已然开始从外表转向内涵了。她们开始更欣赏那些风趣幽默的男人。因为他们会在女人生气或者遇到挫折时,别出心裁地利用语言和行动让人破涕为笑。而宽容大度、沉默稳重的男人在她们眼中也同样不失为好男人。宽容大度的男人能够毫不吝啬地包容女人的过失,能够宽待体谅周围的一切。而沉默的男人,在她们看来那是睿智、坚强、忧伤甚至是羞涩的潜台词。这样的男人会有一种天生的力量感,一种跟沉默一同呈现的力量感。

40岁,是女人经历了风风雨雨的年龄,此时的女人开始以处事不惊的态度看待人生中的一切,而且此时的她们无论从能力还是经验上都是最丰富的时期。所以此时的好男人在她们的眼中则是另一番形象。40岁的女人希望男人能够辛勤工作。因为从工作中可以表现出一个男人不断进取的精神，以及敏捷的思维和干脆利落的处事方法，工作的出类拔萃是好男人的标准之一；而处事不乱的男人，在女人看来是可以在危急关头挺身而出并且镇定自若的男人，他们让女人感到安全可靠，是女人的主心骨和避风港。顾家爱家的男人在她们眼中，也同样是好男人的标准，他们系一条围裙穿梭在锅碗瓢盆间的样子，虽然看起来平庸，但对妻儿的那份关怀跃然其间，更能够让人感到实实在在的温暖。

对于50岁的女人而言，生活已然走入平稳阶段，所以这时她们眼中的好男人的标准也许有一条就够了，那就是忠贞不渝的男人。现今的商品时代中，欺骗和背叛的事情越来越多，忠诚就显得越发稀少与重要了。对家庭对女人忠贞不渝的男人是家庭稳固的重要条件。

女人心，海底针

> 虽然我花了三十年时间研究女性的灵魂，但有个大问题我仍然无法回答：女人渴望得到些什么？
> ——弗洛伊德的困惑

方仔的女朋友过生日，方仔为她买了一条昂贵的项链，想以此博取女友的欢心。他的女友在打开礼品盒的一刹那，脸上写满了惊喜，方仔也很高兴。可是没过一会儿，女友的脸上就"晴转阴"了，眼泪也不争气地流下来。

方仔很纳闷，急忙向女友询问。女友说："你怎么会突然想起给我买这么贵的东西？是不是你做了什么对不起我的事？是不是也送给别的女孩了？"

虽然方仔百般解释，可女友就是认定方仔"脚踩两条船"，因为内心愧疚，才给她送礼物。搞得方仔不知怎么办才好。

女性有敏锐的直觉

女性的第六感觉常常很灵敏。当她的男友身边出现其他女性时，她会产生一种不可思议的感觉，而立刻提高警惕。另外，当女性做出"这个人心术不正，少与他来往"或者"这个人值得交往"等评语时，往往会是意想不到地正确。这种敏感类似动物的直觉。

我们都知道，大自然中动物对生存环境的判断和分析都源于它们那种天生的直觉，科学上称为"第六感觉"。女性的这种直觉与未开化的人有极其相似的地方。未开化的人完全依靠自身的本能和习惯，来适应外界的环境并判别外界事物。

要把握一件事情的真相时，男人会一步步地登上理性的阶梯。也就是说，他们喜欢采取以理论事的方式。一旦阶梯在中途夭折，他们就不能再向前推进了。于是常常听到他们无奈的感叹："真复杂！令人费解！"一旦这种结论产生，那就表示事情到此为止了。女性却不如此。她们从来不重视理性推理，只重视在那一瞬间，在自己脑海里闪动的念头。

有一对已经快要"升级"为伴侣的同事。男友约女朋友晚上去看电影，下班时男友却突然对她说："真对不起，晚上我有事加班，不能陪你去看电影了。"就在那一瞬间，女孩儿的心里就浮出了一个念头："这话有一点儿蹊跷……莫非他要跟人家去相亲？"第二天早上在公司见面时，他的头发果然有"修理"的痕迹。于是她确信自己的直觉没有错。因此，他虽然对她笑容可掬，但她却连一丁点的笑容也没有给他。

女性一般对于抽象化的事物，都会感到棘手、苦恼，而对要付出感情的事物则会得心应手，欣喜若狂。因而在总揽全局和当机立断上，她们能够发挥惊人的能力。可以这么说，观察力越强的女性，直觉也越强。

但是，因为女性不善于运用逻辑思维，支配她们行为的仅仅是"感情伦理"，所以"哲学"对于女性来说是非常奇怪的事物。在所有学科领域都有杰出的女学者，唯独世界上还从来没有出现杰出的女哲学家。

所以在这里告诫男性，如果你要和女朋友拉近距离，最好不要谈哲学，如果你对化妆品和时装实在没有兴趣，那么美食和宠物也是不错的话题。

女性为什么爱购物

丈夫："想不到大雨来了，我的妻子又没带雨伞。"
邻居："别担心，我想她总会到就近的百货商店里去躲一躲。"
丈夫："这正是我所担心的呀。"

在各大商店徘徊的人群中，三分之二是女性，于是就有了一种新说法：商店是专门为女士开设的。有的心理学家认为，女性逛商店会产生心理满足感，即使没有购买行为，她们也会获得一种快乐的体验。因此女性逛商店的目的并不是单纯的购物，许多囊中羞涩的女性也会到价格昂贵的服装柜前浏览一番。如此看来，购物并不是女性逛商店的唯一原因。

喜欢购物几乎是每个女性都热衷的一件事情，有些女性，当她们面对琳琅满目的商品，哪怕是对自己毫无用处或者是不久前刚刚买回家的商品，都会不假思索无所顾忌地买下来，回家后却又会后悔不已。

我们经常会发现：一位女性在商场里，仔细地询问一番后，却不购买。这是许多女性共有的心理，在心理学上叫"知晓心理"。也就是说，购买欲和了解欲同样会使她们产生满足的心理。

还有的人这样认为，她们借着触摸物品来排除心中的郁闷，这样就会有一种拥有感。

其实女性往往把对某些商品的了解，当做一种本领。她们大多喜欢崇尚时髦，需要不断地从商品中获得最新流行信息，并且在群体中炫耀自己的品味和追求。

女性都很爱美，不但希望自己被装饰得漂漂亮亮，还特别钟爱其他美丽精致的东西，商店里各种精美怡人的商品诱惑着她们，这也是她们爱逛商店的一个很重要的动机。另外，还有许多女性喜欢逛商店是从中获得一种高贵、典雅的心理满足。从她们一踏入商店的大门，就会受到服务人员亲切而殷勤的接待，心里就会产生一种高贵的感觉，同时，商场内各式各样美丽华贵的物品，在满足她们欲望的同时，也衬托出她们气质不凡，浑身散发出女王般尊贵的气派。

女性还容易受到商业广告的诱惑。如果她从广告中得知，商场上有一批新式的衣服，第一天她还能心平气和，第二天她有了去看看的念头，到了第三天她早早来到商场，准备购买了。所以说，女性对于商业广告的抵抗力不超过三天。

女性之间容易形成一个群体，在这个群体里她们都互相协作，但又存在着互相攀比的心理，因此聪明的生意人便充分利用这种心理，打出诱人的广告。一个群体中只要有几个人率先购买了，其他的人自然会尾随其后，这就是商业所说的"群体效应"。

而男人则不太会受商业广告的影响，如果他们决定购买什么物品，一定是在咨询过专业人士的意见后再作决定。

揭示女性的内心秘密

心理学家通过对身体语言的研究，发现可以根据谈话者的面部表情、手的动作、脚及身体的摆动，来获知人的心理转变。

注意看看在你附近的女性，她们在打电话时的表情、下车时的动作、坐着的姿态等小细节，就可发现各人差异颇大。

拿电话听筒的方法与女性对金钱的态度有关

以双手牢牢地握住话筒的女人，大都是很会钻牛角尖，瞎操心，她们在金钱方面很小心，即使有喜欢的东西，也要慎重地考虑荷包的问题。她们会将收入的一部分好好地存起来，如果身上有钱的话，也要装做没带钱的样子，这是属于不浪费型的人。这种类型的人大都有自己的存折，并以存款金额的增加为乐事。如果此类型的女性理财，她们有本事尽量地存钱，让钱越积越多。

握着听筒的中央，并使之离开耳朵，这种动作是表示不想听对方说话。如果一直都是那样握听筒的话，那就表示这个人是个不很重视金钱的人，不怎么会为钱的问题烦恼。在花钱方面，这种类型的人并不输给一般人，不过，她们很清楚钱的价值，不会花冤枉钱。买东西的时候，她们会选择高级品，如果没有先在其他店里弄清楚那东西到底值多少钱的话，即使旁边有人，她们也不会马上抢着买。

一手握着听筒，另一手握着电话线是少女惯用的姿势。她们很容易迷惑，即使想买什么，也会左思右想，考虑个没完，往往到最后什么也没买成。虽然这样，但是她们很容易冲动地买下自认为便宜，实际上却很贵的东西，或是买了一些当时喜欢得不得了，过后却很快弃之不用的东西，而形成浪费。这一类型的人在附属装饰品及吃的方面花钱特别多，此外，她们也常请

客,并且可以为别人而把钱花光。

习惯于握着听筒下方的女性大都很能干,能发挥自己专门的技术,在自己的工作和生活上,也都能独立自主。这一类型的人,是属于乐天派的人,不会为琐事而烦恼。在金钱方面,她们持有该花则花、该省则省的观念。这一类型的人,常想出一些能自己创业致富或别人所没注意到的赚钱方法,因而获取暴利者为数不少,她们是属于不追求虚荣的实用主义者。

经常握着听筒的上方的女性中,带有神经质的人有不少。她们对美的判断力很强,也很爱慕虚荣,容易作无谓的浪费,即使她们自己有意要存钱,也很难做得到。一般来说,这种类型的人喜欢依赖别人,她们喜欢买化妆品或宝石,将自己打扮得漂漂亮亮的,爱美的程度比别人强一倍。

下车时的姿势可以揭示女性的个性

如果仔细看女性下车时的姿势,就可以判断那位女性有什么样的性格,尤其是可以知道她的道德观及对人的态度。

先大步地跨出左脚再把右脚迈出,这是吸引男人注意自己的女性的下车方法。这种类型的人,大胆而且不太注意细节,即使在别人面前与人接吻或与男性手拉手也不会觉得不好意思,甚至有时还利用女人的姿色来跟男人交往,她们觉得所有男人都能任她摆布。对男人来说,这种类型的女人本身比较任性,不太好相处,并且喜欢挑逗男人,让男人觉得她很性感。在人际关系方面,她们也不太注意细微的地方,反应比较迟钝。

大体上手中拿着什么东西时,都是同时伸出两脚下车。这种动作是表示急着要下车。这种类型的人,不论做什么,总想要在最短的时间内完成,否则就会觉得很不甘心。她们做事时,不但出手快,而且厌倦也快。她们是不会留意琐事的乐天派,并且做什么事总要比别人快一步,否则就不会满足。她们是现实主义者,在与人交往时,如果对方对自己没有什么利益,是不会主动与那些人接触的。她们有时也很任性,如果自己想要的东西没弄到手,心里就会觉得不舒服。

腰部先出来的方法是相当难的,以这种姿势下车,应该都是很偶然的,如果总是以这种姿势下车的女性,那就表示她们是很能干而且有冲劲的人,很讨厌受到别人的压制。这种类型的女性,自尊心很强,是属于自我中心型的人，不喜欢受到道德上及精神上的限制，也不喜欢听别人的话。她们很讨厌"女人应该要内向一点"或"女人要以家庭为重"之类的传统思想支配，她们总是感到不满足，喜欢向新的东西挑战。

朝着前面将两脚并拢下车的女人，不时提醒自己要像个女人，在下车的时候，她们也不忘了表现一下淑女的姿态。她们所有的动作，不但优雅迷人，具有女性的魅力，甚至还有让男人觉得非常之处。这一类型的女性和人交往时，总是面带微笑；她们心地不错，对男性的服务精神也很强，谁都喜欢亲近她们。同时在她们的微笑里，一直表现出不希望为对方所讨厌的心理。她们容易讨好任何人，不过，要是闹起别扭的话，可不是很快就能平静下来的。

将脚横着伸出来的下车方法，是最时髦最优雅的。模特儿及平时很在意姿势的女性，最常使用这种下车的方法。这种类型的人，不但小心谨慎，而且也很注意外在美，她们惯于搭车，而且开车的经验也很丰富。在与人交往方面，她们是属于现代型的人，不喜欢别人做种种干涉，讨厌被旁人指指点点。对男性很挑剔，但会为有个性、气质好的人感到着迷。她们是浑身充满现代感的女性。

女性坐姿与她的性格有关

两脚紧紧地靠拢而坐的女性是警戒心很强的类型。要瓦解这种类型人的心理防线，是需要时间的。两脚紧靠表示压抑自己的情感，即使喜欢一个人，也不会说出来。她们对于初次碰面的人特别怀有警戒心，没办法一下子跟人混得很熟。跟这一类型的人讲话，首先取得对方的信赖并缓和对方的情绪是很重要的。若要与这一类型的人交往，那就要多花时间，努力取得她们的信赖。

习惯于两脚交叉的人对四周的事不太关心，她们比较喜欢跟自己性情相合的人交往，没有什么心机，是可以坦诚相交的人。她们手部的动作特别多，是具有开放性格的人。

坐的时候脚踝交叉的人，对别人的戒心很强，也很讨厌蛮横不讲理的人。对这类人来说，恳切的忠告是很有用的。

坐着的时候，足尖大幅张开的人，对人的好恶表现得很清楚，如果是她喜欢的人，不论这个人有什么缺点，她都不计较，能马上去适应；但如果你是她所讨厌的人，不管你怎么努力，也不能博得她的好感。这一类型的人大都是身材很高或体格很魁梧的人，所以相对地对任何事都勇气十足。她们在谈话时，往往喜欢以领导者自居，但在不高兴时，决不开口说话。与这种类型的人一起工作或从事劳动时，如果你主动接触她的话，可以增进彼此的情感。

两脚靠拢且稍微向左或向右弯曲，大都是模特儿或演员所坐的姿势。这一类型的人自尊心很强，在与她们交往时，最重要的是要注意不要伤了她们的自尊心，尤其是与她们刚刚交往时，更要记得夸奖对方的美丽和气质。这种类型的女性喜欢把她们当贵妇人看待的绅士，是很重视礼节的人。如果你要约她们的话，不妨试着请她们到气氛很好的高级饭店或餐厅。

化妆窥视女性表现欲

早在古埃及时期，化妆术已经相当完善了。化妆，是人类对自己进行美化，以掩饰不足，增加美感，让他人获得视觉上的享受，而自己则得到内心的喜悦。"爱美之心，人皆有之"，在人类历史的长河中，不仅女人化妆，男人也时不时地加入到化妆的队伍中来。

虽然化妆使得一个人原貌失真，但是万变不离其宗。不管人们如何刻意打扮自己，他们的真实性格是无法掩饰或深藏不露的。甚至可以说，化妆是在欲盖弥彰，化的妆越多，性格就越清晰显露。化妆的浓淡能够反映出人的表现欲望是否强烈。

喜欢淡妆的人没有太强的表现欲望，甚至有的时候还希望自己能够淹没在人海之中。她们化妆的标准是：简单地涂抹一下，使自己不过于难看就行。这一类型的人有很多都是相当聪明有智慧的，所以她们不会将时间和精力白白耗费在梳妆台前。她们往往有着自己的理想，而且也有为理想拼搏的行动和勇气。她们对自己隐私极为看重，有些秘密甚至会珍藏一生也不向他人透露，并且希望别人尊重她们，对她们的难言之隐给予支持和理解。

有一种高超的化妆技术，称为"自然妆"。虽然化了妆，但看上去没有化妆的痕迹，非常自然。喜欢自然妆的女性多是比较传统和保守的，她们思想有些单纯,富有同情心和正义感。但不够坚强,在挫折和打击面前常会显得比较软弱。为人很真诚,从来不会怀疑他人有什么不良动机。

有的女性喜欢跟风逐浪,潮流流行什么妆她就化什么妆,认为流行的就是最好的。喜欢化时髦妆的女性对新鲜事物的接受能力往往是很强的,但是缺少属于自己的独立的个性。她们缺少必要的对未来的规划,相对更热衷于今朝有酒今朝醉。她们不知道节省,自我表现欲望强烈,希望自己能够引起他人的注意,城府不是特别深。

有的女性从很小的时候就开始化妆,并且多年来一直保持着同样的模式,将自小养成的那套化妆理论和方法延续到成年,甚至中年和老年。这一类型的人多有一些怀旧情结,美好的青春岁月让她们回味无穷,忘记现实中的烦恼和不如意。不过她们依然保持头脑清醒,不会沉迷其中而忘记现实。她们比较现实,能够尽最大努力把握住目前所拥有的一切。她们热情善良,善解人意,拥有很多可以推心置腹的朋友。她们很容易获得满足,所以有些跟不上时代的潮流。

与喜欢淡妆的人相比,浓妆艳抹的女性表现欲望特别强烈。她们总是希望通过一种比较极端的方式吸引他人,尤其是异性更多关注的目光。前卫和开放是她们的思想特征,对大胆的过激行为她们经常持无所谓的态度。她们为人真诚、热情和坦率,一些恶意的指责并不能使她们受多大的伤害,她们对他人依然会很尊重。

喜欢把容颜装扮得异国色彩比较浓重的女性,多是有比较丰富的想象力的,身体内有很多艺术细胞,常常会有许多独特的、让人吃惊的想法,希望自己能够成为一个艺术家。她们向往自由,渴望过一种完全的无拘无束的生活。

在化妆的时候,特别强调某一部位的女性,多半对自己有相当清楚的认识,知道自己的优点在哪里,更知道自己的缺点在哪里,尤其懂得如何扬长避短。她们对自己充满自信,相信经过努力一定能够实现自己的理想。她们重视现实,从来不会迷失在虚无缥缈的幻想中。她们在为人处世等各个方面都非常果断,并且能保持沉着、冷静的态度。

有的女人任何时候都不忘化妆,哪怕是出门倒垃圾也要在脸上抹一抹。这样的女性多半对自己没有自信,企图借化妆来掩饰自己在某一方面的缺陷。她们善于把真实的自己掩蔽起来。还有的女人用很长的时间化妆，这一类型的人是完美主义者，凡事总是尽力追求达到尽善尽美。为了实现自己的目标，她们可能会付出昂贵的代价，但是并不在乎。她们有很强的毅力，只是对自己的外表并没有多少自信，所以在这方面会花费大量的时间、精力甚至是财力。但由于她们过分地加以强调外在的形象，结果却让别人感到不自在。

最后，剩下一小部分女性是从来都不化妆的。她们中有的人确实有素面朝天的本钱，不过她们更在乎的是"清水出芙蓉，天然去雕饰"的自然美。这一类型的女性对任何事物都不局限于表层的肤浅认识，而是更看重实质的内涵。在她们的心里有非常强烈的平等观念，并且不断地追求和争取平等。

内衣彰显女性的风情

如果说外衣是穿给别人看的，那么内衣是穿给自己的。所以从一个人的外衣可以看出她对人际关系的看法，而从内衣则可以看出她的性格。

男性一般不讲究内衣的款式和品质，只要合体舒服就可以，从一个方面可以反映出男性共有的大大咧咧的特点。而对于女性来说，内衣的作用就重要的多了。一件经过千挑万选的内衣不仅是她们爱好的体现，同时暴露出她们的心理和性格特征。

喜欢棉质内衣的女性总是觉得自己没有长大，时不时地还流露出少女的顽皮，而此时的她们或许已经成为了孩子的母亲。她们喜欢运动，这是展现活力的一种方式和要求。在对待自己身体方面，她们表现得很从容，很少轻言放弃。

喜欢紧身尼龙内衣的女性属于开放类型，不在乎暴露，希望情人会为她迷人的身段而神魂颠倒，并以自己的身材为荣。她们直言不讳，性格直率，想说什么就说什么，喜欢和不喜欢的事能被他人了解得一清二楚。

喜欢成套内衣的女性属于协调类型，处处追求一种和谐与平衡，力求以一种完美的形象展现在大众面前。她们能把分内之事处理得有条不紊，不会出现偏袒情况，总是显得大公无私、沉着冷静，让大献殷勤的男人捉摸不出自己在她心目中的位置。

喜欢穿黑色内衣的女性是十足的享乐主义者,她们喜欢把任何地方都当成自己的娱乐场所,可以随心所欲,她们会积极主动地寻找情感伴侣。也许她们在白天如同温顺的小猫一样惹人喜爱,但一到了晚上就会恢复原形。

白色代表纯洁,所以喜欢穿白色内衣的女性大多属于守身如玉的类型。她们不善于表达感情,懒于思想和追求目标,也许是怕玷污了自己的纯洁,哪怕是对于强烈的原始性欲,都采取相当保守的态度。她们最在行的是恪守道德准则,娴静是对她们最恰当的形容。

袜子是一类比较特殊的内衣,因为它最容易暴露在外。

穿裙子的时候,绝大多数女性都会选择裤袜。她们家庭观念相当重,在衣着及生活习惯方面,不会有反传统的举止。她们重视人际关系,常常给人彬彬有礼,谈吐得体的印象。她们的情绪波动并不是太大,因此一般人觉得与其相处并不困难。她们对生活的投入,往往因为生计关系,而并非是对生活的热爱。

穿吊带丝袜的女性希望给人留下更性感更有女人味的印象。她们不甘心做个平凡的女人,总是希望自己与众不同。写字楼的工作会令她们闷得发昏,除非条件所迫,否则她们宁愿在街边摆摊。她们经常有些新颖、富于创意的念头,但由于缺乏坚定的立场,做事就没有耐心。

选择色彩鲜艳的丝袜,说明她们是极端注重本身仪容的人,希望衣服和丝袜的颜色相映生辉。这样的女性适应能力颇强,可以在大多数社交圈中如鱼得水,所以可以考虑公共关系之类的工作。因为她们很少讲出内心的感受,还有意无意之间避开与人过度密切的沟通,所以有些人会觉得她们虚伪。

选择暗花丝袜的女性不想只做普通人,但又害怕过分标新立异,被异样的眼光特别关注,因此尝试在平凡中突出自己。她们最讨厌暴发户,因为她认为这些人没有品位甚至不懂得如何花钱,以为价高的东西就是好货色,时常把自己打扮得庸俗不堪。她们最喜欢选购的衣服是那种裁剪简单,但一眼看得出是价钱非凡的名牌货。

总是穿着几十元或者百多元一双名贵丝袜的人最注重物质享受,人一世物一时,为何要亏待自己呢?不过,这样的人对自己慷慨,对他人也不吝

蒿。她们选择的朋友必定非富即贵,同时她们也是"门当户对"原则的忠实维护者。

相反,穿着十元一捆平价丝袜的女性喜欢求新,所以重量不重质。她们选择职业时会首先考虑薪水的问题,然后再去考虑兴趣与发展空间。她们在恋爱的第一次握手时,往往就在有目的培养相互感情。她们还很重视未来配偶是否有良好的经济基础。虽然做人现实一些是无可厚非的,但是有时生活也需要有点浪漫来点缀一下。

第二章 怎样追求理想的爱情

爱情是人们渴求为所爱的人付出一些或全部所有,并希望其永远幸福的感情思想。爱情是人类感情中最复杂、最微妙、多矛盾的统一。爱情的现象可以去理解,去描写,去解释,去研究,但爱情的美只能在感动中得以体会。

爱从哪里来

> 恋爱的过程可以说是双重的。第一重的发展是由于性本能向全身释放，第二重发展是由于性的冲动和其他性质多少相连的心理因素发生了混合。
>
> ——《性心理学》，霭理士

有个女孩这样描绘她的初恋：

忘不了，忘不了，忘不了他的微笑，忘不了他冰冷的眼神，忘不了他的好，忘不了他的坏，忘不了他曾经向我许下的诺言，忘不了我和他的偶然……

一根棉花糖勾起了我和他的缘分。那时的他帅气、可爱，那时的我渺小、幼稚。我和他都等着让人垂涎三尺的棉花糖，他先拿到那可爱的棉花糖，看见我那小馋猫似的样子，就温柔地把棉花糖递到我面前说：拿着吧。我便接过他手中的棉花糖，对他笑了一下，屁颠屁颠地跑了，回头偷偷地看了一下，我们的眼神对视了一会儿。后来的几天，放学后我总到卖棉花糖的小店里看看，是否有他的身影，可我总是失望而归，但我相信我一定会再一次看见他的。皇天不负有心人，那天，我再一次和他见面啦！他还是那么的帅，那么的惹人喜欢。我贴在他耳边用我还带幼稚的声音说："我喜欢你，可以做我男朋友吗？"

他听了很惊讶。起初，我以为他会拒绝，但他说出了一句让我发愣好久的话。他害羞地说："刚开始我就喜欢上了你，你的可爱吸引了我，我非常愿意照顾你、关心你、爱护你。"

后来的日子，我总是一脸幸福的样子，朋友们总会取笑我，我也不和他们计较，就让他们笑去吧，心里总会撩起一丝丝甜蜜。

有时经过棉花糖店，我总会在那里逗留一会儿，想想和他偶然相遇，好幸福啊……

人为什么要恋爱？

研究和观察表明，男子和女子的性欲是爱情的动力和内在本质。这是繁衍后代的本能。

英国著名心理学家霭理士在他的《性心理学》一书中写道："恋爱的发展过程可以说是双重的。第一重的发展是由于性本能向全身释放，第二重的发展是由于性的冲动和其他性质多少相连的心理因素发生了混合。"

虽然性欲是爱情的原始动力，但不是绝对动力。如果只承认性欲的绝对作用，实际上是把爱情庸俗化、片面化，将人视为普通的生物。

德国著名精神分析学家弗洛姆认为：爱情的起因是人们对孤独的焦虑；爱情意味着给予、关心、责任、尊敬和了解；爱是一种意志行为，是一种把自己的生命同另一个生命紧紧维系在一起的决策行为；爱一个人不仅仅是一种强烈的感情，还是一种决策、一种鉴赏力、一种诺言和一种以生命相托付的行为。

爱是一种主动的能力，是一种可以使人突破那些隔阂屏障的能力，是把自己和他人联合起来的能力。爱是给予不是接纳。爱的本质就是为某种东西付出劳动，使某种东西成长。爱情没有尊敬就会变成支配和占有。尊敬不是畏惧，是客观地观察一个人并能发现这个人的独特个性，并让这种个性自由成长。给予、关心、责任和尊敬都必须在了解的基础之上；爱一个人必须深入地了解。全面了解的唯一办法是爱的行动。

人类的爱情还有一个特点，就是人可以把爱的感受储存在大脑里。年轻时代轰轰烈烈的爱情，当老了的时候回想起来，仍会感到心里美滋滋的。意识的作用能使爱情在某种程度上摆脱肉体的束缚，更多地表现为精神的依恋。

总之，爱情的动力既包括性欲本能，也包括相互的关心、思念、尊敬、给予、了解、赞美、责任等多种精神因素。这些因素的综合作用使我们自古至今都不知疲倦地渴望和寻求自己的另一半。

爱情对身心的影响

纯真的爱情,可以使恋爱中的男女心情舒畅,情绪饱满。心理学研究表明,人处在这样一种良好的心境之中,心理功能的协调会大大地增强,可防止各类因心理因素而引起的疾病。而男女之间纯真的爱情生活,会有助于提高人的心理功能,促进人的生理功能的协调和发展,提高人体的抗病能力。

但是恋爱的心理问题也是十分复杂的。尤其是在恋爱过程中出现挫折时,会出现情绪波动、意志消沉、悲观失望,严重的会出现精神障碍或精神失常。在临床实践中,由恋爱导致的心理问题大致表现在以下几个方面:

首先,是对恋爱成功的信心不足而出现的自卑感,或者不能用正确的方式及时向"心上人"表达爱慕之情而产生的"单相思"。

恋爱过程中的男女因某种原因产生的误会、猜疑、嫉妒等得不到沟通,会产生情感的危机。恋人之间如果有价值观、道德观的差异,也会产生心理冲突,如果没有得到及时解决,就会出现对恋爱关系的困惑、苦恼。由于年轻幼稚、心理不成熟,恋人之间常为一些日常琐碎之事发生争吵,又争强好胜、互不相让,或得理不让人而伤了和气,事后为了那些可怜的面子,又不愿主动道歉,从而产生情感上的隔阂与内心的矛盾。

由于社会传统观念的干扰或客观条件的限制,如父母干涉儿女恋爱,亲朋好友的责难或社会上某些人的嘲笑,特殊职业等等,会使热恋中的男女出现精神上的压力而引起心理承受能力的严重失衡。

因为某种原因错过了恋爱最佳期的大龄青年,选择的范围缩小又不能根据实际情况确定适宜的择偶标准,而产生的一种紧迫感、危机感和紧张焦虑心情。严重的还会丧失追求新生活的勇气。

失恋是最严重的心理危机之一,因为失恋而引起各种心理障碍,甚至采取各种偏激的行为,如怨恨、报复或悲观失望、忧郁自杀等,是造成变态心理和严重心理创伤的主要因素。

消除恋爱过程中影响人身心健康的不利因素,首先要树立起正确的恋爱观,培养理智感、社会责任感和道德感,学会掌握和调节自己的情绪,冷静客观地认识自己和别人、社会和家庭。这样就能经得起恋爱中的各种挫折和失败，从容地面对人生。

爱情的过程

在最开始，人会受被倾慕对象的仪表、风度、气质、谈吐、品格、才能等肉体和精神的魅力深深吸引，而进入迷醉的阶段。此时，总有一种从未有过的捉摸不透的亲近欲和冲动。

然后，因为"我"被对方陶醉了，就会拼命地在对方面前自我显示，引起对方的注意，向对方进言，以微妙的眼神和动作向对方示意。但是，他（她）对我是否有意？他（她）看得上我吗？于是，就进入反复地评价这种"爱"的可能性的怀疑期。为了判断对方是否也爱"我"，就需要作必要的试探，经过几番试探，确定了对方的态度，"疑我"期才宣告结束。

如果对方对自己并没有爱的感觉，人就会进入失恋的阶段，一段爱情就此结束。如果对方也在爱着自己，即可进入"非我"阶段。这时，主动的一方多是举止失控，声音颤抖，面色紧张，一切都不像平时的"我"了，故称之为"非我"。"非我"是爱情的重要阶段，显示了人的爱情已经进入了精神层面。

最后，双方会进入热恋的阶段，单独的"自我"已不复存在，一切行为都是为了对方，两人完全融为一体了。黑格尔在《美学》一书中说得好："在这种情况下，对方就只在我身上生活着，我也只在对方身上生活着；双方在这个充实的统一体里才能实现各自的自我存在，双方都把各自的整个灵魂和世界纳入到这种统一里。

经过浪漫的热恋，男女双方有可能走上婚礼的红地毯，迈进平淡却真实的婚姻生活，或者因为种种原因而分手，结束美好的爱情。

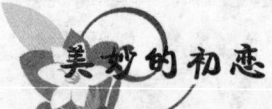

美妙的初恋

初恋是恋爱的起步，是精神性最强的恋爱。初恋以后的恋爱，在心理上或多或少都会受到初恋的影响，而变得理智起来。

美国心理学家霍尔形象地把初恋中人的情绪比喻为"疾风怒涛",分析一下,初恋者容易产生四种心理状态:

神秘感

男女初恋时,对什么是恋爱知道不多,直观感觉是神秘的,仿佛对方是一扇通往人类另一部分的"门",异性的差异、表露的差异,使得"两人世界"充满神秘的意蕴。又因为恋人的关系不够稳定,双方都希望保密。这不仅因为初恋结局不确定,也同本能的羞怯感有关系。

兴奋感

初恋能调动人的内在力量。有些平时沉默寡言的青年一旦恋爱,也会变得快活起来,脸上常露笑容,喜气洋洋的。此时"情人眼里出西施"的心理效应不可低估。有的人只顾陶醉,被兴奋迷惑了头脑,匆匆许下终身,就有可能给爱情蒙上阴影。

急切感

双方都想一下子全面了解对方,诸如对方什么性格,什么爱好,什么气质等。同时迫切地想知道自己在对方心目中的地位、评价和看法。

冲动感

仿佛"两人世界"突然出现了从未有过的新天地,惊喜之余大半有冲动的欲望。不仅相见和肌肤相触时会燃烧热烈的激情,手发抖,心跳加速,而且一想到恋人便会热血沸腾。这时,说话、做事缺少理智考虑,任凭感情驰骋,冲动有余,稳重不足。

了解初恋心理是非常有益的。初恋,毕竟是爱的始点,有试验的性质。因此在点燃爱情之火时,要有所节制。不要把"一见钟情"当做"天时地利"的缘分,不要把首先进入自己爱的视野里的人当做十全十美的偶像,不要在没经过考察之前就早早决定未来的走向。恋爱是一种心灵的融合,并非是相貌的匹配,只有心灵相通,才能使爱永不枯竭。

女人必须知道的婚恋心理学

心理测验:你在恋爱吗?

每一个人都对恋爱有着美好的憧憬,现在你正进行着什么样的恋爱?下面这个测验可以告诉你答案。

请把自己想成是这个故事的主角,回答以下的问题,千万不要思考太久,尽量用直觉判断。

志弘是某服装公司的设计师。今天离春季的时装发布会只剩下10天,他正全力以赴地准备着。

"噢!怎么会弄成这样,裙子的下摆一定要滚边,怎么可以把它做成大波浪呢?"因为裁缝师没有按照他的设计图来做,所以志弘生气得很。

"今天稍微休息一下,喘口气吧!"他这么想着,便开车到一家小酒店,稍作休息。一口气把酒喝光之后,心情总算是好些了。这个时候志弘的手机突然响起来。

"喂、喂……"他以为是公司的职员打来的,所以没好气地回应着。

"啊!志弘,我是小蓉,我在你公司附近,可以去找你吗?"

"可是我现在不在公司。"

"那正好,我过去陪你吧!"

"好是好,可是我今天心情坏透了,最近我不知道怎么搞的……"

"如果我和你聊一聊,说不定可以恢复精神呢!"

"不过,等一下我还有别的事要处理。"

"唉哟,难道不能改天再去做吗?"

……

问题01:上面的谈话中,你觉得志弘会如何回答呢?
A.我真的没时间了,下次再说吧。
B.没时间了,我再不走的话,一定会来不及的。
C.好吧!为了你,我改天再去处理吧。

服装发布会终于到了。这次的服装秀共有7个设计师的作品展示出来。志弘为了这个发布会,已经忙得三天都没睡觉了。

音乐声响起,为这个服装秀拉开了序幕。志弘的作品是第六个出场。模特儿不知道怎么搞的突然变胖许多。

"真是没办法。"像志弘这样的年轻设计师,请不起一流的模特儿,所以只好赶快拿针和线,为模特儿重新修改。

这个时候小蓉下班来到了会场,她倒不是为了看服装表演才来的,而是来帮志弘的。

"志弘,我来帮你了。"

"谢谢,我真的忙死了。你帮我给模特儿穿衣服吧。"

于是小蓉去帮模特穿衣服,可是她觉得衣服上胸花的位置有点奇怪,擅自将胸花移了个位置。后来志弘来检查服装发现了……

问题02:你认为志弘发现后会说什么呢?
A.这是你的点子吗?蛮不错的。
B.这是你的主意吗?有点奇怪。
C.怎么搞的!为什么不照我说的去做呢?

这次的服装发布会举办的很成功,庆功宴结束以后,志弘和小蓉终于有独处的时间了。

"今天谢谢你的帮忙。"

"志弘,你今天表现得真好!"

"可是好累哦。为了这个服装秀,我可是投下不少心力呢!"

"男人真好。可以为了事业的成功,拼命地努力。"

"是啊!虽然被人肯定是件很快乐的事,可是成功之前,也有一段吃苦的日子啊!"

他们俩沉醉在美好的气氛中,志弘忍不住抱住了小蓉。此时,收音机里缓缓传来浪漫的音乐……

问题03:志弘会怎样留住小蓉呢?

女人必须知道的婚恋心理学

A.今天晚上留下来陪我吧!
B.想要你。
C.班车已经开了。

计分表:

	问题01	问题02	问题03
A	1	8	6
B	4	5	9
C	7	2	3

得分在20分以上:恭喜你,你拥有一份真诚的爱。现在的你完全沉醉在爱河里,可以说是相当幸福。但是建议你给彼此多一点空间,毕竟感情还是细水长流来得好,每天腻在一起,有一天恐怕会厌烦。拥有一点自由的空间,才是你们的爱情之道。

得分在16~20分:你对这次恋爱抱着半认真半开玩笑的态度,因为你似乎仍然不想安定下来。你们之间的进展会因环境的转变而有所变化,如果工作或学业很忙,不能常常见面的话,这段恋曲大概会无疾而终。你们彼此都冷静一下,想想你们是不是适合。

得分在10~15分:你可要加油了,这段恋情仍需继续努力。你们之间的默契稍嫌不足。你总是隐藏自己真实的一面,不让对方看到真正的你。你这样的没自信,对爱情可是会有妨碍的。应该增进对彼此的了解,进而相知相许。

得分在10分以下:你似乎太了解男女之爱的游戏规则了,所以你拥有一个太过冷静的爱情。你一直压抑住内心的情感,不敢表达自己的想法。你们应该空出更多的时间来相处,了解彼此的感受。在别人眼里,你们是很有格调的一对,但未免太过疏远了。你究竟要什么样的爱呢?重新考虑一下吧。

找到自己的白马王子

> 以利交者，利尽则散；以色交者，色衰则疏；以心交者，方能永恒。

小洁和阿铭是在大学相爱的，他们之间的情深意切和浪漫，曾经让很多人羡慕。一次阿铭患阑尾炎需要手术，小洁一会儿担心他受苦，一会儿又担心手术不顺利，以至于整个晚上都没合眼。

他们的分歧是从选择职业开始的。阿铭比较喜欢稳定，安于现状，希望早日进入甜甜蜜蜜的二人世界。而小洁毕业后进入社会，总有一种紧迫感，于是不停地学习、充电。她先在事业单位工作了几年，后又应聘进了一家合资企业，最后跳槽到了一家独资银行。小洁希望阿铭也能进外企工作。也许因为阿铭并没有努力，或者是他的机遇比小洁差，大学毕业后阿铭一直在研究所工作。阿铭自尊心特别强，大学时候的优越感全没有了。以前小洁总可以数落他或在他面前撒娇，可现在她也不能说他什么，哪怕是最小的事，阿铭也认为小洁是在否定他整个人。阿铭甚至不愿与小洁在外企工作的朋友一起玩。他们常常为小事争吵，又常常后悔。为了避免争吵，双方尽量客客气气，亲密感也就没有了。

于是，一对相亲相爱的恋人就在大学毕业几年后分手了。

择偶心理面面观

每个人的择偶心理各不相同，并且不是单一的心理类型，它往往是复合的，由多种心理状态交织而成，只是以某种心理倾向为主罢了。而这种复杂的择偶心理，取决于每个人的人生观、恋爱观、价值观等。这里只能人为地将它们分开来论述。

金钱至上是一类比较普遍的择偶心理，尤其在经济落后地区。他们把对方的经济状况放在首位，他们的婚姻是为了得到一个能满足他们吃、穿、住、玩的安乐窝，或者借以生存的依靠。这种建立在物质、金钱基础上的婚姻，是不牢靠的，因为经济条件是可以改变的，它常常因对方丧失了优厚的物质条件，而失去凝聚两人心灵的吸引力，从而不得不分道扬镳。

一种择偶心理是以事业为重的。其实，每个人都愿意重视这一点，都希望自己的对象能成为栋梁之才，在工作、事业上出人头地，但由于各种因素的限制，目前，具有这种择偶心理的人为数不多，可在知识分子群体中还是大有人在的。他们把工作成绩、事业发展看成人生最大的快乐。把对方有无事业心和拼搏精神，作为择偶天平上一个重要砝码，把爱情的幸福寄托于事业的奋斗之中。这种爱情由于事业的永恒性而得到永恒。

追求外表美的择偶心理在青年中占有很重要的位置，所有人都希望自己的对象更漂亮点，更英俊些，这是人之常情，但如果一味地追求外表美，则常会走上歧途。靠对方漂亮的外表产生的爱情，是短暂的。随着岁月流逝，爱情也会随着外貌的衰老而消失。正如歌德所说："外貌美丽只能取悦一时，内心美方能经久不衰。"

随着社会文明的进步，人们文化素质的提高，追求精神满足的择偶心理的人越来越多，他们注重对方的思想感情、道德品质、性格爱好等，追求彼此心灵上的沟通和感情融洽。只要能在精神上得到愉快和满足，哪怕对方的经济条件、身体状况等方面欠佳，都无所谓。这种建立在精神上的爱情是高尚的，许多传为美谈的爱情故事，都属于这种对爱情心理的追求。

男性的择偶心理

基于男性的心理共性，男人一般会这样选择配偶：

由于男性的性欲比较强烈，男性择偶大都很在意对方的外在形象，即着重对方的性吸引和体吸引。若感觉不好，往往就不愿再了解下去。择偶中的男子一闭上眼睛，就满脑子女方的最佳动作、服饰及面部表情。这就是体内性冲动使然。恋爱过程中，男性多数会有强烈的性要求，如果得不到满足，就会感到压抑和失落。

男性还会倾向于温柔贤惠的女性。具体来说，就是在夫妻关系上，对丈夫温柔体贴；在待人接物上，温文尔雅；在对待长幼上，贤淑大度。温柔贤惠的女性，尽管可能缺少一些爱恋激情，大多数男性还是比较喜欢。

既然男性喜欢追求体貌美丽、感情纯真、温柔贤惠又性感的女性，自然倾向于挑选年龄较小的女性做爱人。一般说来，年龄较小的女性对男性的爱有较强的依恋性，而男子又最易被年轻女子所吸引和征服，两者相辅相成，会爱得比较持久。

总的来说，男性的择偶条件较少且较为宽松，多是要求女性长得漂亮、温柔，择偶的感情和审美色彩比较浓厚；男性的择偶条件比较现实、易变。比如，自身条件差的男青年虽然也希望找一个年轻美貌的女子，但更倾向于找一个和自己般配的女性。男性对女人的才学不那么看重，但是也没有哪一个男人会喜欢一个没什么学识的老婆。最后，男性一般不大适应强悍的女性，比较愿意找一位各方面条件不如自己的女性。

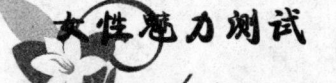

女性魅力测试

你想知道你有多大的魅力吗？请进行自我测验。

01.你的分发类型。
　　A.中间分开　　　　B.向一边分开　　　　　C.没有分缝

02.你的"声音"最接近于下列哪一种？
　　A.高亢尖锐的声音　　　　B.嗓门大而响亮的声音
　　C.温和而低沉的声音　　　　D.普通

03.看到同性朋友的照片时，你心里有何感想？
　　A.这张照片照得不错，很高明　　　　B.完全不像
　　C.一般，可以凑合　　　　D.令人感到讨厌

04.与人说话时，你眼睛盯住对方何处？
　　A.嘴巴　　　B.眼睛　　　C.腿部

05.你左手指甲现在怎样?
A.指甲长而脏　　B.修剪得短而整齐　　C.指甲修长而美丽

06.笑的时候,鼻子和嘴唇之间露出皱纹吗?
A.出现一根横长的皱纹　　B.出现短皱纹　　C.没有产生皱纹

07.在很拥挤的电车和公共汽车内,被人抓住手或者碰到过讨厌的事情吗?
A.经常碰到　　B.一至二次　　C.没有

08.有过被老师和长辈认为心眼坏而生气的事情吗?
A.没有　　B.仅一两次　　C.常有

09.有过被初次相会的小伙子约定幽会日期的事吗?
A.有过两三次　　B.一次　　C.根本没有过

10.请用镜子照一下你的牙齿,你的牙齿怎么样?
A.有蛀牙或牙齿脏而发黄　　B.雪白而美丽
C.牙齿排列不太整齐

11.与人说话时,你的手的动作如何?
A.几乎不用手势　　B.喜欢打手势　　C.常用手捂住嘴巴

根据下表计算你的得分:

	01	02	03	04	05	06	07	08	09	10	11
A	1	1	5	1	1	5	5	5	5	1	3
B	3	5	1	5	3	3	3	3	3	3	5
C	5	3	3	3	5	1	1	1	1	5	1
D		5	1								

总分 8～20 分：难以接近的封闭型形象。也许是你总觉得给人以亲近的印象过多不好的缘故造成的。不知你是否有过一时兴起，面带怒容，因而被他人误认为你冷若冰霜，令人惧怕。

总分 21～35 分：第一印象淡薄。你不会给人留下坏印象，但你能够给人造成强烈印象的特征也不多。由于只留下不显眼的一般女性形象，冲淡了对你的第一印象。你必须抓住一点特征，充分显露你的风采神态。

总分 36～49 分：惹人喜爱，平易近人的形象。你平易近人，给人以强烈的第一印象。和你见过面的人，都感到你很受大家的欢迎，无论是谁，心里都想与你接近。

总分 50～55 分：个性强，令人难以忘却的形象。你具有一种魅力，使初次见面的人也会感到像是故友重逢。但是，有时往往让人误解，经常有不是你喜欢的人向你求爱。

女性的择偶心理

女性择偶条件比较具体，除了外在形象之外，她们往往还会考虑到个人品行、经济收入、社会地位、家庭状况等其他相关条件，因而不会一口回绝男方，而愿意进行试探性的接触。如果其他条件不错，很可能走到一起。

女性找男朋友的时候就考虑到了结婚及结婚之后的生活，所以更多考虑和关注现实问题尤其是经济方面。因此，许多女性择偶时坐享其成的心理突出。许多女性不是想如何靠自己的双手去创造财富，那样她们会觉得太累，总想走捷径，而最好的捷径就是嫁给一个富有的男人。女性对金钱的欲望往往通过结婚这种形式体现出来。

女性择偶时的理性色彩比较重，对男性的个性、气质、才华、品行等内在素质比对他的容貌、身材更感兴趣。女性希望她的恋人具有才华出众、个性开朗、幽默、风趣、诚实、有事业心、刚强等优点。女性喜欢可以信赖和依靠的男性，喜欢能在精神、情感和心理上给她抚慰的男子汉。

女性常将爱情过于理想化，在择偶时要求十全十美，择偶条件有时显得很苛刻，甚至脱离现实。她们在择偶时挑挑拣拣，高不成，低不就。有的女青年跨进大龄青年行列，仍在坚持择偶条件的既定标准而不肯降低要求，显得比较任性和好钻牛角尖。

由于女性的自尊心和虚荣心，女性在择偶时常有攀比心理。女性从众心理较强，如果同伴的男友比自己的男友强，她会觉得在她们面前抬不起头来。

择偶心理的误区

虽然择偶是个人的私事，只要不违反法律和社会公德，任何择偶标准都是可以被接受的，但是心理学家仍然认为，有些择偶心理是片面的，容易使人在婚恋中误入歧途。

一见钟情而定终身的浪漫爱情故事，也不是十分可靠的。一见钟情只是被对方的某一优点所强烈吸引，而没有仔细考虑其他因素，就草率结合。一见钟情的婚姻，往往会因为婚后生活中才暴露出来的个人缺陷而导致矛盾重重，或过早终结。

择偶时缺乏主见、太在乎别人的看法是不可取的。毕竟是自己的终身大事，一定条件下争取他人意见是有必要的，但最终决定的是你自己，不要被他人的错误意见所左右。择偶时也不要跟朋友攀比，自己爱人的外在条件不如朋友的爱人，并不代表内在素质也比人差；目前不如他人，并不代表以后也不如他人。人没有十全十美的，也没有一无是处的，对一个人要综合评价，不要因为他人而误了自己的幸福。

恋父情结会导致爱情上的补偿心理。有些人从小缺少父母的爱护，为了弥补这种感情的缺失，择偶时就会无意识地选择在某些方面与父母相似的人。与父母相似，并不代表婚姻上会融洽，所以，婚后生活也很可能会不幸福。

还有的人自卑心理严重，反映在择偶上，会比较随意地选择一个条件不如自己的人在一起，而且往往不会主动去追求对方。婚后夫妻生活里，这种自卑心理会有所缓和，不满足的心理就会凸现出来，婚姻也不会幸福。

只嫁有钱人

江丽是某大学的女研究生,称得上才貌双全。从上大学开始,江丽便明确要求未来老公身家必须过千万。为实现这一"人生理想",江丽经常出入各种高档场所。

功夫不负有心人,在上研二时,江丽成功钓到一名"金龟婿"。男方身家过亿,是一位集团公司的总裁,年龄比江丽大20岁,有一个17岁的女儿。

成功嫁入豪门的江丽在结婚后并没有感受到预想中的幸福,丈夫的前妻和丈夫还藕断丝连,丈夫和前妻的女儿也整日和江丽吵得不可开交,不停地向父亲告江丽的恶状。婚后不到一年,丈夫提出了离婚。由于婚前进行过财产公证,江丽也没有获得财产补偿。心力交瘁的江丽无可奈何地离开了。

有人在看过《白毛女》以后开玩笑说,如今没有"喜儿"了,哪个姑娘放着富人不嫁,死心塌地地跟"大春"?如今也没了"黄世仁",有太多的姑娘来抢,还用得着去逼婚吗?这话虽然有点玩笑的味道,但现实中想嫁有钱人的女性确是大有人在。"干得好不如嫁得好"、"男朋友一定要帅,老公一定要有钱",成了很多未婚女性的口头禅。

据说,某地一超级富豪在媒体上做广告征婚,竟让成百上千的年轻女性顿失淑女风采,主动出击"抢购"。这些应征的女性除了来自北京、上海、广州、深圳、宁波、温州等现代观念较强的城市外,连一些偏远小城的未婚女性也是跃跃欲试。

嫁个有钱人当然没错,因为浪漫是每个女人的致命伤,而一切浪漫的氛围都需要金钱来营造。如果一个男人没有足够实力为你做这一切,你就必须付出自己的花样年华和他一道打拼。每天一早匆匆起床,挤公交车上班,在堆满文件档案、充斥着电话铃声的办公室里忙得昏天黑地,眼睁睁看着嫁了"钻石男人"的同龄女孩衣香鬓影、香车宝马,出入美容厅、健身房去打理自己的美貌,心里也总是不大平衡吧。

可问题是，有钱是好男人的唯一标准吗？嫁个有钱人就一定能享受幸福吗？"贫贱夫妻百事哀"固然不错，可还有一句话更有道理，那就是"人生欢乐，多在贫家茅舍，少在富贵红楼"，平民家的夫妻幸福，绝对比富豪家庭来得多。很多夫妻贫贱时相濡以沫，富贵了却分道扬镳，住在小宿舍里亲亲热热，住在大别墅里却谁也不理谁，几个月未必亲热一次，患难夫妻变成陌路人，就是典型的例子。钱多并不是件坏事，可对于一个不懂得金钱价值，不能看破红尘的人来说，钱越多烦恼就越多。

男人一旦事业成功、有点资产，就比较容易狂傲。吃人家的嘴软，拿人家的手短，为了物质享受而放弃人格和尊严并不值得。

"男人有钱会变坏"不无道理，不是说男人本身有多坏，而是盯着他钱袋的人太多。他不去勾引别人，可是别人会来勾引他。而你在嫁给他以后，心里也会不踏实，好像突然挖到一批宝藏，随时都得防备人家来夺走。

嫁个有钱人，有时候也很凄凉。找个丈夫却天天看不见他的踪影，再多的钱和谁一起去花呢？何况有钱男人的钱赚得也不容易，所以只会用在"刀刃"上，而不会总用在自己老婆身上。

当然，并不是说有钱男人就不能嫁，也不是鼓励女人都去嫁给那些没钱男人。这个年月离婚的也不一定都是大款，如果能嫁给一个有钱的好男人，那又何乐而不为。只是提醒那些一心想嫁入豪门的女孩，有钱不是好男人的唯一标准。而且，幸福最终还得靠自己，把幸福完全寄托在"嫁人"这件事情上并不可靠。不要总做灰姑娘的梦，灰姑娘与王子的故事，现实世界里并不多。

如果想嫁个钻石男人，首先应让自己拥有令钻石男人心动的资本。一家时尚杂志的调查结果，也许会给更多女孩足够的信心：大多数钻石男人都是心理成熟、理智的，女孩的漂亮在他们的择偶标准中并不像多数人想象的那么重要，他们更多地注重那高贵的特质，美好的品性，是否足够的成熟，独立有思想，温柔而坚强，聪明坦率，真诚豁达，特别是善良等品质更受钻石男人的垂青。嫁人永远不是一厢情愿的事。你可以向世界大声宣布想嫁个钻石男人，但不要为嫁个有钱人亵渎自己的尊严和人格，更不要有那种"即便做不成夫妻，做个情人也好"的荒唐想法。最重要的是嫁个好男人，如果能发现一只极有发展的"潜力股"，比捡一个现成的便宜更有成就感。

不要拿婚姻当跳板

湘琪是个要强的女人,从小到大都不甘落于人后。大学毕业后,她在上海找到了一份收入不算很高,但却安稳、轻闲的工作。但却并不满足,她的梦想是出国。

在工作了一年以后,湘琪不顾家人朋友的劝阻,毅然地辞掉工作,专心地复习英语,希望能尽快通过托福考试。然而世事并不总能尽如人意,很多时候是希望越大,失望越多。湘琪连续四次都没有考过,自信心备受打击。于是,顺利出国的路只剩下一条,那就是,嫁个外国人。

为了能认识个外国男朋友,湘琪就经常去一些外国人聚集的地方。在一次现代派画展上,湘琪认识了约翰。约翰是个美国人,对湘琪一见钟情,并且开始追求她。虽然约翰年纪比湘琪大了将近15岁,但湘琪不管这些,只要他是个美国人就行。一切都进展的那么顺利,三个月后,两人结婚,然后出国。尽管家人对她的决定吃惊而失望,但湘琪却丝毫没有犹豫,她太向往国外的生活了。

初出国门的生活确实是新鲜而刺激的,约翰带着湘琪逛遍了美国各大城市。但开心的日子没过多久,湘琪很快就发现了约翰的"秘密":约翰是个享乐主义者,几乎就没有正式的工作,只靠做一些零工度日,他的前妻就是受够了他的游手好闲才离开他的。在半年前,约翰正好继承了一个远房亲戚的遗产,有了这笔数目不小的钱,他就跑到亚洲各国来挥霍。

很快,约翰花光了自己的钱,便开始不断地向湘琪要钱。湘琪不得不努力地工作,来维持这个家庭的正常运转。但约翰却依然无所事事地到处寻开心,最后,竟然抛弃了湘琪,与一个富婆走了。

很多女人,当发现现实生活中有诸多不如意时,往往选择婚姻,以为躲进婚姻的城堡里就可以高枕无忧了。事实证明,这样的婚姻往往不幸福。生活充满变数，婚姻亦充满着变数，如果你以为走进婚姻的城堡就可以高枕无忧的话，那可就大错特错了。

古代为什么男人想休妻就可以休妻，原因就在于男人掌握着经济大权，而女人只能依附于男人才能生活，因而在婚姻中，女人陷入完全被动的局面，幸福不幸福，自己不能完全掌控。

幸福更多的要靠自己把握，如果女人想要通过婚姻来拯救自己，就永远难以摆脱从属地位。坦率地讲，男人是拯救不了你的，不仅不能拯救你，一旦男人明白女人与自己结婚有某种功利性的目的时，他看女人的眼光通常就会俯视。这种关系中的男人会莫名其妙地骄傲，而现实对骄傲的男人又有很多诱惑。当诱惑出现时，此类女人的地位就会贬值，男人也容易在这种自大的心态中放纵自己。这就是很多男人在外偷情和彻底背叛家庭的原因。这种婚姻关系中的女人会感到自己地位很低，因此缺少自信，在面临婚姻的变数时，就会进退两难。

婚姻的唯一动机只能是爱，爱能使男女完全平等，同时在爱情中男女相互会充满柔情和敬意。爱在婚姻中让男女双方心理和生理和谐，那种至高无上的凝聚力可以抵挡无数外来情感的冲击。很多功利性的婚姻都是无法经受考验的，这类婚姻的特点是貌合神离。仔细分析那些问题婚姻，多数是非爱而成的。非爱婚姻一开始就有裂痕，这些裂痕很容易让第三者轻易爬进来，又轻易将其击毁。

找老公只找最好的

梦娇是上海某银行的一名职员，长得亭亭玉立，面容姣好，追她的男孩子很多。梦娇是一个影迷，银幕上的男性偶像占据了她的心，她的偶像标准是"阿兰·德隆＋高仓健＋秦汉"，后来，看了电影《泰坦尼克号》以后，又怦然心动地加上一个"莱昂纳多"……她要找一个"四合一"的男人。

可惜的是，单独一个已经难能可贵，何况"四合一"呢。她只有梦中与"四合一"相会。现实生活中，周围的小伙子——同学、邻居、朋友，她一个也看不上眼。对于他人介绍的，梦娇也感觉不理想。嫌这个没有幽默感，那个是蒜头鼻，总之他们不是这里有毛病，就是那里出问题，最终全部不合格。这些现实中的人与"四合一"的偶像差距何止十万八千里。

梦娇一天天地老了下去。慢慢的，再没有男孩追求她了，也没有人为她介绍男友了。虽然她每天涂脂抹粉，悉心打扮，但煞费苦心也难获爱情，衰老的容貌再也看不到青春的神采。

最后，梦娇的选择让所有人都大感意外，她竟然嫁给了一个粗鄙丑陋的男人，原因是她已经没有选择了。

很多人都认为，找对象越出色越好，样样条件——硬件、软件都必须无可挑剔，都必须"世上最好"。可是，这可能吗？有这样一个故事：

在某咨询中心，面对一群想要寻找最完美男人的待嫁女孩，咨询师决定用统计学上的知识来算算这个完美男人出现的概率有多大。

咨询师向这群女孩提了一个问题："现在我给大家提一个问题：什么样的男子是最完美的。换句话说，你们最想嫁给什么样的男子。来看看在多少男子里可以发现一个这样的人。"

气氛立刻活跃起来，所有的女孩都很兴奋："他要富有。""一年至少挣 10 万。"

"大概在 30 个男子里会有这么一个人……"咨询师用力在黑板上写下了 1/30。

"要英俊。"一个矮胖的女生说。另一个跟上来说："50 个里面能找出一个来吧。"

咨询师微笑着说："1/50，能不能宽容些，1/20。"说着他又写下 1/20。

大家接着说了以下几条：幽默，性感，浪漫，成功。分别对应的数字是：1/20,1/40,1/30,1/30。

又有一个女孩提出了一条标准："要忠诚。"女孩们笑了一阵，确定对应的数字是 1/60。

咨询师在黑板上写下以下算式：1/30×1/20×1/20×1/40×1/30×1/30×1/60，结果为1/25920000000。

"找这样一个男人比中彩票还难！"咨询师微笑着说，"问题是，当你有幸碰见这样的一个男人时，他愿意找你的可能性是多大呢？"

刚才还气氛热烈的女孩们瞬间都沉默下来了。

最完美的男人不一定存在，即使存在，又一定能属于你吗？没有一个人不希望自己的配偶同时拥有英俊的外表、富裕的经济条件和深刻的精神内涵，但是，生活不时打破我们的梦想，我们在得到一种东西的同时，往往不得不放弃另一种。世上的人总是有着各种缺点：漂亮英俊的可能学历低；学历高的也许长相不尽如人意；收入高、懂得浪漫的或许花心；老老实实、可以让人放心的又不浪漫……我们只能在缺陷中选择对自己伤害最轻的一种，却无法完全规避这种缺陷。

即使生活中真有完美男人存在，可是这对大多数女人来说，只是可望而不可即的梦想而已，他们被众多优秀的女人虎视眈眈，如果你没有足够的力量是无法获取和守护那份幸福的。相比较而言，一个虽然没有超人的智慧和富可敌国的财富，但乐观进取、积极向上、热爱家庭的男人，更能成为理想中的贤夫良父，他们用宽阔的胸怀包容一切，给你一个不变的承诺，给你一个温暖安宁的家。现实中，很多女人不明白这一点，往往盲目追求一些不切实际的幻想，直到被冰冷的现实所淹没。

对于择偶，有一句这样的经典名言："最好的选择不是选择最好的，选择最好的不一定是最好的选择。"爱情是否美满、幸福、稳固，并非取决于对方有多么出色，而取决于两个人心灵契合的程度，取决于两个人是否合适。戴安娜与查尔斯王子的结合，世人谁不称羡！然而，表面的现象往往并不代表本质，他们的离异正好证明了这一点：他们不合适，尽管双方都很出色。

人人都有缺点，谈恋爱的男女双方都如此。问题不在于找一个没有缺点的对象，而是要找一个双方缺点都能各自认识，各自承认，同时能彼此容忍的伴侣。明智的人找对象并不去找最优秀的，而是去找一个最合适的。也许，在某些方面不尽如人意，但是，只要对自己合适，就是一个最好的选择。

择偶不能太死板

宋红是一个很优秀的女孩,漂亮、优雅,是A市某重点大学的学生。除了宋红以外,同宿舍的其他几个姐妹都有了男朋友,并且她们的男朋友都是1.8米以上,因此,宋红也定下一条标准,她要找的男朋友一定要在1.8米以上。

在一次文学沙龙上,宋红认识了伟,两人很聊得来,尤其对文学有相当多的共同语言,很有点相见恨晚之感。后来,两人又来往了几次,伟向宋红表示了好感。宋红也爱上了伟,她认为伟各方面条件都不错,气质非凡,学识渊博,谈吐优雅,外表英俊,而且善解人意,体贴入微,正是她想要找的那种类型。但唯一遗憾的是,伟只有1.79米,达不到1.8米的标准。

为了不输给宿舍的姐妹,宋红拒绝了伟。

后来,宋红又接触过一些男孩,但都没有和伟在一起的那种感觉。其实,从与伟见面那一刻起,她已经深深地爱上了他。宋红再去找伟,期望能挽回那段感情,但当她找到伟时,伟的身边已经有了一位美丽可人的女孩。

无论男女,在进入青春期后,生理逐渐发育成熟,心理也基本成熟,便会开始考虑恋爱问题。他们根据个人的价值观和审美意识,在脑海里勾画出一个理想的恋爱偶像,一旦这个偶像出现,便成为追求的目标。而这个勾画出的理想的恋爱偶像,便是人在择偶时的标准。

每个人给自己设定的理想伴侣的标准受到个人所处的时代背景、社会特点、家庭环境、人际关系以及个人的审美情趣与价值体系等的影响。鲁迅曾经说过,贾府里的焦大是不会爱上林妹妹的。从这句话中你一定不难理解在不同社会环境里的不同阶层、不同个体有着不同的择偶标准。现在很多传媒都有"征婚"栏目,为青年择偶创造了各种条件,开辟了各种途径。虽然形式各异、内容不同,但都有一个共同点,那就是每个求偶者都依据自己的各方面条件提出了选择对象的要求。

根据自己的标准来选择恋爱对象可以避免择偶的盲目性，但问题是，这个标准该如何确定，或者说这个标准可以有多大的浮动空间。

曾经在某著名大学的BBS上看到过这样一个征婚的帖子：某女，名牌大学在读硕士生，芳龄25岁，身高1.66米，美丽温柔，知书识礼。要求对方未婚，在北京有独立住房，月薪在7000元以上，身高在1.78到1.82米之间，年龄26到30岁。为了节约双方的时间和精力，不符合上述要求者免谈。发帖的人满心以为会应征者云集，可令她想不到的，竟然应征者寥寥，不禁感慨到：偌大一个城市，符合这种要求的男人那么少吗？她自以为已经把条件放得够宽了，感觉自己的要求并不高，可为什么找一个称心如意的人就那么难？

说到底，这些人的征婚要求往往是根据自己头脑中的想象确定的。她们想当然地认为，中国有十几亿人，从这么多人中找出一个符合条件的人，那不是一件很容易的事吗？

在遭遇"婚恋市场"的冷遇后，那些条件优越的女孩有必要考虑一下自己恋爱失败的原因，重新考虑自己的择偶标准了，看看哪些是不能改变的，哪些是可以适当放宽条件的。例如，把身高限定得那么精确，对自己有什么好处呢？月收入一定要7000元吗？6800元就一定不是理想的伴侣吗？

考大学的时候，差一分都不行。但是寻找伴侣的话，则没有必要对对方的"硬件"做过于苛刻的要求。而且，婚姻不是一件商品，婚姻幸福最重要的是爱意与包容，否则就会变成丑陋的、赤裸裸的交易。

爱情的产生与每个人的客观条件、主观因素有相当多的联系。如不顾自己的主客观条件，一味地要求对方什么都好，那么成功率就会大打折扣。如果发现择偶标准欠妥当，就需要适时做出调整，使标准更加符合自己的实际，这样就可以避免和防止因失败而产生的自卑心理。

幸福的感觉因人而异，因物而别，因此无须去参照别人的标准。上百万的金钱在考古学家的眼里远比不上秦砖汉瓦，物质生活极尽奢华的笼中"金丝雀们"不见得比山坡上的牧羊女更幸福。所以幸福只是一种感觉，最重要的是有真爱，而不要因为一些外在的"标准"错过了缘分。

天涯何处无芳草

> 在男女青年中，60%的人几乎都"单相思"过别人一次，而20%的"多情种子"，每年则可能"单相思"他人2~3次。
> ——"单相思"问题的专家，英国心理学家佛曼斯特的最新研究成果

茨威格在他的名作《一个陌生女人的来信》中便记录了一则悲剧式的单相思故事。

故事主人公、著名小说家R接到了一封女人的来信，她向他诉说了13岁时就开始的对他的爱情。信是这样写的："我亲爱的，那一天，那一刻，我整个地、永远地爱上你的那一天，那一刻，现在我还记得清清楚楚……从那一刻起，从我感到了那柔和的、脉脉含情的目光以后，我就属于你了。"更为可悲的是，这个女子为了获得爱情，不惜冒充妓女与作家R度过了三个销魂之夜，最终为了这无望而纯洁的爱情自杀了。可直到她死，作家都蒙在鼓里。这个女人从13岁开始便因为一个很普通的机会忽然坠入了情网，死心塌地要把自己的一切全部献给作家R。

这种感情无疑是很真诚的，但也是非理性的，而最终的结局更是令人扼腕叹息。

什么是单恋

单恋即单相思，它是以一厢情愿的倾慕与热爱为特点的畸形爱情，甚至知道对方不爱自己，也还要一味追求。

几乎所有成年人都有过"单相思"的经历。"单相思"的发生一般都是这样：先是自己爱上对方，然后想当然地希望对方也爱自己。在这种心理支配

下,不考虑自己是否适合对方,却满以为对方就是自己理想的伴侣或心中的白马王子,由此陷入单相思的深渊。

单相思有时也会体验到一些快乐,但更多的是情感上的痛苦。因为是一方倾情而得不到对方的响应,感受不到对方爱意的温馨。

"单相思"可发生在任何年龄段,这是一种正常的爱情心理,而且"单相思"大多"寿命"不长。据统计,平均每次"单相思"的持续时间仅为36天,可以说十分"短命"。"单相思"十有八九是热烈、纯洁、永世难忘的,虽然对被"单相思"的一方或外人来说,却又显得滑稽和可笑。

问题是,有些人在陷入单相思后,把自己淹没在苦海里而不能自拔。这种过分的单相思会导致严重的心理失调。如果这种心理问题不能及时疏导,很有可能酿成悲剧。

单恋的形式是多样的。有的有特定的单恋对象,像电影《大篷车》里吉卜赛女郎狂热地爱上了司机莫汗,而莫汗并不爱她。有的根本没有特定的单恋对象,往往是出于幻想。如高尔基有一篇短篇小说,写一个不识字的女子经常请人替她写一封封热情洋溢的情书,人们以为她一定有一位很美好的情人,但她死后,人们才知道她一生根本没有过真正的爱情,那些情书是写给她理想中的情人的。

有的单恋是由于误会造成的。这是一种"恋爱错觉",又称过敏性恋爱,就是自以为异性爱上自己的主观感觉。它的产生主要是受对方的言谈举止的迷惑和自身的各种主观体验。人们容易产生"恋爱错觉",还因为有一种"求证效应"的心理在作怪。人们对某个事物产生了某种看法或想法,于是有意无意地寻找这一事物上的某些表现来证明自己看法或想法的正确。这种心理就是求证效应,它往往使人对事物产生错觉,于是神魂颠倒,想入非非,造成恋爱错觉。

如果被恋的一方并不知道对方单恋的存在,就叫无感单恋。无感单恋多是幻想型的。无感单恋带有偏执性的成分,有些严重的可划归精神分裂症。比如有个病人,认定一个名演员爱上了他,看到画报上她的微笑,就说人家对他调情。生活中的无感单恋多是发生在性格内向的人身上,他们对单恋对象,抱着高不可攀的畏惧心理,把对方想得神圣非凡,大有可望而不可即之势,因此,只能将深情隐隐地藏在心里,形成一种痛苦的自我折磨,造成心理失调。

如果被恋对象了解恋情存在,但是拒绝接受,则是有感单恋。有感单恋是严重的心理抑郁,是痛苦不堪的。个别有感单恋者,自作多情,误认为对方爱过自己,或一厢情愿,自我满足地宣扬对方爱自己,一旦知道对方根本不爱自己,爱情的建立成为不可能,也可能表现为向对方发泄。但这毕竟是少数,且这种人多伴有较强的神经质。

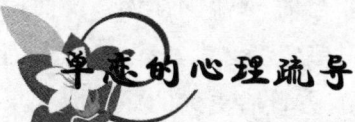

单恋的心理疏导

单恋是一种自我感觉中的虚幻恋爱。单恋的人一定要承认、正视这个事实。冷静、客观地分析自己的境遇,及时地退出感情的纠葛是最明智的选择。

对感情不加控制,往往会使人失去理智。单恋者其实已经陷入感情的漩涡。如果不及时抽身,将会越陷越深,最终毁了自己。应当承认,要用理智战胜感情,并不是轻易能做到的,但人不能做感情的奴隶,必须学会用意志的力量主宰、驾驭自己的思维和感情。这不仅是对他人、对社会负责,也是对自己负责。当发现自己的感情已偏离了轨道时,急流勇退,顿时醒悟,及时了结。这无疑是一种成熟。哲学家培根说:"一切真正伟大的人物,没有一个是因为爱情而发狂的人,因为伟大的事业抑制了这种软弱的感情。"

人陷入单恋的痴迷状态之后,如果能够换个环境,就可以减少许多无意的回忆,减少许多触景生情的联想。如果把自己的精力与感情转移到工作、学习、事业、理想上,转移到他人身上,也可以使自己摆脱单恋。"天涯何处无芳草",既然这里找不到爱的回报,就应另去寻找真正的幸福和爱情。只要有心,幸福总会来到身边的。人不应当固执,不应当钻牛角尖,及时地听外界的劝解和指点,转移自己的感情和环境,会使人的心境豁然开朗。

从单恋的漩涡中自拔出来,绝不能采取消极的办法。不要把受滞的情感拼命地压在心底,否则即使能求得心底的暂时平衡,但时间长了会引起恶性心理病态;也不要自暴自弃,企图通过外部冲突的形式来取得心理平衡,这不但害人也会毁了自己。患"单相思"的朋友们,勇敢、坚定地振作起来,只要热烈地追求新生活,你就一定会找到理想的知音。

被单恋者的态度对单恋者的心理影响极大。正确的态度是一经发现对方在执著地爱自己,便及时而明确地告诉对方,自己对他根本不存在爱情,如果自己已有情人,就要让单恋者知道这一事实,使对方及早去掉幻想,去另辟现实的爱情的天地。歌德对夏绿蒂的热爱虽然不是典型的单恋(因为开始存在着朦胧的爱情成分),但歌德向她表白爱情时,她明确而得体地回绝他,这使他们的关系确定为亲密的友谊。

有一种不道德的做法是觉察对方对自己单恋时,不但不拒绝,反而诱其深入,从而戏弄对方的感情。被单恋者切忌对单恋者含糊其辞地表态,因为这样会更加激起并强化单恋者的错觉,造成对方日后更大的痛苦。如果对方攻击性强,一旦受挫折可能会造成不可想象的后果。

爱情要主动去争取

佳明和女友分手后,心情一度沮丧,于是经常同朋友去酒吧喝酒消愁。同事美娅很久以前就开始喜欢他,可从未向佳明表白过,因为她害怕会被拒绝。

看到佳明如此沮丧,美娅便经常去陪他聊天,安慰他。一段时间后,佳明的心情好了很多,两人的关系看上去也亲密了不少,经常一起参加朋友的聚会,有时也会在周末结伴外出游玩。只是两人谁也没有向对方表白过。美娅也不在意这些,她觉得只是一层窗户纸而已,即使不去捅破它,也会被时间融化,爱情便会自然而然地到来。

半年后,佳明被公司派往南方一个城市,负责分公司的业务。美娅还留在原来的城市。两人也经常发短信,打电话聊天,互相问候,但并没有那种情人间的亲昵。

佳明调走后不久,美娅鼓起勇气到南方去看他。佳明虽然深感意外,可见到美娅后高兴极了,专门请了一天假和美娅一起到附近的一个海岛上玩。美娅此次来南方,主要是想借此机会向佳明表白她的真心。可是佳明始终不给她机会,最后还是把美娅送上了回去的火车。而其实,佳明在看到美娅后,也是心跳加快,但他什么都没有说。

美娅在回家的车上心想：佳明的眼光始终向着别的地方，也许是因为他还是念念不忘旧女友，还是把自己当成普通朋友。美娅不得不决定打消念头，忘掉佳明和有关他的回忆。

五年后的一天，佳明和美娅无意中重逢，双方才知道原来自己也曾是对方的心上人。幸运的是两人都还没有结婚，也因为这次重逢最终走到了一起，可回头看看，白白错过了五年的光阴！

可这又能怪谁呢？一切皆因两人都等待爱情的到来，而不愿去主动争取。

爱情不是一件与生俱来的事情，它也不会自然而然地发生。更多的时候，爱情是主动争取来的。

有一位长相很普通的女孩，经一家婚介公司介绍，认识了一位同行业的男士。他们第一次约会时，由于女孩说话得体，彼此又有许多工作上的心得，双方聊了很长时间。分手时，女孩主动要求交换电话号码，出于礼貌男士答应了。

第二天，男士因商务赴欧洲，他在出发前给婚介公司打电话说："女孩人不错，但长相不是很吸引我。你们再帮我留意别的女孩吧！"

没想到两个星期后，他走出机场时，竟看到了捧着鲜花来迎候他的女孩。"我打电话到你家，你妈妈说你今天回来，我就来等你了，你不会不高兴吧！如果你很介意的话，我道歉，你还把我当成是你的一个普通朋友。"

望着精心修饰过的女孩，男士有些意外，又有些感动。在以后的日子里，女孩用比较自然的方式接近男士，男士觉得和她在一起心情很放松，渐渐地，他觉得女孩变美了，不久后，他爱上了她，并最终和她一起踏上了婚姻的红地毯。

爱情的发生，不是两人在一起开心就行了。即使两人彼此都"心照不宣",也需要有一个人主动把"我爱你"这三个字说出来。别小看那一层小小的窗户纸,要是双方都不去主动捅破,也许你们这一辈子就被它堵在爱情的门外。

一般来说,"我爱你"应由男方主动说出来。可是,万一你碰上的那个男人是块不开窍的"木头",虽然爱你爱得死去活来,也不愿主动向你表白,你又有什么办法呢。难道就眼睁睁地看着这段爱情被"窒息"掉吗?

当然,向对方表白有些冒险,万一对方对自己的好不是出于爱情呢?也许他会当面嘲笑你;也许在接下来的日子里,他会像躲避病毒一样躲着你……

聪明的女孩自有办法,既能让对方知道自己的心思,又不会表现得像个傻瓜。略施小计,就能使爱情巧妙开局。例如,下面的几个方法都可以一试。

用眼神发出无声但又强烈的信息

迅速地看他一眼,在他的脸上"扫描",注意不要盯着他看,要让他意识到你在观察他,但又不会觉得被人死盯着不放。如果他返回的信息是,把视线从你身上移开,那就可能是对你不那么感兴趣。

碰一下就跑

经常有意无意地与他进行一点点的肌肤相触,然后就走开,让他知道你在乎他。要注意的是,每一次接触都要迅速,不要让他觉得你很轻浮。这样他才不会觉得讨厌,但会开始注意并考虑你。渐渐地,你就会进入到他的私人空间了。

说一些恰到好处的悄悄话

在说话时声音比平时稍微轻柔些,他就不得不凑近些听你到底说了些什么。在说话时经常说出他的名字,也能使双方的谈话变得亲密许多。

建一张神秘的网

和他在网络上神聊,也是一个好的方法,可以很快由一本正经发展成

"打情骂俏"。如果他不配合,那么你就迅速来一句"拜拜",然后抽身而出。

任何时候,天上都不会掉馅饼,爱情也一样。不要相信所谓的"姻缘天注定"的说法,走出去,主动去寻找爱情,也让你有被爱情光顾的机会。

女生该怎样"倒追"

付遥大学毕业后在一家银行上班。同事华明是一个比她大3岁的男生,浓眉大眼,风度翩翩,事业心强,人品也好,还热爱体育、文学。华明和付遥兴趣相同,很合得来,两人经常一起唱歌、跳舞,形影不离,简直是谁也少不了谁。渐渐地,付遥发现自己爱上了华明,她也知道华明没有意中人。

付遥一直不敢向他表露衷肠,她期望华明能洞察她的心。一年两年过去了,可惜华明的知觉有些"迟钝"。两年后,戏剧性的事情发生了,华明在一次同学聚会上认识了一位长相酷似付遥的女孩雪儿。与付遥不同,雪儿性格爽朗明快,并且疯狂地喜欢上了华明,她对华明频频发动爱情攻势。

当有一天,华明把雪儿作为自己的女朋友介绍给同事时,付遥惊呆了,她的眼泪夺眶而出。

中国有句俗话:"男追女隔重山,女追男隔层纱"。这样看来,女追男应该容易得多。可事实是,男人愿意为了心爱的女孩跋山涉水,而女孩纵使爱得要死要活也不愿去捅破那层纱。这些不愿主动出击的女人认为,女人的美德就是温婉内敛,就应该享受被追求的快乐。女追男,这简直就是自贬身价。

于是,这些女孩就把自己当成了摆在市场里待价出售的大白菜,等着男人们来挑。可惜的是,你喜欢的那位却不一定挑到你,也许见到你之前把你旁边那颗不怎么水灵的大白菜给挑了去!

幸福其实就把握在自己的手中,但生活中有许多女孩,虽然明知道爱情来了,却因为有这样或那样的顾虑,而在感情上过于自我保护,从而错失了许多良机。曾有一位女孩对朋友说:"我一定要男孩来主动追我,这样,以后万一吵架了,我会占上风,谁让你来追我的。"这实在是一个荒谬至极的理由。婚姻是否幸福,和谁先追谁并没有什么关系。敢于用女人的智慧、温柔、善良来追求幸福的女人,更有能力来把握她的未来。

只要是真心喜欢,就该趁着自己正年轻,主动出击。要知道,这个世界强人多得很,聪明的女孩子要学会该出手时就出手,不要错失大好时机。到时候给人家捷足先登了,你连哭的地儿都找不着!在这个竞争激烈的社会,男孩压力非常大,他们为事业付出了太多的热情和精力,很需要女孩的理解和关怀,因此他们也很喜欢被追的感觉,即使不能接受你,也会充满感激。

当然,女人主动也要讲究方法,一味穷追猛打只会让男人逃之夭夭,诸如送玫瑰花、写狂热的情书、在大街上拉横幅、送贵重的礼物、每天守在对方公司楼下或家门口……这些男追女行之有效的狠招,用在女追男上只会弄巧成拙。中国人历来以女人含蓄为美,因此女人的主动也应委婉些,正如一位作家所说的:"女人的追求其实只是用行动告诉这个男人,请你追求我!意思是拉开架势,垂下鱼线,愿者上钩而已。"

首先,主动之前应对男人有所了解。在女孩实施追求的计划和行动之前,一定要将对方的情况做一详细的了解,如这个男人是否未婚,是否值得去追等等。

其次,明示不如暗示。女人的主动,明示不如暗示。明示有很大的缺点,如果太直接了,受的伤害可能也很直接。

再次,不能投怀送抱。千万不要以为"我和你上了床,我就是你的人了",这是一种最傻的想法。女孩本来就特别感性,她一旦爱上一个人,就会不管不顾、大义凛然了。因此,很多女孩就会在语言或行为当中,用身体表现出一种暧昧,这样很容易使男孩就范。但最终的结果往往得到的是这样一句话:"和你上床并不意味着什么。"

最后,追求应该设置一个底线。男人更乐于自己主动发起攻击,因此女人要做的,是引诱男人出击。无论暗示还是明示,最多给自己三个月时间。如果在这期间,他不能如你对他那样对你好,不能说出我爱你,不能把你作为恋人介绍给他的朋友。事实上他已经拒绝了你的爱情,只是在享受你的关心。

短信是女追男首选，貌似随意，却可以打持久战，即使被拒绝也不显得尴尬。在短信中表示对他恰到好处的关心，给他一种耐人回味的感觉；也可以小女人般地"示弱"，如"头痛"、"不舒服"之类，激发他的怜爱之心，也可以透过他的回复就可略知他对你的好感程度。

制造一些邂逅的机会，或是在相遇时故意地拍他一下，然后说："哎呀，我认错人了。"可以经常制造一些小事故，例如出游时车有点"小意外"，两人一起去修车；或是在迪厅趁机踩他一脚，然后跟他说："对不起，踩着你了吧？"这些都能引起他对你的注意。如果和男孩一起走路时，看到对方双手拿着东西，可以表现出自己的助人为乐："我帮你拿好了。"如果对方空手，可以要求他助人为乐："能不能帮我一个忙？"

与其忍受暗恋的折磨，不如主动把爱说清楚，不管出现哪个答案，至少自己可以宽心，不会继续痛苦或忐忑不安。只想不动解决不了任何问题，用行动去证明吧，如果遇到喜欢的人，不妨主动一点，即使做了而后悔，也比不做有机会。还有，不要因为一次表白被拒绝，就失去了再次表白的勇气。任何时候都要相信自己，只要你对爱有信心，幸福一定会跟着来。

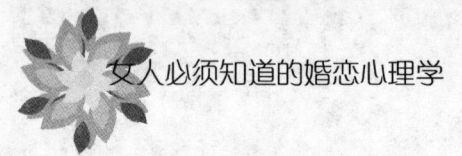
女人必须知道的婚恋心理学

危险的脚踩两只船

> 爱情对象的选择是对熟悉的众多异性中某一个人的具体偏爱,是对这个人的价值理想化。没有一个人会同时深深地、忘我地、热烈地爱着两或三个人。那必然会导致心理动荡,使人面临困难的抉择,分散感情的洪流。
>
> ——《情爱论》,瓦西列夫

谷秀从小喜欢文学,受三毛、琼瑶的影响较大。大学毕业两年后,认识了张环。张环是一个博士生,学识渊博。两人很聊得来,很快就恋爱了。此后不久,谷秀又认识了萧军。萧军只有高中毕业,比谷秀小3岁,风趣、阳光,很有男子汉的味道。谷秀很快就喜欢上了他,而谷秀的成熟、清雅也让萧军深深着迷,两人很快也"好"上了。

面对这两个爱自己,自己也爱的男人,谷秀陷入了苦恼,不知该如何选择。她将这两人的优缺点列出来,进行比较。

张环相貌平平,老实本分,有上进心,是那种对家庭很负责任的男人,有较高的学历,未来的社会地位和经济条件都很看好。但他不善言辞,迟钝,不懂人情世故,有点小市民气,对钱看得较重。

萧军相貌英俊,性格乐观幽默,待人真诚,人缘好,为人不世故,对长辈很有礼貌,烧得一手好菜,和他在一起很快乐。但他学历低,没有一技之长,没有什么社会地位和经济基础。而且,萧军的年龄小,未来的不确定性很大。

比较来比较去,谷秀都无法取舍。她就这样每天周旋在两个男人之间。直到有一天,张环和萧军都提出结婚的要求,谷秀这才傻眼了,向两人说出了自己心中的苦恼。令谷秀想不到的是,两个男人都离开了她。

什么是"三角恋"

同时存在于三个人之间的恋爱,俗称三角恋爱,表现为一个人同时爱着两个异性或两个人同时爱着一个异性。这是一种异常的爱情关系,但是却是十分常见的。

人类社会进化到一夫一妻制之后所形成的社会道德规范,就涉及在同一时间里一个人只能与一个异性相爱。爱情具有独占性和排他性,但是在现实生活中,对两个异性难以取舍也是非常普遍的。三角恋本身很难说是不道德,但其结局常常是可悲的:或三人不欢而散,或两个同性中有一个退出或唯一的一个异性犹豫不决,等等。这三种结局中任何一种结局都会导致所涉及的人产生严重的心理挫折,并延续影响到以后的感情生活。

还有一种情况,是一个人有意识地同时与两个异性发展恋爱关系,即所谓"普遍培养,重点选择",这就是一种极不道德的行为,是对纯洁、专一爱情的亵渎。

选择者的心理规范

一个人同时有两个求爱者确实是幸福的,同时也表明此人是很有吸引力的,如果因为被两个人所爱,而心安理得地去左右逢源,认为反正又不是结婚,大家玩玩而已,也是不道德的。殊不知,别人可是当回事的,特别是一些男性没有更多的戒备心理,更不知道还有一个隐藏着的"情敌",就可能会误将一些信息或行为一概理解成是对方接受爱的表示,从而在定势思维下加大进攻强度、加大投入力度,结果越陷越深,而到头来却是鸡飞蛋打。所以这种玩玩而已的想法是在玩弄别人感情,是不道德的。一个不懂尊重别人感情的人,也是一个不珍惜自己感情生活的人,万万不可如此。

同时被两个人追求是正常的,但同时都接受则是不正常的,这时应该不要因为成为多人追求的对象而冲昏头脑,应当冷静下来,作一次理智的思考,全方位比较两个异性在性格、观念、能力、外在条件等方面的情况,尽早决定,选择一个相对更理想的,作为自己的恋爱对象。

如果与一个异性相处已有一段时间,彼此有了一定感情,此时在生活中出现了另一个人,他的气质、风度和品格的魅力比以前的情人更有吸引力,你可以抛弃旧有的情人吗?

按照东方民族的世俗观念,可能认为这是喜新厌旧,是对爱情的背叛。有的人就是在这种观念的束缚下犹豫徘徊,不仅带来多方面的感情创伤,而且引起不应有的悲剧。而其实,只要不是"泛爱论"的追随者,就可以寻求新的生活伴侣,也有权利去实现新的生活理想。相反,这时良心的责备、感情上的内疚,都无济于事。在选择决定之后,最关键的是正面地了却与前者的关系,待到前者感情的波澜较为平静之后,再开始你的爱情起点。但是,若你原来的情人与你已有较深的交往,你对他的感情也是深厚的,只是在性格、能力和志趣上有些差距,你应该帮助对方改正缺陷,用爱情的力量鼓舞对方达到人格、能力和志趣的和谐,而不应该轻易地抛弃对方。

竞争者的心理规范

如果两个人同时站在一条起跑线上追求一个异性,怎样对待这场竞争呢?现代社会,竞争意识是一个重要课题,我们认为在三角爱情中也不排除竞争心理的存在。爱情的表现是为了取得对方的爱,而实质上是实现自我、发现自我、暴露自我价值的过程。征服了对方的心,感到喜悦、充实,感到实现了前所未有的人生价值,就是把爱情比作战斗也不为过,但这应该是理智的战斗、高尚的战斗。任何庸俗的伎俩都是纨绔子弟的卑劣行为,是不可取的。

任何竞争都有成功和失败。作为成功者,只要你是用光明正大的努力取得了对方的青睐,你可以为新的幸福而喜悦。但要注意,你若对失败者行为态度不当,会加剧失败者的心灵创伤,甚至会导致自身爱情的毁灭。根据相关机构对历年来发生的因恋爱斗殴致伤事件的调查,约有40%是由于成功者的言行不当而激化造成的,有的当众羞辱爱情失败的一方,有的故意在对方面前做出亲昵的动作。成功者的一方应该表现出更多的宽容,多想想自己如果处于失恋境地会有怎样的心理苦闷,这在心理学上叫做"角色互换"。

作为失败的一方，必然经受巨大的心灵痛苦过程。面对这种心灵的冲击，积极地进行心理防御是很重要的。要克服爱情挫折，首先要正确认识爱情的失败，只有对挫折有了合理的解释才能从根本上战胜挫折。一位哲学家说过："人只有通过一次真正的失恋痛苦和折磨，才会开始成熟起来。爱的觉醒即自我的觉醒。"失败能激化和锻炼人的意志。人的精神力量可以在磨炼中产生巨大的能量，一旦投入事业中去，会放射出耀眼的光芒。

合理化作用即用自己能接受，能自我超脱、宽容的理由解释各种心理压力，经过仔细分析，你会发现在与那个异性交往中有许多由对方缺点引起的矛盾和纠葛，也会分析出对方的许多缺点和不足，那么你就可以向自己强化这样的理由："与一个不爱自己的人在一起，是一种折磨，尽早地分手倒是不幸中的大幸。"无数事实说明，这种心理保护法，对于摆脱心理上的困境有着很大的效用。

另外，如果得知自己的恋人在搞三角恋爱时，要头脑冷静，认真分析，帮助对方改正错误或果断地终止与对方的恋爱关系。

举棋不定怎么办

我们从心理学的角度来分析一下，为什么女孩会有"左右为难"、"难以取舍"的心理困惑。心理学告诉我们，人的活动总是受一定动机推动的。而人的动机又常常较为复杂，不是一个而是多个动机起作用的。当这些动机不能同时都得到满足的时候，就产生了动机的冲突。动机的冲突从形式上说分为三类：一是双趋冲突，就是既想得到这个，又想得到那个，所谓鱼和熊掌想兼得；二是双避冲突，就是对两样东西都想拒绝，都不想要，所谓前怕狼后怕虎；三是趋避冲突，就是对一个东西既想要又害怕，所谓既想吃又怕烫。

女孩在选择恋爱对象的过程中，会遇到很多不同的男孩，就如上例中的谷秀。谷秀遇到了两个男孩，而且这两个男孩都爱她。这两个男孩都有让谷秀不愿接纳的方面，于是，在她内心形成了双避冲突。同时，这两个男孩又都有吸引谷秀的方面，于是在她内心又形成了双趋冲突。这两个男孩中的任何一个都有让谷秀向往和回避的东西，都是"既想吃又怕烫"，这又构成了趋避冲突。正是这复杂的内心冲突让她对两个男孩不知选哪个好了。

生活中,很多女孩都有过"脚踩两只船"的经历,有些女孩甚至鼓励男孩公开竞争。有个漂亮时尚的女孩,有三个男人同时追她,她也乐在其中。每周除了周日完全属于自己,其余六天平均分配后正好一人两天。

这三个男人对她各有各的好:一个欣赏她的美丽,认为像她这样懂得关爱自己的女人一定更懂得如何关爱男人;另一个欣赏她的智慧,说她是聪明女人;还有一个人爱她是觉得她善解人意,办事得体,总能在适当的时候做适当的事情,说适当的话。

为了保持自己的优势,女孩每周日下午都去美容健身,保持美丽容颜和青春活力;同时她又努力赚钱,既消磨时间,又衣食无忧,还能为自己挑老公增加砝码;她努力学习各种形式修炼和人际交往的技巧,以使自己显得落落大方,高贵典雅。

这三个男人都很优秀,对她更是采取穷追猛攻的战术。这三个男人各有所长,让女孩难以取舍,于是她就奉行公开、公平、公正的原则,任他们自由竞争。她并不隐瞒他们各自的存在,也不隐瞒与他们的约会安排。放话在先,一个愿打,一个愿挨,谁也赖不了谁!大家潇洒一点,每天快乐约会,工作之余减压放松!

只是,这三个男人并不能如她一样每天快乐约会,而是被嫉妒之火烧昏了头,最终选择了用"决斗"这种最原始的方式来决定胜负。于是,两个进了地狱,一个进了监狱。而这个女孩也背上了"狐狸精"的骂名。

女人要怎样才能走出这种难以取舍的困境呢?

首先是正视自己的心,看清楚自己真正想要的是哪些东西,这些东西在哪一个男人身上才有。然后就要舍得放弃,甘蔗没有两头甜,老天不能把好事都给了一个人。有句话说得好:舍得,舍得,有"舍"才能有"得"。选择一个,就要舍弃另一个。如果都想得到的话,很可能最后的结果是"竹篮打水一场空"。

她的爱情鸟已经飞走了

> 在带有个人色彩的痛苦中，还有什么样的痛苦比最高尚和最崇高的痛苦——爱情的痛苦——更有权利向美丽的大自然倾诉呢？
> ——恩格斯21岁时的失恋感悟

在相恋8个月后，男友向苏小爱提出了分手。苏小爱用尽了各种方法想要使他回心转意，生病的时候陪他看医生，疲惫的时候献上暖暖的一锅汤，圣诞节送上"温暖牌"围巾，还有很多很多……

苏小爱也知道即使做了这么多，也未必能够感动他，但至少让他感觉到她的心意，知道她还在等待复合的机会。

结果，他当然知道了。不过，更意外的事发生了，他告诉苏小爱，他现在和别的女孩在一起。

苏小爱哭着问为什么，为你做了那么多，最后留在你身边的竟是别人。

男友对苏小爱说，因为你我学历相差太远，你赚的钱比我还多，所以我没法再接受你的爱。男友还说，苏小爱跟他不会有好日子过，他会是苏小爱的负累。

分手以后，很多人会很快就忘记那段感情，重新开始新的生活。但苏小爱就是做不到。虽然分手已经3年有余，但苏小爱仍然不能将前男友忘掉。虽然身边不乏追求者，而且当中也有条件不错的，学识好的、事业理想稳定的、对自己呵护有加的……但偏偏就打动不了她的芳心。

苏小爱一直在等机会，期望和前男友复合。可惜，事与愿违，苏小爱等来的却是前男友和另一个女孩结婚的消息。

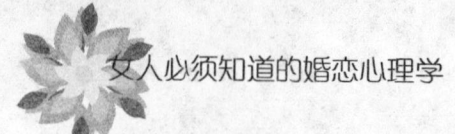

失恋的心理反应

对于失恋,不同的人会有不同的心理反应。

青少年富于激情和幻想,心理还不成熟,对爱情缺乏长远的考虑和准备,最容易在感情的深海之中迷失。而且青少年的情感虽然纯真却显得稚嫩,很易受挫折,而一旦遭受失恋的打击,就很可能陷入极度痛苦而不能自拔。也可能因为失恋而产生报复心理,给自己和对方都刻上了深深的心理伤痕。

成年男女有着较为健全成熟的理性能力和意志能力,也具有比较稳定的情感表达方式,所以失恋之后,一般仍能镇定自若,将创伤深埋在心底,会比较冷静地面对现实、调适心理,继续自己的人生之路。对于曾经深爱的人,他们大多也能报以宽容和理解,不会成为敌人。

在恋爱过程中,一般男性比女性更容易掉进情网,往往率先表白自己的情感,有的甚至才与女性接触不久,便产生了爱慕之情,进而大胆地追求。男子在恋爱过程中,心情较为急躁,喜欢速战速决,总希望在短期内取得成功。所以一旦恋爱过程中亮起了红灯,不是如自己所愿去发展,内心总是接受不了。男性的自尊心比较强,对于失恋,或许表面上看不出他的痛苦,但实际上失恋对于男性的打击实际上是巨大的,有时会摧垮他的人生信念,使他丧失生活的勇气,甚至会导致终止生命。在社会生活中,男性往往肩负着比女性更多的义务、责任和期望,因此对于同样的失恋结局,男性要承担比女性更多的来自自我及社会的压力。被迫失去女方的爱,对不少的男性来说在身心上都是不可接受或忍受的。这会使他的心理产生连锁反应,进而改变整个心理品质和人生态度。

与男性相比,女性的情感显得温柔而细腻,滋润于甜蜜爱情中的女性,比起容易性冲动的恋人,更愿陶醉于如云般的飘忽与似雾般的朦胧幻想之中,更喜欢品味感情的真谛。可想而知,失恋的现实对于女性同样残酷无情。它会揉碎少女甜美的梦境,吞噬姑娘纯真、空明的情感世界,给她们带来毁灭性的打击。相比男性,女性更富有奉献精神,更易把爱情作为人生的最高追求与生命支柱。当她把爱情看成是自己最大的幸福和满足时,如果爱突然终结了,女性的柔弱和痴情如何能使她们平息内心的波澜?不过,对于少数性格开朗、心理成熟或者是主动绝情分手的女性来说,要另当别论。

不要无谓地等待

两个人在一起,能双宿双栖,那当然是最好不过的了。可事情并不一定总是那么尽如人意,有些人相恋之后,不一定能两情相悦,也不一定能共结连理,长相厮守。如果在分手后仍旧放不开,只会徒增苦恼。

一段感情的结束,并不一定是女人的错,也不一定是女人通过努力能挽回的。例如男人的自卑心,男人的狂妄,男人的懦弱,这些都是女人无法改变的,即使你努力一生也没把握战胜,分手已成定局,即使勉强在一起也不会有结果。

有人曾说,女人都爱不羁的浪子,捉摸不定的恋情最令人刻骨铭心,也最令人向往;也有人说,女人都是自虐狂,硬要自己痛苦。这些或许都有道理,只是一段感情结束,心痛是人之常情,即使继续再等,也不会等到完美的结局。

明知等待不能有好的结果,倒不如学会放下,既给自己一条生路,也让对方卸下包袱,改变彼此关系,或许再见亦是朋友。爱固然重要,但爱他人之时也要对自己公平一点,女人的青春有限,明知不会有好结果,为一个人浪费青春,这又何必呢?将自己托付给一个爱自己的人相信会更幸福。

与其死攥着一段没有结果的爱情不撒手,不如摘掉你给前任恋人戴上的所有光环,列出自己爱与不爱的各种答案,找出他不适合自己的多个理由。你会发现:整理这个"清单"的过程,能抚平你受伤的感情、明了内心的渴望,顺理成章地开始新的生活。

主动失恋

主动失恋是一种复杂的心理,尤其以女性为多。

受传统观念的影响,女性在恋爱方面,往往是男性追求的对象,可以细挑慢拣,而品貌俱佳的优秀女子则可居高临下,审视一切来者。久而久之,她们可能会逐渐演变成一个完美主义者,凡事追求尽善尽美,再优秀的男性也总能被挑出毛病。而当这些人被淘汰出局之后,她们又很留恋这些男士,毕竟他们身上有着一些迷人的魅力。

既然有良好素质条件,这些女性就不会随意把自己嫁出去。但是年龄的增长是无法抗拒的,既不能主动出击而有失身份,又不宜守株待兔而任由美丽资本贬值,在这种左顾右盼之中,眼光变得越来越苛刻,期望值越来越高,使她们不能更多地把握机会,但又不肯轻易降低标准。而一旦真的有人能符合其理想标准却又不能真正地谈到一起,在一种不愿委曲求全的心理下只能放弃却又恋恋不舍。

对于这样的人,要确立适当的择偶标准。俗话说:"人无完人,金无足赤",过分地苛求别人,最终会损害自己。总不能寻找到一个完全符合要求的人,久而久之就会使自己陷入一种矛盾的困境中。其实,人的感情生活毕竟不像选购商品,完全可以在交往中不断碰撞而寻找到更多的共同语言,使两者的心理距离更短,心理沟通水平更高。因此,通过确立适当的期望值,通过广泛的交往而更有可能寻找到意中人,同时也不至于产生什么挫折感。

人追求尽善尽美本身无可非议,但爱情既可以是轰轰烈烈的,也可以似小桥流水一般。一个人只有以平常心看待爱情,才能不受完美主义思维的影响而拒绝别人,也不会因为失恋而拒绝自己,从而更好地调适自己的心理。

失恋的短期心理调节

走出失恋,首先要正视现实,到了必须分手的时候,不要纠缠着不放,纠缠也许会令对方一时难以逃脱,但却更坚定了其离开的信念。被恋人拒绝确实有点丢面子,但死缠硬磨再被人拒绝而失恋则怕是连脸面都保不住了。此时应该冷静分析看看"到底是谁惹的祸",如果是对方移情别恋就算了,因为毕竟爱过对方,只要对方觉得幸福就为对方祝福吧。可是如果问题出在自己身上,则要反省反省,留意一下,改变自己,改掉不良习惯,以求在以后的恋爱生活中能够取得成功。

失恋了,一点感觉也没有是不可能的,但表面上装作不在乎有利于控制自己的情绪,积极的自我暗示在这时候是非常重要的。失恋后要适当地发泄情绪,别总是强忍悲痛或怨恨,这对身心健康相当不利。但要注意发泄的对象,不要抓住无辜的人或别人的东西不放,那样会节外生枝,反而更不利于心理调适。

失恋之后不要一个人闷在家里,要积极参加聚会、出游、看表演、打球等有意思又有很多人参与的集体活动,并尽量和别人谈一些有趣的话题,跟着大家一起笑,有利于驱散心理阴霾。

失恋后留在故地,只会让你陷于痛苦中无法自拔。不妨跟随旅行团或与一群朋友到异地去游玩。异地的人文风情会让你耳目一新、视野开阔,新的感受会冲淡你内心的烦恼。

承受爱情的挫折

林静是一个聪明活泼、秀慧动人的女孩,在D市一所重点中学读高三。为迎接即将到来的高考,父母为她请了一个刚从大学毕业的英语教师补习功课。每周两个晚上,在姑娘的"闺房"里进行"恶补"。休息时,两人也会谈到人生、文学、影视等话题,气氛相当融洽。

林静的英语水平有了明显提高,对年轻教师的爱慕之情也在升温。但年轻教师只是把林静看成学生,并没有往"恋人"方面考虑过,何况他已经有了一个正在热恋中的女朋友。后来有一天,林静用英文写了一封求爱信。年轻教师极其婉转地拒绝了她,而且不再前来补课,由他一位年迈的女同事代替。

为此,林静很自卑,甚至悲观到对恋爱、婚姻已失去了信心:"像我这样的人,恐怕一辈子都不可能有男人会爱上我了。"她陷入痛苦、彷徨中,竟然在一天晚上,用刀割破了右臂的静脉。幸亏家人发现及时,被送往医院抢救,才没酿成大祸。

谁都不能保证自己的爱情永远一帆风顺。在恋爱中受过挫折是一件再正常不过的事,与在事业上、在生活中遇到挫折并无不同,可偏偏有人能承受事业和生活中的挫折,却无法承受爱情上遇到的挫折。

在爱情中,一些人一旦遭到对方拒绝,或者多次受到冷遇,便对自己怀疑、失望。"一朝被蛇咬,十年怕井绳",自卑心理便产生了。有的因此而对恋爱不再抱有希望,有的则"降格以求",金色的恋情褪成灰色的凑合,于是更加自卑。

对于恋爱中的挫折,最重要的是对挫折的原因分析、归类。恋爱挫折,有的原因在自己,确有处理不当;有的可能错在对方,自己是无辜的。如果挫折的原因在自己,就应想方设法弥补——失败是成功之母,不用自卑;如果挫折的原因在对方,更无需自卑了。

然而总有这么一些人根本不做这样的归因分析,一股脑儿把责任全部归为自己,"千错万错都是我错","千差万差是我最差",那样的话,自卑心理当然会陡增。

因为一段感情的消逝,便去寻死觅活,更是一种很可笑的行为。这些人打着为爱而生,为爱而死的幌子,其实是自己放弃了自己,与爱无关。这样的女人,让人惋惜,也让人愤怒。为了一段不值得的感情这样伤害自己,不但得不到什么实质性的解脱,反而给自己带来了更多的伤害和痛苦。用一种伤害去慰藉另一种伤害,这本身就是错误的。

失去一段曾经用心投入的感情,自然是会心痛的。但是,也要相信自己一定会从痛苦中走出来。实际上,每个人都有巨大的能量,可以应对各种危机,只要有信心,就一定行。

这段时间可以向父母、朋友寻求一些温暖和帮助,这样可以让你感觉不那么空虚,可以让自己更好地转移注意力。尽量让自己的生活充实一些,不用给自己太大压力,不必否认自己的难过。所有的负面情绪,给它一些时间,给它一个出口,它就会安静离去。

女人,一定要学会自爱,学会自重,更要学会面对和承受苦难,这才是一个能够体面从容的女人,才是一个值得别人尊重的女人。由于失恋而一蹶不振,这有失体统。深深的愁苦、悲痛,都是为了磨炼你的意志。这种磨炼越是巨大,越应该忍耐,一旦克服、战胜了它,你人生的价值就会比原来提升很高。

失恋的长期心理调节

失恋的心理波动有可能是长期的,如果不能很好地解决失恋带来的心理冲击,就可能对今后的生活带来不利的影响。

失恋后,不要将新旧恋人做比较,要收起回顾的眼神,转过身来向前看。把过去抛得越干净,将来就越可能幸福。拿过去来折磨自己也折磨后来人,是非常不负责任的行为。如果所深爱的人拥有你所欣赏的优点和特质,热恋中更要做好你自己,不要把其性情习惯"内化"到你自己的人格与生活里。

虽然失恋了,但相似的人仍会对你有吸引力,要注意不要立刻去找个那样的人替代前恋人。首先要冷静下来分析这类人身上究竟是哪一点令你无法抗拒,那种特质是否也有缺点,跟你的性情是否可以配合得来?如果合得来,为什么会分手呢?再者,将后来的恋人看做是前恋人的替代品是不道德的,既是对自己的折磨,也是对别人的伤害。

多交些普通朋友对人是有好处的。特别是与异性的普通朋友交往,不仅可以学习如何与异性相处,还可以培养自己对异性的判断力。等到真正适合的人出现后,你就不会错过这个机会。但是交往时不妨先当作普通朋友,敞开心与其自然地交往。有道是"有心栽花花不开,无心插柳柳成荫"。越不苛求,缘分可能越容易到来。

失恋后要仔细检讨自己的不足之处,想想自己有哪些缺点。要适度地改变自己,使自己成长。成长之后的你,以后在拥有爱情时就不会再犯同样的不利于培养感情的错误了。不过,找自己的不足之处时要把握分寸,不要陷入自卑的泥潭。

不要留恋逝去的恋情

相恋762天,男友提出了分手。分手是男友发短信提出来的。萍姣觉得这次分手突如其来,前一段时间还好好的,如今却用一句分手打发一段感情。萍姣于是短信穷追不舍、电话哭诉,但男友

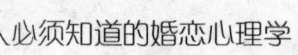
女人必须知道的婚恋心理学

说得很决绝。在电话里,萍姣歇斯底里地咒骂男友玩弄感情。

此后的一段时间里,萍姣几乎每日都向身边的朋友哭诉,数尽前男友的不是,其实心里还是记得他百般的好,只是心有不甘。别人第一次听她说起男孩的种种无情,心里自会为女孩抱不平,次数多了,听者早已麻木,常常王顾左右而言他,扯开话题,为的是不在这个问题上纠缠。萍姣却不自知,依旧喋喋不休。

其实萍姣也想忘记过去的事,却无法从感情的泥沼中自拔。她说:"我知道爱情已经不存在了,但我的全部心思都在他一个人身上,这让我不能忘记和他在一起的点点滴滴。"

大部分女性对爱情会比较慎重,但一旦爱起来,就会比男性更投入。在失恋时,女性往往要比男性表现得更为痛苦。西方有句俗语:"失去爱的女人就像一朵枯萎的花。"女人失去爱情后,往往会茶饭不思、容颜憔悴,很容易受到疾病的侵袭。和女性不同,男性在任何时候都倾向于有计划、有层次地考虑事情,这就使他们能有效地控制感情。

德国的《女性世界》杂志公布了一项相关调查。结果显示,85%的女性表示,她们只会在带有感情的情况下与男性建立关系。一旦关系稳定,几乎百分之百的女性表示自己会全身心地投入到这段感情中去。

女性放不下爱情与"美化倾向"的心理有关。当女人在谈恋爱时,她愿意把自己与男友的爱情想得神圣而高尚,甚至不由自主地把自己想象成电影中浪漫的女主角,携伴侣和着轻柔的华尔兹翩翩起舞,直到天长地久……她们几乎完全陶醉在自己创造的美好意境中,一旦伴侣离去,就像美梦破灭一样,难以接受。

美国的一项科学研究表明,女性产生抑郁情绪的大脑区域的细胞活性要远大于男性,因此在失恋时,女人要比男人更加痛苦。在一段感情破裂后,女性很容易出现抑郁症状,像情绪低落以及丧失生活的动力和食欲,这种情况非常普遍。

女性天性敏感、细腻,很容易在爱情中受伤。因此,沉浸在爱河中的女性,对待感情要多些理智,只有有分寸地控制自己的感情,才能获得真挚持久的爱情。

都市女人整天在叫嚣"没有爱情的人生是不完整的",但并非每一个女人的爱情都顺利。看看身边的闺中密友、死党,有多少曾经或正在经受失恋的打击。"人在江湖漂,哪能不挨刀",失恋是一件再正常不过的事情罢了。昔日的恋人不要你了,你怎么可以不要自己。

多恋爱,才更知道爱情的本质,这次失败了,下次碰见这样的男人,你能一眼看穿这类男人的本性。你在主动放弃这类男人的同时,对爱情更有信心了,因为排除了一类不值得爱的男人,恋爱成功更有把握了。

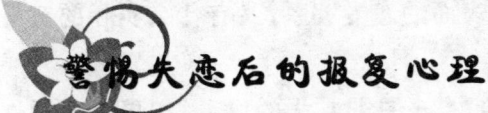

警惕失恋后的报复心理

爱情感人也伤人,一旦反目,便成仇人,甚至要对方付出惨重的代价,或为此一辈子负疚或负罪。失恋伤害事件有针对自我的,更多是针对他人的。

失恋往往打击了当事人的人生信念和自信心,由于爱情需要一个人全身心的奉献,所以失恋给失恋者造成这样一种错觉——自己的一切都是毫无价值的,犹如一堆废物被对方随手扔进了垃圾桶。这种自我价值的丧失感往往会导致自卑或自杀,而且使当事人对世界上有没有真正的爱情产生怀疑,给以后的人生或婚姻留下沉重的阴影。特别是当事人感到自己付出了那么多,对方却毫不在乎时,感情的天平会严重倾斜,由爱生恨,进行报复或自伤。

失恋后的报复心理从心理机制上说属于一种挫折反应。人们在遭受挫折时,往往会在心理上、行为上产生一系列的应激反应,如焦虑、攻击、退化、固执、冷漠等。攻击是常见的挫折反应之一,挫折后如果愤怒情绪占上风,当事人就可能表现出一定的攻击行为。攻击的形式有两种:一种叫直接攻击,即个体受挫后将愤怒直接指向造成其挫折的人或物,如反唇相讥、破坏物品、拳脚相加,甚至伤及性命。另一种叫转向攻击,即不直接攻击造成其挫折的人或物,将愤怒和怨恨转向自己或其他人或物。也就是通常所说的"迁怒于人",找"替罪羊"。攻击行为常常会造成不良后果,自伤或伤人都是不可取的。

报复虽然极大地宣泄了内心的愤怒和不满,但也不可避免地给自己惹下麻烦或招致更大的伤害。自伤自毁,为一段无望的感情付出生命,更是不值得,当有一天走出这段感情的阴影,生活得更加充实美好时,回头再看看这段经历,可能会感到可笑。

怎样提出中断爱情关系

爱情是两个人的事,如果任何一方感觉爱情已经不复存在,都可以提出中断爱情关系,否则即使维持着表面的恋爱关系,又有什么实际的意义呢?

我们知道,失恋对一个人的心理打击是非常大的,所以如果对方对你们的爱情还抱有期望,在中断爱情关系的时候就要讲求策略,不要给对方带来过大的心理刺激。

面谈是要与对方在适当的地方(不要选在偏僻的地方),首先肯定对方在恋爱过程中对自己的爱护、帮助与关怀。否认这一点,而采取诅咒、谩骂的办法,力图彻底刺伤对方,达到割断关系的目的,往往激起对方的仇恨,使矛盾激化。常言道:"既有今日,何必当初"。过去既然相爱过,何必一定要弄到由情人变冤家的地步。能将爱情转为友情是最圆满的结局。但切不可优柔寡断,给对方留着幻想,那是对对方的折磨,也给自己留下隐患。"当断不断,必受其乱",这句古话是有一定道理的。

书信比面谈有更大的缓冲余地,措辞也能更冷静、得体,它是求爱的办法,也是否定、中断爱情的手段。巴尔扎克说得好:"男女之间一刀两断的手续,书面总比口头好办。"

双方无再见面的必要,或自己不便表达否定爱情、中断爱情的态度时,可请自己认识和了解的人向对方将态度说明,但切不可给对方一个错觉:你是在到处造声势,损害我的尊严,败坏我的名誉。最好请一位对方信得过且又非常尊重的人,顺势对对方进行开导与安慰。

不管利用什么方式,都以使双方取得谅解、防止矛盾激化为目的。中断爱情的主动一方,避免采取丑化、诽谤、辱骂对方的行为,并尽量不扩大影响,以尊重对方的自尊心,有利于对方缓解心理压力。那种企图将对方"搞臭",以造成舆论压力,进而中断关系的做法是不道德的,也是容易激怒对方,导致恶性案件出现的因素。

当然,对那些品质恶劣,一再纠缠的人,一旦识破其本性,不仅不必顾及其脸面,而且应当求助于外界的力量。不过,那与一般的失恋,性质已经不同了。

测试:你会失恋吗?

危机之后,相恋的人们往往会问:他真会离我而去吗?我们还有没有和好的一线希望呢?

01.你们在以往的恋爱中,双方有过山盟海誓吗?
A.有过　　　B.说得不明确　　　C.没有

02.他除你以外,还有比你条件更好或不相上下的异性朋友吗?他们彼此来往频繁吗?
A.没有　　　B.没了解过　　　C.有,来往很多

03.你们的恋爱出现危机之后,有一次在路上无意中面对面遇见了,你们是——
A.他主动向你打招呼　　B.你先招呼他　　C.佯作没看见你,转脸而过

04.你们在一起时,是否有过他和你讲话,被你拒绝后没有生气的情形?
A.有过　　　B.记不清了　　　C.没有过

05.你们的爱情出现波折以后,他又用什么借口来找过你吗?
A.找过　　　B.记不得了　　　C.没有

06.你和恋人及周围的知心朋友关系处得好吗?
A.相当好　　B.一般　　　C.不好

07.在你们相恋的日子里,平常出门,他保护、帮助过你吗?例如乘火车时,他把仅有的座位让给你,而自己一直站着。
　　A.有　　B.忘记了　　C.从来没有

08.在你和他见面交谈时,他有过盯着你的脸看得出神的时候吗?
　　A.有　　B.记不清　　C.没有

09.在你生日或平时,他送过你很喜爱的书籍或工艺品吗?
　　A.送过,很令我高兴　　B.送过,但我不喜欢　　C.没送过

10.你们的爱情出现裂痕后,他看到你兴致勃勃地和别的异性朋友在一起交谈,出现过恍然若失或者心神不定的样子吗?
　　A.有　　B.似乎是这样　　C.没有

11.在你和他亲密相处的日子里,特别是出现僵局、危机的前几天,你说过刺伤他心的话或做过使其伤心的事吗?
　　A.没有　　B.不知道　　C.有

12.你们两个并肩走路时,他曾经不知不觉地离开你独行吗?
　　A.没有　　B.记不清了　　C.有过

13.你对他最关心的事情,例如异性朋友以及收入、健康、工作学习状况等等,有所隐瞒吗?
　　A.没有　　B.有,但不知道他是否关心　　C.有

14.你们两人的爱情所以出现麻烦和僵局,是他听了无中生有的闲言碎语吗?
　　A.是的　　B.不太清楚　　C.不是

15.从前,你们两人并肩坐在长椅上,你和他中间放什么东西?而在你们

最后一次约会时,他是否把提兜、杂志、书本等物放在你和他中间?

  A.没有   B.没有留心   C.是的

  选 A 得 1 分,选 B 得 3 分,选 C 得 5 分。

  总分 15～29 分:他对你仍有情意,你们深深相爱,他时时在想着你。尽管由于你未能在感情发展上与他同步,但他珍惜你们的恋情,所以你大可不必疑神疑鬼。如果你要"教训"他一下,不妨若即若离,但切忌与其他异性接触,以免弄假成真。

  总分 30～44 分:你们的冲突已在动摇你们的爱情承诺,波折来势不小,但他还未下决心,质变尚未到来。此时,不失时机地做好挽救工作,大胆追求,解除误会,你们的关系即可进入柳暗花明的新境界。

  总分 45～60 分:你们的爱情已滑向崩溃的边缘,他的幸福感正在消失,已经萌发和你断绝往来的念头,也许正在考虑与你分手。假如你不想失去这份爱情,应主动去关怀对方,以温情唤回对方的心。当然,你要做好失恋的精神准备。

  总分 61～75 分:他弃你无疑,你不要再温旧梦,也不必长吁短叹、愁肠百结,他对你已无感情,甚至开始厌烦你。你当自重自爱,以求新生。"落花有意"而"流水无情",最好的对策是各走各的路。

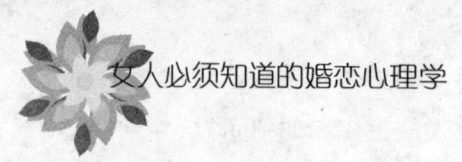
女人必须知道的婚恋心理学

情人眼里出西施

> 在热恋中的男女竟会把对方很丑的特点认为极美，而加以揄扬赞颂。
>
> ——心理学家霭理士

一次同学聚会，当年的"班花"因故未能参加。席间，谈起"班花"的近况，与她还有联系的班长说，"班花"最近走桃花运，心情极好，因为她自称找到了比电影明星还要帅几倍的男朋友，是个才貌双全的钻石王老五。大家兴致勃勃地拨通了"班花"的电话。

王君开门见山，直奔主题："'班花'，听说你钓了个钻石婿，恭喜你！真是羡煞旁人。我们都期待一睹他的风采，什么时候带他过来让我们见上一面呀？"

手机里传来"班花"得意的声音："嘻嘻，很快你们就能见到他了。前几天他向我求婚了，到时候你们来参加我的婚礼就能看到他了。"众人热烈地恭喜了她一番。

有人用怀疑的口吻问道："听说你的男朋友比电影明星帅几倍，是真的吗？"

"班花"抑制不住内心的喜悦，声音带着轻微的颤抖，不容置疑地说："真的，假不了。他比电影明星更有成熟的魅力，超帅。更重要的是他很温柔体贴。"大家虽然看不到"班花"的表情，但是想象得到她眉飞色舞、无比自豪的神态。

一转眼就到了"班花"大婚的喜庆日子。在温馨的乐曲声中，"班花"挽着新郎的手臂款款步入酒店大厅。大家怀着万分期待的心情，幻想着会看到电影明星般帅气的新郎。没想到新郎竟是个挺着啤酒肚的中年男人。

班长尴尬地说："似乎新郎官没有我想象中那么好。"

有人不以为然地撇撇嘴："走起路来像只大企鹅，和电影明星有得比吗？"

新郎全然不知道他们的议论，笑眯眯地招呼大家喝酒，露出两排参差不齐的牙齿。

大家相视一笑，异口同声地说："真是情人眼里出西施。"

什么是审美错觉

错觉是对客观事物的本质联系的一种错误知觉，有审美错觉和认识错觉之分。认识错觉和审美错觉是有区别的：认识错觉，反映的是不真实的客观情况；审美错觉是对审美对象深入体验之后，审美主体所产生的真实的美的感觉。这种审美感觉在客观上看好像是失真的，但在主观上却是真实的心理体验。

不同的时代、不同的文化背景以及不同的价值观之下，人们的审美观不同；同样的时代、文化背景和价值观的前提下，人的审美观又有个性的差异。同样一个人，在有的人看来，简直是完美无缺，而在另外一些人眼里，可能只是普普通通而已。但无论如何，对于大多数人来说，审美标准大体是一致的。

热恋中的男女对异性美的审视，既针对其外在体貌特征美，也针对其内在心灵美。心灵美可以弥补外表美的不足，正如托尔斯泰所说的："人不是因为美丽才可爱，而是因为可爱才美丽。"审美错觉其实是很有意义的，它使人发掘出恋爱对象身上更深层的美以补偿某种不足，可以推动爱情的发生与发展，而不至于使外在不美的人终生孤单。

消极的审美错觉

如果本身没有健康的审美意识，或者恋爱中出现审美错觉，就会产生消极的作用。

人的价值观、人生观是产生审美错觉的内在原因。正常人总是向往美好的事物，并且往往把善良、真诚与美联系在一起。美丽的外貌容易引起人们对真、善的联想，从而产生好感，这是一种自然的心理反应；真、善的内在本质也容易引起人们对美的思考,从而产生美感,这是正常的心理效应。但无论对真、善的理解还是对美的欣赏,都离不开正确的价值观、人生观的引导。没有正确的价值观、人生观,就不会达到真、善、美的审美统一,就无法架起连通内在美与外在美的桥梁,甚至内心连对美好事物的追求和向往都没有。

如果爱情没有了正确的价值观、人生观引导下的审美,就容易暗藏危机,导致日后婚姻和家庭悲剧的发生。如果审美错觉有悖于正确的价值观、人生观,一旦爱的激情日趋平息,光环效应随着消失,后悔就为时晚矣。特别危险的是被对方容貌的美丽光环迷住了双眼,忽视了其丑陋灵魂的情况。巴尔扎克曾对这种情况做了透辟的描述:"在虔诚的气氛中长大的少女,天真、纯洁,一朝踏入了迷人的爱情世界,便觉得一切都是爱情了。她们徜徉于天国的光明中,而这光明是她们的心灵放射的,光辉所及,又照耀到她们的爱人。她们把心中如火如荼的热情点染爱人,把自己崇高的思想当作他们的。"

尤其是处于初恋中的青少年,由于心理发育还不够成熟,常常不能冷静、客观地审视对方,见其优点而不见其缺点,甚至把缺点也看成了优点。热恋中的男女,要正确看待审美错觉。出现错觉并不可怕,关键是要及时通过正确的价值观、人生观来指导和修正这种审美心理。

光晕心理与迁移心理

心理研究表明,光晕心理会影响人们的理解力,使人们对事物的本来面目发生模糊感。人们常说的"见其一点,不及其余",从心理上说可谓光晕作用的极端。

恋爱中的光晕心理,按其反映对象可以分为对自己和对别人的两类情况。就对自己而言,它常发生在下列情况时:当自己某一两方面的条件(如长相、职业、家庭、经济收入、社会关系、住房情况等)比较好的时候,会自恃择偶条件优越,对未来的配偶进行过分的挑剔。当自己被多个异性同时追求,尤其是在异性的热烈颂扬面前,有可能飘飘然起来,从而出现自我评价过高倾向。当自己对某一异性产生同情或感激之情时,对自己内在感情的审度也会走样。光晕心理也可能表现在对恋人的评价上,它的表现同自我评价大致相仿。怎样克服恋爱中的光晕心理呢?

首先要有正确的主见。有了正确的恋爱态度和恰当的择偶标准,理智度就会大大提高,择偶过程中因感情波动而产生的光晕心理就不易缠身。其次要戒除偏见,只有横向视野而没有纵向视野;或者只有近距离视野,而没有远距离视野,都会产生感觉和认识上的偏差,造成择偶和恋爱中的导向失误。最后要认真听取和分析旁人的意见,集思广益,也会帮助自己获得正确的主见。

心理学中还有一种"迁移"现象。最常见的就是明星的广告效应。我们经常见到明星们在各种媒体上为各种产品做广告,如果他是我们所熟知且崇拜的偶像,那么我们就会因为喜欢他而喜欢上他所宣传的产品。商家正是利用了心理学上的这种"迁移"现象,来促使消费者购买他们的产品。

在恋爱中,这种迁移心理也会起作用。人们会将某种理想化的特征设定为追求的目标,如果某人拥有这种特征,就片面地认为这个人是完美的,而将其缺点忽略或者正常化。

对于纯粹意义上的精神爱恋,这种审美的迁移或许是无可厚非的,但是如果以婚姻为目标,这种以偏概全的心理就会酿成很大的心理危机。所以人们应该正视自己和自己周围的世界, 理性地看待和处理自己的爱情。

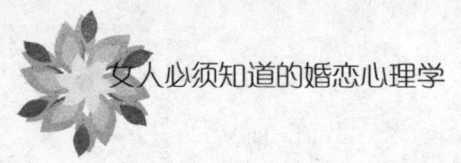

爱在虚拟的世界中

"美眉美眉我爱你，就像老鼠爱大米。"
——网络时代的爱情主张

小君是那种人见人爱的女孩，活泼开朗的个性总能给周围的人带来快乐，在她周围不乏热情的追求者，但她都不动心。一方面由于她的好友恋爱受挫遭受了巨大痛苦，让她觉得现实生活中的恋爱那么脆弱；另一方面，她觉得周围的男生都很现实功利，根本达不到她所要求的标准。

一次，小君上网找人聊天，碰到一位名叫逸轩的网友，两人聊得愉快极了。以后小君一到聊天室就找他，渐渐地她发现两人有很多的契合点。两人一起谈学习、谈人生、谈理想、谈各自的价值观。小君发现两人的观点和看法是如此的相近。渐渐地，上网与逸轩聊天成为小君生活中不可缺少的一部分。小君不知道这是否是恋爱，只是觉得与逸轩聊天能带给她无比的快乐和精神上的慰藉。在网上两人从不挑明爱对方，而是追求那种"心有灵犀一点通"的感觉。两人也谈自己的爱情观，希望能够寻找超越现实传统和庸俗的纯爱情。

同舍好友发现小君的恋情后，开始提醒她，要她小心点儿。但她坚信自己找到的是真爱，舍友见她那幸福陶醉的模样，也就无话可说了。

然而第一次见面就让小君后悔不已。现实中的逸轩与网上那个幽默、热情的人完全不同，让人难以接受。可是逸轩没有察觉到小君的失落，甚至有些喜出望外。

虽然舍友都劝小君拒绝对方，但她觉得这么做很不负责任。甚至有时一想到要拒绝逸轩，就会觉得自己很坏。内心的矛盾对小君的人格和道德认识造成了强烈的冲击。

网络爱情的特点

互联网正以前所未有的深度和广度飞速发展,它改变了人们很多的生活习惯。上网聊天是一种对传统的人际关系的革命。网络将人与人之间的距离大大缩短了,无论天涯海角我们都能自由地沟通。网上聊天已经成为年轻人的新生活方式,而网恋也不可避免地出现了。

网络是匿名的,使人在网上可以自由自在地宣泄自己的情感,并不用担心自己的真实身份。网络提供了这样一种宽松的环境,使人们将自己心中的不快向一个完全陌生的人诉说,从而获得一种心理满足。两个互不认识、互不了解的人通过网络互相倾诉着热烈的感情,这种远距离的聊天给对方带来的新鲜与刺激是公园里的长坐远远不可相比的。

网络从技术上保证了虚拟社会的间接性和纯精神性,给人们创造了一个封闭的情感空间,使他们能够脱离现实进行一种纯精神的恋爱。网络爱情的双方重视的是心灵的默契、精神的相通,并且那种互相猜测、揣摸的感觉比在现实中有意思得多、神秘得多,那种感觉可以令人痴迷而满足。

随着时间的推移,这种感觉会在人内心不断滋长、膨胀。人会开始臆想网上情人的模样,会不由自主地把所有异性的优点都集中在对方身上。尤其是对于初涉爱河的青少年,爱情观带有比较浓厚的理想主义色彩,有爱情至上的倾向。而网络的超越阶层、地域,超越物质以及虚拟性的特点,为爱情超越现实功利束缚提供了空间,与现实生活中的恋爱相比,网恋既超越了现实功利的束缚,又能带给人纯精神的爱情体验,具有更强烈的吸引力和优越性。

网络爱情的心理危机

在网络这个完全虚拟的世界里,他或者她可能扮演着完全不同的角色,甚至连性别都是虚拟的。所以,网络上的两个"恋人",与其说是通过网络来沟通,还不如说是通过想象来美化对方。由于他们缺乏现实生活中的接触,主要靠自己的想象来把自己的"爱人"美化。在这种情况下,网恋就变得格外的美丽,因为这个美丽的"网恋情人"是根据自己的想象和需要一手创造的,是自己在编写着一个美丽动人的爱情故事。如果仅仅把网络看作是一个虚拟的世界,那么可能就没有那么多的遗憾了,但是人类的情感不可能就完全满足于网络的虚拟模式,它终究有回到现实中来的那一天,这时问题就出现了。网恋一旦延伸到现实生活中,网络所有的特性就解体了,起源于网络的爱情的延续就必须按照现实生活中的价值观和规律来进行。但是有多少陷入网恋中的人会意识到这一点呢?网恋之所以美丽,就在于它是在网上,但是它又不可能一直停留在网上,一旦它回到现实生活中来,一切的想象和美丽就随即被打破了。

人在网络中可以坚信:爱情最重要的是心灵和精神的相通,其他都不重要。但回到现实生活中时,就无法摆脱世俗的评判标准。特别是理想与现实的差距会让人备感失落。

更不可以忽略的是,还有些人是纯粹抱着游戏的态度,热聊几天后就迅速发展到网恋,失去兴趣以后再寻找下一个目标。

到目前为止,心理学、社会学对网恋的评价还没有一个统一的看法,但是,网恋起码没有想象中的那样简单。虽然不乏成功的例子,但是到目前为止,网恋的最终结局大多是以闹剧或悲剧收场。作为年轻人,最重要的是要端正上网的心态。如果不能认清网恋的虚拟性、间接性和易变性等特点,甚至将虚拟世界的情感交流和体验带到现实生活中,必然会产生矛盾和冲突,对心理和人格产生强烈的冲击。要避免网恋出现负面冲击的主要方法,在于正确认识网络的优势和局限,正确地把握自我。

谈恋爱也要有技巧

谈好恋爱的秘诀在于：不必严肃，但必须正经！

于华是位才貌双全、风姿绰约的女孩，在一家旅行社工作，平时与客人交往时非常自如得体，谈笑风生，也从未发生过什么意外。有一次，一位朋友给她介绍对象，是一位美籍华人。对方把第一次约会地点定在了市里某宾馆顶楼的旋转餐厅，于华非常自信地赴约。两人见面后，于华表现得落落大方，她从男方的眼里看出，对方对自己是颇为满意的，当然，于华对他也是一见钟情。

两人聊了一会儿后，对方站了起来。突然间，于华发现对方朝自己小腿处看了一眼，她很奇怪，也顺着他的目光朝自己的小腿看去：原来右腿丝袜上有一个很明显的洞，大概是进电梯时被别人的拎包钩破的。她一下子十分尴尬，因为她平时衣着非常留心，也很在意自己的形象，没想到出现了这样的"意外"。

她心慌意乱了，在这位男士面前表现得拙于言词、表情僵硬，全然没有了刚才的风采。自然，这次相亲没有成功。

准备好初次约会

尽管真诚爱情的获得，主要并不取决于第一印象，但却铺垫着登堂入室的阶梯。第一印象差，心存不悦，以后彼此就可能不再交往；第一印象好，心有好感，以后双方就愿意接触。

对于谈恋爱的两个人来说，第一印象的作用不能小看。因为第一印象不好，使一些本来内秀的女孩久久止步在爱情的大门之外，这是十分令人遗憾的。因此，女孩子有必要使自己在初次约会中获得对自己比较好的第一印象。

约会的时候最重要的是，两个人的心情都比较放松，才能拉近彼此的距离。不加任何修饰，邋里邋遢，甚至穿着拖鞋睡衣就去赴约是不对的。但有些女孩，以为约会一定要把自己打扮得花枝招展，才能够吸引住对方的眼光，也往往适得其反。事实上，过度打扮自己的结果，最大的可能是吓倒对方，而不是吸引对方。有个女孩子本来个性温和，在终于能够和心仪的男孩子约会的那一天，为了展现身材而穿了件很暴露的衣服，还特意去发廊做了一个劲爆的发型，和她的气质很不搭配，怎么看怎么不顺眼，当场把男孩子吓跑了。

约会的时候最好选择简单款式的服装，不要穿那些让人看得眼花缭乱的服装，例如那些蕾丝花边的、多重层次的、不规则造型的、太抢眼的、太华丽的衣服，不但穿起来麻烦，而且会让人看起来像是一个艺术品，不是容易接近的那种女孩。也不要选那些紧身的衣服，虽然紧身衣服能凸现你玲珑有致的身材，但是也限制了你的活动空间，连弯腰、抬腿都比较困难，更谈不上正常地展现你的其他才能了。也不要选择配件太多的服装，走起路来叮叮当当响个不休。男孩子会觉得你的"负担好重"，也会心神不宁。

第一次约会，对自我的要求不需要到"惊为天人"的地步，但是一定要顺眼。不一定要穿多么好的衣服才能让自己看起来更漂亮，而是要穿适合自己的衣服，让人一看就觉得自然、舒适、得体，那就是跨出成功的第一步了。穿牛仔裤T恤，能展现年轻的气质，也不会让人有压迫感，可以很轻松地约会；选择高档的有品位的衣服，则可以展现出你在这个社会的适应性。如果你把和朋友逛街的简便服装穿出去，就已经很符合约会的标准了。原来的你，最真实的你，会很自然也很可爱，别把这个最珍贵的部分给忘了。

鞋子的选择要与衣服搭配，以好穿、好走为原则。选择一双穿起来很舒服而又和衣饰相协调的鞋子，会让你在约会时很放松。有些女孩为了约会特意去买一双中看不中用的新鞋子，结果让自己走起路来很痛苦，心情自然也好不到哪里去。最好不要穿太高的高跟鞋，会让对方感到压抑，尤其是与个子不太高的男孩约会时。不要穿有走丝或破洞的丝袜。常见有人用指甲油粘丝袜的洞眼，粘好后再穿。其实，与其穿这样的丝袜，还不如光着脚。

在约会时最忌讳披头散发，看起来很狼狈的样子。男士也会感觉你很懒惰，懒惰到连自己的仪容都不重视，随随便便就出门，而且看起来没有精神。也不要把头发染成太奇怪的颜色,这会把你的约会对象吓跑。把头发绑成一个马尾让你看起来比较利落干净。此外,秀气的公主头也是很好的选择。那会让你的约会对象感觉你是一个温婉、体贴的女孩子。

约会时化一点淡妆是很有必要的,这会让你看上去很精神。但是切忌化浓妆,一个浓妆艳抹的女孩子,会给他人距离感。而且,也会让对方觉得你是一个不能够坦然地面对自己的人。约会前只要把肤色修饰好就够了,五官不需要再做大的修饰。选择一个适合自己肤色的粉底,把自己的肤色修饰得光亮一点,还有脸上的小小斑点,也可以用遮瑕膏盖住。接着就是一点点腮红,化出来像自然的苹果脸那样淡的腮红。最后就是有点颜色的唇蜜。

约会时不要说太多

胡柔和初恋男友分手后,朋友给她介绍了一个男孩。在朋友家里,胡柔和男孩见了一面。男孩的条件很优秀,是胡柔喜欢的那种。看得出来,男孩对胡柔的感觉也很好。三天之后,男孩打电话给胡柔,约她周末出去吃饭。胡柔感到很开心,又有些紧张。

可是,约会后,那个男孩就再也没和胡柔联系。朋友埋怨胡柔:"你也真是的,干吗非在约会的时候提从前的事啊,你可是和人家第一次约会,提你原来的男友干什么,人家说你心还在原来的男友身上,现在的状态不合适谈恋爱!"

胡柔很委屈地说:"我和原来的男友一点联系都没有了。我不是故意提的啊!恰好经过一个公园,而那个公园正是我和原来男友经常去的地方,我就随口说了几句而已。"

朋友说:"很多话是不能随口说的,尤其要看场合,那可是你和人家第一次约会啊!"

婚姻的基础是彼此坦诚相见,而恋爱的绝招恰恰是你的"深藏不露"。对以往爱情的回忆绝对不是在第一次约会时应该提的事。约会中的交谈是了解对方和表现自己的最佳时机,这里面有透露的技巧。一点都不说肯不行,但如果在没有建立信任之前就过早透露自己的某些缺点,那是极其不明智的做法。

女人喜欢也擅长与人分享秘密,并且把这视为友谊的一部分。因此我们常常看到几个不太熟的女人见面后,很快就说起了悄悄话。可是,与男人半生不熟时便向他推心置腹,只会让你在男人眼里变得无聊、琐碎且毫无神秘感,两人关系就此画上句号。

有些女孩在遇到心仪的男孩时,迫不及待地想要很好地表现自己,于是在第一次约会时就毫无保留地进行自我介绍,甚至想要和他分享自己的成长足迹和生活经历,甚至钟情的内衣品牌和室内布置……可惜的是,这种直言不讳的倾诉却无法引起男人的共鸣和好感,他绝对不会认为你是在为缔结两人间的亲密关系而做努力。相反,他会猜测,你说的这番话已经有多少个男人听过了。

女孩子可以聊自己多一点,可是千万别把自己从头到尾、一点不落地交代清楚,交浅言深是女孩约会的大忌。男人更喜欢神秘的女人,一个时而性感温柔,时而如修女般冷漠的女人具有令男人无法抵抗的魔力。男人的这种心理据说源于原始社会时期的狩猎习惯。在原始社会,男人以狩猎为生,从神秘的丛林里捕获到猎物可以给男人带来极大的兴奋。后来这种对狩猎带来的兴奋的追求,便通过遗传基因传递到后代,于是男人们天生便有了强烈的好奇心和征服欲望。

女人的神秘感对男人是一种吸引力,令男人神魂颠倒。为了满足自己的好奇心,男人们会乐此不疲地去探索和发现神秘女人的秘密。而且,在男人眼里,具有神秘感的女人难以驾驭,更富有挑战性。男人为了能最终征服和得到她们,赴汤蹈火也在所不惜。

神秘感是女人的武器,也是她们的魅力所在,聪明的女人要好好使用这种武器。即使对方的魅力已经令你全身酥麻,你也要欲说还休。男人是天生的猎手,他们会不惜精力地探求女人们语言中的虚虚实实,因此,你的沉默和缄口比肝胆相照更有成效。你可以和他谈谈工作或者兴趣爱好,避开具体的人物事件和零七八碎的生活细节。很快地,他对你的兴趣越来越大,最后便会迫切地要求知道你绝口不提的那部分内容。

撒娇也要有限度

江红笃信"会撒娇的女人最幸福"这个道理。和男友小李在一起时，江红在说话时总爱把声音刻意弄得嗲声嗲气的，每次都把小李弄得神魂颠倒，对江红言听计从。

一次，小李的公司举办一个圣诞宴会，并且通知员工可以带女友参加。小李便邀请江红参加公司的宴会。宴席上，小李和同事们聊天。江红觉得自己有些受冷落，很不高兴，所以当小李给江红夹了一块鸡肉时，江红大叫一声："讨厌！"若是平时，小李一定会马上想办法哄她开心。但这次小李的脸色很不好看。

江红并没有就此罢休，还是旁若无人地对小李说："我不吃这个！"脸上表情盛气凌人，身子在椅子上扭来扭去的。小李脸色铁青，感觉自己在同事面前失了面子，与江红大吵了起来。两个人越吵越激烈，最后江红竟然被气得哭着跑出了餐厅，一个人打车回家了。公司的宴会也给搅和了，闹得大家很尴尬。

第二天，小李说要出差几天，江红信以为真。可是过了半个月也不见小李的影子，连个电话也没有。江红着急了，到单位一问才知道小李根本没有出差，而是在躲着自己。江红哭得如同泪人一样。

江红很郁闷，她说："平时只要我一撒娇，小李就会乖乖就范，并且很开心的呀。可这次究竟是怎么啦？"

女人对付男人的武器，第一是眼泪，第二就是撒娇，两者都可以令男人举手投降。

漂亮的女人不一定制服得了男人，但会撒娇的女人却是男人的克星。撒娇是女人的撒手锏，再坚强勇敢的男人在女人的娇声嗲气中都会手足无措，骨头酥软，把所有的英雄气概丢在脑后。很多女人一直在研究如何搞定男人，其实大可不必花费时间和精力。要搞定男人很容易，因为99%以上的男人都喜欢会撒娇的女人。虽然说男子汉大丈夫宁愿流血不流泪，但男人

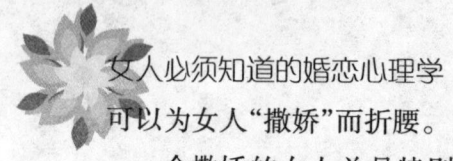

可以为女人"撒娇"而折腰。

会撒娇的女人总是特别有女人味,一举手一投足之间,总会让男人为之心动。如果一个女人在男人面前撒娇,抿着小嘴,跺着小脚,再加上一副梨花带雨的样子……心肠再硬的男人也会被溶化,撒娇是女人生命里的最重要的一个法宝。

然而,撒娇也是一门艺术,是非常有学问的,不但有不同的技巧及方法,而且撒娇也要看情况,正如脾气不可以乱发,娇亦不可以乱撒。撒娇太少,男人会觉得女朋友没情趣;撒娇太多,又会令他渐渐麻木;不适当的时候撒娇,更会令人反感,弄巧成拙。要注意以下几点:

公开场合要收敛

撒娇本是恋人之间私底下的情趣,如果众目睽睽之下打情骂俏,就有些肉麻了,甚至弄出些尴尬事来,更是大煞风景。有时候,男友会带你出席一些公事场合,例如公司周年晚会、饭局等,在这些地方所碰到的,主要是和男友有公事关系的人,例如上司、生意伙伴等。此时此刻,男人需要的是一个出得大场面的女友,而不是一个不懂事的女友。试想,当男人和上司谈话时,女伴突然走过来,抱住他撒娇,相信没有一个男人会觉得这样撒娇是可爱,反而是可恶。所以记住在如此场合,撒娇只会令人觉得你不识大体,要撒娇就留着回到家中再撒吧。

心情欠佳不打扰

当一个人心情不好时,脾气会比较暴躁,明明是一些很小的事,他也会有很大反应,普通一句话亦能牵动他的怒意。如果男朋友睡眠不足,精神欠佳,或正专心思考重要的事情时,女人最好识趣一点,不要打扰他。

收放自如最明智

正所谓物极必反,凡事不要做得太过,撒娇也一样。向男友撒娇,无非想让他用行动或说话来重视自己,如果他已有所表示,那就应该见好就收。如果不知进退,一两次男友可能还接受,但若太过分,只会认为你难服侍,久而久之他便会不做出任何反应。所以最明智的撒娇,就是懂得收放自如,这样的撒娇才可得到最大回报。

不必每天黏在一起

肖刚和朱红在一次聚会上认识了，两人一个来自南方乡村，一个来自北方的城市，虽然地域差异很大，但相近的年龄和相似的爱好很快使他俩走到一起。两人都很满意对方，对这份恋情也倍加珍惜。

处于热恋中的人们总盼着能每一分钟每一秒钟都和对方在一起，肖刚和朱红就是如此。为了能每天和肖刚在一起，朱红辞去原来的工作，去了肖刚的公司。两人在同一个办公室工作，工作之余，不时互相交换媚眼。两人一起工作，一起吃午饭，一起在休息间调笑，一起下班，很是开心。

然而，时隔不久，朱红发现肖刚对自己开始冷淡一些了。他的笑也开始心不在焉，并且经常抱怨朱红的诸多毛病。开始朱红以为肖刚有了新欢，可细一打听，根本没这么回事。

男人很怕失去自由，很多女人为了男人不惜牺牲自己的社交活动和兴趣爱好，但这样做的结果只能是把男人给吓跑了。相反，当男人发现女人并不是那么需要和依赖他们的时候，那种对约束的恐惧感便消失了，取而代之的是他们迫切地渴望成为你生活中的一部分。

很多人都听过这样一个关于刺猬的故事：刺猬身上的毛又硬又尖，当天气寒冷的时候，它们就聚在一起靠彼此的体温取暖，但当它们靠近时，身上的毛尖会刺痛对方，于是它们立即分开。分开后因为寒冷它们又聚在一起，聚在一起因为痛又分开。反复数次以后，它们终于找到了彼此间的最佳距离——既能彼此温暖又不互相伤害。其实，爱情也一样，要聪明地找到那个小小的距离，不远不近，恰到好处。

心理学家告诉我们："盯着一件东西看久了，你就会觉得看到的东西不再是印象中的样子，从而产生陌生感。当然，东西本身并没有变化，只不过是你产生了错觉。爱情也是一样，太熟悉了往往就经不起琢磨。"如果你与

他早早地没有了距离,只会让他对你太过于熟悉而产生淡漠的感觉。倒不如打开点小距离来反思爱情,经常用一些以往没有尝试过的方式进行交流,或许能带来一些新鲜感。

爱情的距离其实并不一定是物理上的距离,更多的是心理上的距离,给彼此一个独立的空间,比抓得紧紧的效果更好。

在与男友交往中,你不要想着去牢牢地控制他,也不要让他觉得他已经牢牢地控制了你。你甚至可以停止一些约会和电话沟通,然后在他的追问之下,故作神秘又轻描淡写地提及你最近的其他安排。你这样做是为了表明,他并没有掌控你们的关系,你的生活还是属于你自己的。你要始终让他觉得,想要完全地拥有你,并不是一件那么容易的事。

喜欢他,但不丧失自己的生活空间,他点燃了你的激情但并不能主宰你的生活。你展现在他面前的是一个现代女人的自信和独立——这恰恰是男人心目中性感女神的两大精神特质。

距离产生美,是许多人都知晓的道理。"当境厌境,离境羡境"更是爱情屡屡遭遇的尴尬境地。爱一个人不需要每天24小时都和他在一起,适当地拉开一些距离,给彼此一些空间,更能增添双方的亲近感。聪明的女人在和恋人交往时知道要保持一段距离,远远地欣赏,彼此都显得可爱多了。

谈恋爱时要坦诚

每个周末是林萍和男友约会的时间。无论刮风下雨,每回出门前,林萍都会提前敷脸、修眉毛,精心化妆,再穿上束裤、勒上束腹和魔术胸罩,把自己打扮成一个窈窕淑女。

男友的嘴巴很甜,每每对她的细心打扮赞美有加。林萍也是努力装出一副淑女形象,在和男友一起吃饭时总是面带微笑,秀气地细嚼慢咽,用餐完毕,盘里绝不忘留下三四分余菜,好让男友觉得她的食量很小。

然而,一旦约会结束,回到宿舍时,林萍完全是另外一副模样。

迅速打开门,冲进房间,砰的一声把门关上,将束裤、束腹和魔术胸罩统统脱下，换上清凉T恤、短裤，洗完脸后，嚷着肚子饿，然后走向冰箱，取出冰淇淋、蛋糕、汽水、布丁等心爱的甜食，窝在沙发上，大口大口地往嘴里送，全然没有淑女风范了。有时候她还得再冲碗泡面、吃几块炸鸡，才能填饱肚子，满足地入睡。

男友曾和她商量结婚，她犹豫了很久，迟迟不敢答应。她不是不愿意，而是不敢。"怕他看到我不修边幅的真面目，就不喜欢我了。"为了这样的顾虑，林萍谈的恋爱几乎可说是停留在浅层就困住了。

夏天也是让她惶惶不安的季节。男友热爱水上活动，常常邀她一起去游泳，林萍会游泳，却怕穿上泳装后，会破坏自己在男友心目中美好的形象。因为，她的手臂上有块黑褐色的胎记，她已隐藏它好多年了，要将它赤裸裸地暴露在男友的眼前，她光是想就紧张得冒汗。

这是一个讲究"面子"的时代，人们在社交中习惯了戴面具，却免不了要担心哪一天不小心把面具给打破了该怎么办。人们总是过分在意别人的眼光，没有自信和勇气以真性情、真面目示人，如果一直受着这种情绪的困扰，很容易演变成自己对自我认识的扭曲。

在恋爱中，女人往往很在乎自己的形象，所谓女为悦己者容，女人已经习惯了化妆，甚至到了不化妆便感觉难以出门的地步。很多人在恋爱中戴着面具，要撑，要装，他们看上去是在谈恋爱，其实只是他们两个人的影子在谈恋爱，在玩猜心游戏，因为两个人都是把自己最好的一面展现给对方，不说真心话，也不敢说真心话，担心对方会有不好的反应。这种恋爱，并不是真正的恋爱，而是对彼此最大的伤害，制约双方的关系朝着更积极、更健康的状态去迈进。

学会坦诚是真正恋爱的前提，尽管要显露真实的自己会使人害怕，因为人们向来是累积着别人对他的期望，同时在学习着人际关系间的种种伪装术。突然要露出自己的真面目，当然会感到不安，担心别人是否会像以前一样喜欢自己、接受自己。毕竟过去别人接纳的是你伪装过的面具，要翻转一切，你得先去翻转自己内心的念头。

但是，虚伪的面具再美丽，也只是一个被吹大的"肥皂泡"而已，总有一天会破。很多人容易有轻生的念头，便是因为被过多的包装和巧饰所迷惑，逃避真实，甚至久而久之连自己也不了解自己了。所以，你要开始学着慢慢地跟自己建立一种比较友善的关系，对自己要真实一点儿，同时学习跟对方表达最真实的感情。这样做虽然要冒一点险，但这是值得的。

自我松绑其实是一件很开心的事，只是有很多人挣扎好久仍不敢为自己松绑。我们尽可以骄傲地恋爱，而无需活得太自卑，自卑到为了别人扭曲自己、隐藏真实，使自己无休止地去圆这个谎、去修补这个壳。

不要想自己坦诚，就是在别人面前暴露自己的弱点，无论你展现自己的什么，那都只是在展现真实的自己罢了，强处或是弱点，都是你的一部分，何况强者弱者、长处短处，原本没有一定的标准可以判断，也许你眼里的缺点，在他人看来却是优点。例如，面对一个性格泼辣的女孩，不喜欢她的人，会觉得她不够淑女，不够温柔，缺少传统女性所具有的典雅；而喜欢她的人会觉得她豪爽、大气、讲义气，有女侠之风。

如果你坦诚地恋爱，你会发现一切都不一样，你可以尽情享受爱情的甜蜜，而不至于让自己苦不堪言。你不用再担心什么，心情变得很轻松、很坦然，因为你接纳了自己的一切。你也不必再被"面具"给限制住，你终于可以大大方方地展示自己的特色，并且以真面目，获得真正懂得欣赏你的知音和同好的青睐，正如诗人袁枚所喻："暗中自有清香在，不是幽人不得知。"

那些在你没有化妆、坦陈心事或沮丧情绪化的时候，依然关心你、守着你，甚至还以你的长处来鼓励你的人，才是你今生值得好好去交往的人。也许爱情一开始是因为彼此戴着虚假的面具才产生的，但一份真爱，绝不会在虚伪之中延续。

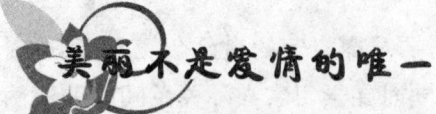

美丽不是爱情的唯一

婕好是个很会化妆的女孩子，每天都会把自己打扮得很漂亮。在一次聚会上，王杰在见到婕好第一眼时就被她的美丽迷住了。王杰是一个成功的房地产商人，是婕好很欣赏的那一类男人。

两人很快就恋爱了。

婕妤的化妆技巧日益精进,从脚趾、足踝、腿肚、蛮腰、胸脯、粉颈、耳际、发丝……无一不细细保养。男友见她如此赏心悦目,自然是十分欢喜。她也仗着男友的迷恋而骄矜自恃。恋爱一段时间后,两人有了更亲密的接触,进而同居在一起之后,婕妤却开始烦恼了。为了要时时维持美丽的形象,每晚在男友熟睡之前她都不敢卸妆,直到三更半夜才能进浴室好好地梳洗。

纸终究包不住火,有一回男友半夜醒来,失眠睡不着觉,打开灯想看看书,此时惊见枕边婕妤的真实面貌。她面颊上散布着点点褐斑,眉毛为了美形已全拔光了,嘴唇因口红色素沉淀而显得紫紫的。

男友心中有种上当受骗的感觉,一连几天都对婕妤很冷淡。婕妤知道原因后,紧张得连睡觉都不敢卸妆了。男友最后还是离开了她,和一个长相平凡的女孩在一起。这让婕妤感到很疑惑,细细打探之下,才发觉这女孩虽然相貌平平,却是聪明睿智,谈吐高雅,待人亲切温婉。

很多女人都会想当然地认为,男人好色,便投其所好地花费精神用心打扮,竭尽所能地取悦男人。在女人看来,只要在感官上取悦男人,男人就会心甘情愿地拜倒在自己的石榴裙下。

可事实并非如此,男人不只有感官,他们也有灵魂。如果女人不以自己的灵魂来吸引男人的灵魂,而是拼命美化自己的外表来吸引男人的感官,那样的话,吸引来的也只不过是一个以低层次感官和你交往的男人,你也只是在表面上掌握了某个男人,说不准什么时候他就会把目光转移到另一个美丽女郎身上。一些被夸赞漂亮、美丽的女性,多半沉醉在化妆、打扮上,既花精神又花钱。可令人懊丧的是,前来追求她们的男人多是贪恋美色,很难有真心真意的。人们常说的"红颜薄命"也常是如此。

两个人相爱,爱的是彼此的一份情、一份心,不单是爱对方的身体。每个人都有自己的容貌,可以通过适度的装扮衬托品位,但不需要去掩盖事实。愈以真实的容貌和异性交往,才愈能遇到真正懂得欣赏你优点的人。通过细致装扮得来的爱情只会让你因此提心吊胆,睡不安枕,而很难有真正的安心和快乐,毕竟化妆也有百密一疏的时候,青春容颜终有做拉皮手术也拉不回的一天。

常见有些女人美若天仙,每天为了讨丈夫欢心忙着敷脸、瘦身、保养皮肤,但丈夫却在外头拈花惹草,更可气的是,男人的外遇对象并不比他的妻子美丽。女人就愤愤不平地说:"他要外遇,起码找个比我漂亮的嘛!找个这么丑的想要气死我啊!"

有些女人在外貌上或许略逊一筹,但她拥有自己培养出的内涵魅力,不用刻意维持,却能时时刻刻自然地散发,和她交往的男人所抱持的心态也大为不同。我们常常听到男人与红粉知己相谈甚欢,回到家与妻子却是无言以对。在聚会时,也常有男人感叹自己的妻子没有智慧,每天只谈八卦,很难深入地谈理想、谈人生,也无法从她那儿看到宽广的视野和智慧的灵动。

女人其实拥有很高的灵性和感性,不要把自己的发展局限在外貌美不美丽这件事情上,不要以为美丽就是掌控男人的最佳武器。很多令男人念念不忘的都并非美女,"美人儿"往往不如有德行、有内涵、有亲和力的"可爱的人"来得吃香。

如果你遇到的他,真的只是一个浑浑噩噩的男人,那你更没有必要降低自己的身份去迎合他,而是应该尽快离开他。你要去为自己成长而努力,做个用内涵来美容的智慧女人,去吸引更优秀的男人。

不必表现得过于"精明"

罗琳结识了男友赵欢,两个人一个聪慧,一个帅气,很是般配,而且也谈得来。一次,赵欢兴奋地对罗琳说,外方总经理很喜欢他,很可能会提拔他当部门经理。罗琳听了,没说什么话,过后便独自去打听了这件事。

第二天见面,罗琳劈头就说:"我打听过了,这全是你的想象,什么部门经理,浪花也没有一点……"赵欢窘得满脸通红。

又有一次,赵欢说,老房子快动迁了。言外之意就是有一笔拆迁款可以解决经济压力了。罗琳依然毫无反应。下一次见面,罗琳痛斥道:"我问过了,你们那儿还没有找到开发商呢,动迁的事八字还没有一撇……"赵欢听了,很是不好受,感到罗琳委实过于精明,不应该这么对待自己。没过多久,两人分手了。

不久,赵欢获得提升,并被总公司送到国外公司培训,房子也真的动迁了,二房一厅成了他与新女友的婚房。罗琳很后悔。

人们常说"傻女孩有人爱"。男人最怕女孩过于算计、太过精明。在恋人面前,再成熟的男人都会像是一个小孩,既希望自己爱着的女人给他母爱似的宽容和理解,又希望她有一份童心,能跟自己傻傻地、真实地相处。

当然,男人喜欢的傻女孩,绝对不是那种智商低的女孩,而是那种看上去傻傻的、心里却很有谱的女孩。这些女孩能处处照顾到男人的自尊,而满足了自尊的男人回过头来也会好好地疼爱女孩;这些女孩宽容,在男人犯些小错时懂得以宽容的姿态把大事化小、小事化无,犯错的男人自然会对她充满感激。与这种"傻"女孩在一起,男人觉得既安全又温馨。

男人总有自尊心或者说虚荣心,那些故作聪明的女孩往往抓不住男人的心;而大智若愚的女孩却总能令男人神魂颠倒。例如,有一个男孩喜欢在朋友聚会时海阔天空地神聊,当然其中也有一些胡说的成分,故作聪明的女孩会当场指出男孩的错误,结果只会让男孩颜面扫地。与此相反,大智若愚的女孩则会在聚会时把赞许的目光投向男孩,却在聚会过后悄悄地婉转地指出男孩的某些错误。对于女孩当时的装傻和事后的提醒,男孩自然是很领情的。

聪明的"傻女人",三分流水二分尘,就算天生长有一双火眼金睛,也不会把所有的事探究个一清二楚。世事洞明,到头来伤了的不仅仅是眼睛,还会伤及彼此的感情。只要把握住感情生活的大方向,不偏离正常的轨道,不偏离道德的航线,又何必表现得事事精明。即使在男友一不小心撒了谎时,也大可不必刻意去揭穿他,更不用和他拼命,就算你洞悉一切,你仍然可以傻傻地笑着说,我只是担心你。潜台词就是我知道,但我不打算计较。特别是有第三方在场的时候,你给他留足了面子,他一定会心存感激,感激你的包容和护佑,会把你当成同盟,当成分享秘密的另一方。

那些所谓的"精明"女人,在与男友相处时最大的败笔就是,总想着时刻表露出自己美丽又聪明的一面,却忽略了温柔这个重点。问题是,美丽是属于这个世界的,而只有温柔才是专属于你爱的那个人。男人只愿意为这种独有的温柔"买单"。美丽的女人让男人心动,可是温柔的女人才会让男人行动。

处处表现精明,只会找来自我挫折;善于在小事上装傻,可以把幸福握在手中,把甜蜜装在心里。既然这样,女人又为什么不选择有点"傻"的生活方式,而一定要让自己处处表现得过于精明呢?

过去的"情史"可以隐瞒

小梅恋爱了,男友赵刚英俊潇洒,事业有成,最重要的是对她体贴备至。可是小梅却总是开心不起来,因为她曾经有过一段失败的恋爱,而赵刚却是第一次恋爱。她忧伤地感叹:"在他面前,我为我的过去感觉羞愧,你不知道他有多么好,我恨我不是那种像羔羊般洁白的姑娘。"

两人开始商量着结婚的事,而小梅心里的内疚感也日益强烈。终于有一天,小梅向赵刚主动坦白了她过去的情史。在她看来,如果赵刚能接受自己的过去,就可以有安全感地和他在一起;如果赵刚不能接受,那么早点离开,也省得浪费大家的时间……

赵刚很错愕,也很震惊,还有点伤心。但赵刚深爱着小梅,并没有马上提出分手。婚礼也如期举行。

此后,赵刚常常会锲而不舍地追问小梅:

"你以前的男朋友还找你吗?"

"你是不是曾经很爱他?"

"你和他在一起的时候是不是很快乐?"

"他对你好吗?有没有我对你这么好?"

"你有没有挂念他?"

"你们为什么分手?"

"他做什么职业的?一个月赚多少钱?"

……

小梅告诉他："以前的事我不想再提,我只想好好和你在一起。"

可是赵刚仍然死缠烂打,说:"你告诉我吧,我不会生气的。"

更为可怕的是,如果两人发生争吵,赵刚就会把小梅前男友的事情抖搂出来,然后讽刺挖苦一番。

根据经验和统计数字来看,坦白了情史的女人多数都以"不好的结局"收场,男人的态度不一定马上改变,但你的过去在他心里就像一颗定时炸弹,迟早会爆发。记住,男人也有好奇心,他可能很想知道你的过去,事前也会哄你说他一点儿也不介意,如果你真的相信他不会生气,而把你和旧情人之间的事告诉他,那就糟透了。他会把你和旧情人怎样亲热的情景记在心上,然后认为你是一个很随便的女人。渐渐地,你会发觉你的男人变了,不再当你是"宝",如果这时有个"没有过去的女人"出现在他身边的话,你们这段感情将面临重大的灾难和挑战,甚至返魂乏术了。

男人永远不会因为你的坦白而更爱你,只会破坏你们目前健康的感情关系。这就像几百年前蒲松龄在《聊斋》里讲的故事,那个女鬼用一张精心描画的人皮收获了爱情,可当不小心让丈夫看到了她揭掉人皮后的狰狞鬼脸,丈夫没有因为知道了她的隐私而和她更相亲相爱,而是被吓死了。虽然你的隐私不至于把你的男友吓死,但是,会把他吓跑的,你坦诚的唯一收获是又多了一桩伤感的隐私。

就算他现在口口声声说过眼烟云,可你说出来的细节竟是逼真的电影画面,真人真事在眼前,怎么可能不刺伤他那颗充满爱意的心。即使他现在原谅了你,他还怕自己今后被别人指手画脚地说,他的妻子曾经是某某的亲密朋友,弄得他很没面子,好像自己变成了横刀夺爱的第三者或是他只是捡了别人不要的"东西"。

其实,女人又何苦为自己的过去苦恼呢?记住,你的过去和现在没有任何关系,你有权维护个人隐私,不需要向任何人交代,也无需自责,这不是欺骗,是两性相处的艺术。

人们很容易原谅男人的过去,却无法原谅女人的过去,人们普遍认为男人的过去是人生的一部分财富，没有经历的男人反而会被人轻蔑嘲笑，难怪有人说"男人不坏，女人不爱"，过去确实只是曾经的岁月，那是已经凝固而无法改变的事实，男人说起自己的过去，无论好坏都会滔滔不绝，但却十分惊惧别人议论自己女人的过去，原来这是男人灵魂上最脆弱的一环，弱得毫无免疫力，稍有不慎，女人的过去就会将她一生的幸福埋葬。

常言道："英雄莫问出处"，勇敢地拿把剪刀将过去剪断，你的现在才是你的全部，现在美丽就美丽，现在不美就想办法变美丽。

聪明的女人没有过去，因为她们选择对过去保持沉默，特别是一些不堪回首的过去，更是忘得彻头彻尾。女人如果想让你的男人由始至终地爱你，请闭上你的嘴巴，绝口不提你过去的情史。即使你的男人向你坦白他的过去，令你感动得痛哭流涕，也不要一时冲动地将过去一箩筐的情史说出来，这样做不是糊涂而是愚蠢。

不要提起他的前女友

张力与女友分手了。他完全没想到的是，相处3年的女友竟然还有另外一个男友。秉性骄傲的他自然不能接受，内心备受折磨。

此后不久，张力在健身馆认识了小红。两人很聊得来，很快发展成为恋人。张力也毫无保留地将整个情变过程告诉了小红。半年后两人同居了。在张力公寓的抽屉和衣橱的角落，小红偶尔发现他前女友遗落的半管口红以及内衣等小东西，这让小红很不开心。

对张力的前女友，小红一直心存好奇，常常有意无意地提到她的名字，比如说她身材很好，个子比自己高多少等。这种时候，张力先是心不在焉，然后打岔："我现在爱着的，就是最好的。"源于女人的嫉妒，小红唯恐张力还在惦念着旧情人，便不断地拿他的前女友骚扰张力，享受着他否定前女友而肯定自己的快感。

这样过了一段时间后，张力提出了分手，理由竟是受不了她用煎熬的方式让他身心俱疲。这时小红才开始反思，不禁悲叹：

"我们曾是多么相爱,错就错在我把张力的旧爱当成标尺,用来衡量他爱我的深度。"

在男人看来,失恋就意味着做男人的失败。男人失恋后的痛苦也往往来自于自尊心的受挫:既抓不住女人的心,也管不住女人的身体。现女友总在他面前提起前女友的名字,正是逼迫他在下意识里承认做男人的失败,狠狠地挫伤了男人的自尊。

男人最讨厌女人问诸如:"你以前的女朋友比我漂亮吗?""为什么分手?""你们发展到哪一步?""她好还是我好?"这种八卦问题,男人是很难面对自己以往失败的恋情的,而你却要"逼"他讲自己失败的经历,是很残忍的。

如果男友对过去的女友有些念念不忘,最好的态度是理解他。当爱不复存在的时候,彼此还可以保留做朋友的权利。而且,对过去美好情感的回忆,能让一个人的心灵得到净化。如果他不愿说,就不要"打破沙锅问到底",每个人都有自己不想说的事,如果逼对方毫不保留地"曝光",会给你们的关系蒙上阴影。

你爱上了这个男人,就要信任他。其实,当男人说,他无法忘记他的前一段感情时,他的重点并不是前女友,而是男人自己在那次恋爱里糟糕的表现。正因为男人的善于总结,所以他在和你的这次恋爱中会表现得更好。当然,你也最好不要在他面前提起你的前男友。男人总是在潜意识里希望自己能胜过女友的前男友。也许在你隐约提到的时候,感觉不到男友的好奇,但事实上,他是相当在乎的。

如果看见有他前女友留下的任何痕迹,你大可以装作没看见。在你背过身去的那一刻,他会很快地把这些痕迹擦干净。等你转过身来,所有关于他前女友的印迹就已全部消失了。

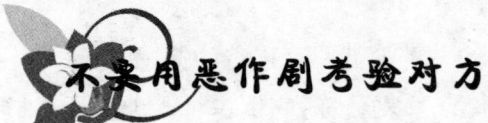

不要用恶作剧考验对方

吴丽与男友交往三年了,感情一直很好。有一次,吴丽心血来潮,想用恶作剧考验一下男友,便通过网络以一个非常崇拜他的

女孩的口气写了一封信给他，没有署名，只有约会的时间、地点。

到了约会时间，吴丽躲在马路对面咖啡馆临街橱窗边，又好奇又不安地想看一场她编的"好戏"。但"好戏"并未开场，男友没有来赴约。吴丽很高兴，第二天通知男友，他通过了"终审"，可以进入谈婚论嫁的实质阶段。谁知男友知情后勃然大怒，指责吴丽的"卑鄙"，认为"士可杀不可辱"，这种"宵小行径"就如此不光明正大，今后漫漫人生路将如何走过，男友拂袖而去。

有些女孩总热衷于考验男友，但最终结果，固然有通过了"过五关斩六将"的磨难，圆了好梦的，但也有不少"落荒而逃"的，反而给"考官"自己带来烦恼。

事物都有它特定的生存环境，爱情也一样，因此不要太苛刻、太求全责备。经得住千锤百炼而不变色的爱情固然也会有，但更多的是小说中的情节，"此景只应天上有"，我辈皆为凡人，有如此境界的太少太少。爱情有它不能承受之重，本来很美好的爱情，一定要改变情形让它经受严冬酷暑，结局可想而知，要么因此夭折，要么生命力顽强经受住考验，从而坚不可摧，然而也就失去了娇媚。更何况，爱是相互的，爱人之间的关系也是相互的。你所以对他考验，是因为你不相信他，所以他也没有理由再去相信你。

太多的猜疑和考验，只会让你为此付出代价。例如，某天你和男友吵架了，他一副"阿哥"脾气不肯认错，你摆足了"格格"千金身份不低头。终于你想出了一个验证男友是否还爱着你的馊主意：加班至深夜，打电话给他谎称被打劫，然后等他以"神九"的速度冲过来接你！当男友出现时，你沾沾自喜，而且很是得意。可是，你想过吗，你的谎言令他担惊受怕了一场，并且从此失去了对你的信任。何况，他的紧张并不能完全与爱你的程度成正比，或许他天性侠义，即使不再爱你，也会在你遇到危险时第一时间赶到现场。这样说来，这场"考验"没有任何意义。

爱情是由两个人内心里最纤细的一部分彼此牵连着的情感，从来都不是人们想象中的那般坚强，可以经得住反复磨炼，它倒像个十分脆弱易碎的水晶杯，需要双方共同珍视。可惜的是，很多恋爱中的人都不能明白这样简单的道理，便时常人为地制造一些痛苦折磨对方和自己，直到把那柔弱的心脏与爱的纤细神经磨出厚厚的茧为止，结了茧的爱人不继续纠缠在一起，除了冷漠的距离就是加剧的痛苦。

不要轻易去考验爱情，爱情是最经不起考验的一种东西，它如此脆弱。如果真爱你的爱人，就更加倍地爱他，让他知道你是唯一，你们是最相爱的。偶尔的恶作剧会增加恋爱中的情趣，但无论在什么时候都不要轻易去尝试考验爱情，否则，你会像个疯狂的赌徒，输得连自己都没有了。

关于爱情，有这样一个很经典的评论：男人无所谓忠诚，只是背叛的筹码不够多；女人无所谓贞洁，只是诱惑的程度不够深。请不要考验爱，因为你在考验爱情时，如果你赢了，你不会因此而增加多少快乐；而如果你输了，你会失去爱情。

以一种不尊重对方的方式来进行考验，是无法完全辨别出虚假的爱情的，而真爱是无需考验的。你去考验他，首先是对他的不信任，既然不信任，那你为什么又要去喜欢他呢？考验用在爱情上是一种危险的游戏，有资本却不一定输得起，所以最好不要轻易尝试。

女人必须知道的婚恋心理学

千里难寻是朋友

> 如果一个男人集中的全是男性的特征,就会因枯燥单调而令人生厌。男人具体存在于不同性别特征的搭配之中,这使他们的性格更加丰富多彩了,更表现出男性的魅力。女人当然也是如此。让我们在日益扩大的异性交往中丰富自己吧!
>
> ——基·瓦西列夫

盛明和小菁是从小玩到大的好朋友,但却没有发展成为青梅竹马的恋人,而是成了最好的异性知己。他们两个同岁,两家是邻居。还是小孩子的时候,小菁的妈妈工作忙,经常会让盛明带小菁去玩。上学后,两人从小学到高中居然都在一个班。

小菁爱学习,学习成绩很好,而盛明天性好玩,听课也不集中精神,所以成绩不怎么好。两人经常在一起学习,小菁帮助盛明学习功课,因此感情得到更深的发展。到了青春期,两个人完全可以成为恋人,以后结为夫妻,但两人都没有往这方面想,仍认为对方是最好的异性知己。

后来两人都找到了各自心爱的人,谈起了恋爱。有许多人不太理解。不过两人都谈恋爱之后,就少不了会有些小问题。虽然双方的恋人并不反对他们的这种友谊,但有时候当他们在一起有勾肩搭背等亲密举动时,他们的恋人就会显得很不舒服,醋意浓浓。于是,他们在相处时不再像以前那样随便了。

异性友谊是存在的

有不少人认为，男女之间不可能建立起像同性朋友之间那样的亲密无间的纯洁的友谊关系。这种看法是不对的。认为异性间的友爱必然要发展成为性爱，或者必然与性爱纠缠不清，是缺乏依据的偏见。

心理学研究表明，异性之间不但可以存在友谊，而且这种友谊具有同性友谊所不具有的互补性。性别差异之下异性友谊，既可以是对个性不足的一种互补，也可以是对心理、情感和思维的互励互慰。性别差异本身就是人生的一种多彩，有助于人的冷静化、理性化，单一的同性交往，远不如多向的异性交往更能丰富人的个性。心理学研究表明，社会中的个人，交往范围越广泛，和周围生活的联系越多样，他的各方面社会关系就越深入，精神世界就越丰富，个性发展就越全面。尽管同性间的个性也存在着差异，但如果只和同性人交往，人的个性发展往往很狭隘，因为这种差异远不如异性间的个性差异明显和有意义。

大多数人，尤其是青少年，都有心理上的"异性效应"，往往表现为有异性参加的活动，较之只有同性参加的活动，参加者一般会感到更愉快，干得也更起劲、更出色。这是因为，当有异性参加活动时，异性间心理接近的需要得到了满足，从而使人获得程度不同的愉悦感，激发出潜在的积极性和巨大创造性。

虽然人类智力的高低总体上没有性别差异，但男女之间的智力特质却有区别。以思维能力为例，男性比较擅长离奇、大胆的抽象逻辑思维，善于抽象和概括，更喜欢用综合的方式对待现实；女性则擅长于具体形象思维，比较感性，更适合处理以实践应用和形象思维为支撑的事情。通过异性交往，双方均是检验爱情与友谊的重要尺度之一。

爱情的另一个特点是彼此的同一性。具体地说，一方若对对方有了情爱，就容易产生用自己心中的异性形象模式去要求对方。如评价对方哪种打扮好，哪种姿势优雅，希望对方穿什么样的衣服等，这种参与性，就是费尔巴哈所讲的"爱情就是一个人"。因为想使对方的形象成为自己的一部分，所以自觉或不自觉地要干涉对方的风度举止和服装打扮。而朋友之间不会发生这种情况。

异性友谊的维护

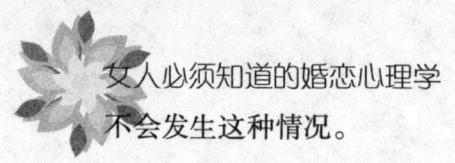

男女之间在气质、性格、身体、爱好等方面往往有着较大差异,只有彼此互相尊重和理解,异性友谊才能维持和发展。"男女有别"的客观事实是存在的。异性朋友自然可以堂堂正正地来往和接触,但毕竟有性别差异摆在那里,一举一动都要大方得体,不能过于随便,有些话题只能在同性之间交谈,有些玩笑不宜在异性面前乱开,否则可能会有损友谊的巩固。

与异性朋友交往时,不要自作多情。不要把异性朋友的赞美与帮助当成对自己的爱意,把其当作对自己的肯定与运气就够了。自作多情常常伤人伤己,封闭了自己的异性友谊之门。

异性友谊不要有过分的依恋。比如有些女孩子过分依恋男性朋友,遇见一点困难就找朋友帮忙,有一点小委屈就跑到朋友那里倾诉。从心理学上讲,这是一种时刻寻求安全感的童稚心理。小的时候,过分依赖父母,把安全感寄托在父母身上;长大后,又把这种安全感寄托到恋人或朋友身上。过分依恋的人有独占异性朋友的欲望,不希望对方有其他亲密朋友。在这种心理支配下,友谊更容易蒙上阴影。

关系再好的异性朋友,也应该保留各自的隐私。保持心理距离并不会疏远朋友,相反会加深友谊。正是因为有一定的心理距离,才具有神秘感,才会使友谊更具有亲和力。

当然,异性友谊与爱情之间的界限是模糊的。对于单身的异性朋友来说,友谊升温为爱情,或许是值得庆贺的事情。对于已经有了恋人或者已婚的人来说,一定要注意保持异性友谊正常的限度,否则会引起诸多麻烦,还会受到道德和良心的谴责。

第三章 怎样得到美满的婚姻

没有幸福的家庭生活,人们可能无法拥有真正的快乐和光明的远景。在人的一生中,没有任何成功可以弥补婚姻的失败。然而长久的婚姻关系,白头偕老的愿望并非是我们的一厢情愿,而是在共同努力下的如仲秋田野里金灿灿的果实。

等到花儿也谢了

心比天高，命比纸薄。

——"单身贵族"的真实写照

柳芳是一位文静、内向的姑娘，她平时少言寡语，不善交际，但很有上进心，工作之余还上夜大学习。在学习生活中，一位很不错的男同学诚铭走进了她的视野。诚铭平时说话不多，虽长得不算太英俊，但各方面条件还不错，而且学习刻苦，成绩拔尖。他们在一起说话时的内容除了学习还是学习，从不过问对方的生活、爱好及家庭情况。有几次柳芳想谈谈学习以外的事，并交流一下对生活的看法，但话到嘴边就打住了。

在毕业前的最后一次考试时，柳芳收到了诚铭写给她的一个纸条，问柳芳是否愿意与他交朋友。柳芳这时故作矜持，以"还没有考虑过"为由回绝了他。诚铭当然什么也没有说就低头走了，以后再也没有联系。尽管有过几次偶然相遇，但他只是一般的问候。其实柳芳在心底里一直默默地爱恋着诚铭，她十分懊悔，企盼着诚铭再度向她投射爱神之箭。有一天柳芳听到诚铭已经结婚的消息，如五雷轰顶，随后几天一直神情恍惚，茶饭不思，好像生了一场大病。终于有一天她跑去找诚铭，情不自禁地伏在诚铭肩上失声痛哭，并诉说了心中对诚铭的爱恋之情，但一切已成定局，无法挽回了。

单身者的心理动因

现代社会中，"单身贵族"越来越多，从好的方面来看，是因为人们有了互相选择的机会。不像封建社会中，婚姻遵从父母之命，媒妁之言，当事人根本没有互相挑选的权利，虽然造就不少怨偶，不过由于男尊女卑的传统，怨归怨，表面上倒也维持了几千年的相安无事。而当今机会越多，就制造了更多单身贵族。

心理定势是造就大龄单身者的主要原因。单身者的心理定势有两个方面：择偶条件的定式和自我意识的定式。男女青年在正式择偶前，心目中往往早就勾勒出了一个较为鲜明的异性形象，也就是常说的"梦中情人"。少数青年更会不顾自己的客观实际情况，以空想、幻想和不切实际的想法来选择恋人，比如女性希望找一个风度翩翩的白马王子为夫，而男性希望找一个娇柔貌美的姑娘为妻，并且对实现这一择偶目标给予了很高的期望，而且不愿意实事求是地调整择偶标准，以致他们错失很多良好的择偶机会，让青春年华白白流逝，失掉了人生择偶的最佳年龄。

心理学认为，择偶是一种非常特殊的审美活动，衡量一个人的美与丑，只有在内在素质与外在形体和谐统一时，才算是真正的美。如果人们硬是要将这内外两种美分开来论，那么，很多人均认为内在的美还是经得起时间与空间的考验的。但是也有一些人，自觉或不自觉地将审美的重点放在了对方的外表因素上，而忽视了内在的素质，如品德、行为、性格、情感、文化、思想、修养等方面所闪现的美点，因而错过了一些良好的择偶机会。

攀比心理也是造成择偶困难的重要原因，这种心理障碍常常发生在虚荣心强的人群中。他们在择偶时，常常以同伴的伴侣或自己过去的伴侣作为"参照"，一旦感觉现在的伴侣有缺陷，就会产生强烈的自卑感，更担心遭到别人议论、嘲笑，或怕别人瞧不起自己，尽管自己中意，也因此而舍弃，造成一种遗憾。

一般人的择偶标准都较为实际。但在现实生活中，因为社会心理条件的限制，给他们的婚恋生活造成了很多难以想象的影响。如分居两地，从事艰苦职业（采矿、建筑、环卫、殡葬、屠宰、钻井），以及住房困难、所在单位经济效益差等问题，引起双方或某一方心理的不平衡。为此，很多热恋多年的情侣，在久久难以改变这种客观条件的情况下，只好忍痛割爱，另做选择。他们中很多人会因此而进入大龄单身者的行列。

随着经济的发展，事业的追求成了阻碍现代人婚恋的重要原因。他们有强烈的献身于事业的精神，迷恋在事业里，而忘了给爱情一席之地，于是错过了最佳恋爱期。有的则为了集中精力学习，避免过早恋爱，而延误了婚恋。

还有部分大龄女青年,就像前面故事中的柳芳,是由于被动等待而错过机会。由于性别的差异,女性通常认为男女之爱应该由男方持主动态度,于是便采取等待之势,即使面前出现了心中的偶像,也不主动进取,强制地压抑着自己的情感,等待对方的光顾。还有些女性误认为择偶中女方主动不合适,容易让对方轻视,结果由于不能主动追求,又不能及时地把爱的信息传递给中意的男人,而失去了择偶的机会。

爱情游戏要适可而止

小薇是个很漂亮的女孩,还在上大学时,便是同学公认的校花。漂亮的女孩有人爱,每天围着小薇转的男孩像蜂飞蝶舞般,捧得她轻飘飘的。

对于每个追求者,小薇都是一种既不接受,也不拒绝的态度。她满心喜悦地去迎接每一份感情,然后享受这种被追求的快乐。虽然总有一些男孩子在苦追了一段时间后,迟迟得不到小薇的首肯,不得不放弃了,但这并不能影响小薇的心情。因为还有很多人在追她呢,并且还不断有新的追求者出现,所以她从来不会感到寂寞。

就这么迎来送往之间,转眼到了34岁,小薇还是名花无主,而身边的追求者却越来越少,而且追求者的"质量"也是大不如从前。那些曾追求过她的优秀男人,要么已经为人夫,要么就把目光转向更年轻的女孩。

光阴如水,年华已逝。年龄大了的小薇开始感到了恐慌。

一直以来,坚贞不移、一心一意都是爱情观的主题。可现在,我们听到了另一个声音:囤积男人。看来,今天的自由、民主都得到了极大的发展,有女性挺身而出,要把男人当成手里的筹码,自己掌握主动权了,这实在有一种扬眉吐气之感。

这种女孩喊出要"囤积男人"的理由是:女孩如果被那个一心一意爱着

的男人甩了的话，就会长时间地孤独一人，而如果能在有了一个男人的同时，多囤积几个男人，也算是给自己多留几条后路。这也许是囤积最直接的好处。这个没了，那个立即补上，自己的生活不会有空缺；手里囤的男人多了，你没有太多的时间专门缠一个人，也会让男人觉得轻松，没准儿还会格外地珍惜你。

　　囤积男人的另一个好处是，能满足你生活的不同需要。例如，想要解惑时，就找来那个稳重、成熟的；想要热闹时，就找来那个活泼好动的；想要消费时，就找来那个可供你大手大脚花钱的；想要当小女人时，就找那个可以让你随意撒娇发嗲的……这种生活自然是丰富多彩，何乐而不为呢。

　　只是，囤积男人也会让你很累。男人不是傻瓜，你需要时刻保持警惕，才能有效管理好这些个张三李四王五的男人，如果不能有效调度，很可能出现"撞车"现象，弄个鸡飞蛋打，一个都囤不下。所以，如果你嫌累的话，还是别玩这个。

　　囤积还需要足够的眼光，不能把所有仰慕你的人都作为囤积对象，如果不小心囤了一个流氓恶棍，说不定会让你吃不了兜着走。所以，如果你自认为对男人认识不够透彻的话，最好不要玩。

　　要把那些爱慕你的人的胃口吊得刚刚够，吊高了不行，吊低了也不行。吊高了，影响了自己生活；吊太低了，几天就失踪。不是囤积对象所有的要求你都答应，免得落个"赔了夫人又折兵"的下场，也要适时地给他点好处，让他知道好像还是有那么一点希望。当然，这个度很不好把握，需要智慧和技巧。所以，那些智商不够高、没有技巧的女人，最后肯定是什么都得不到。看来，这种"囤积男人"的游戏，也并不是每个人都能玩。

　　在年轻的时候要学会等待，动用你的魅力，让两三个男人都憋足劲想娶你。先按兵不动，等到那个真正打动自己的人出现。一旦那个打动你的人出现，便是到了该解决你终身大事的时候了。

世上有没有好男人？

苏艳毕业于一所名牌大学，在一家外企工作，长相秀美，身材窈窕。在上学期间，苏艳的身边就不乏追求者，但没有苏艳能看得上的。对于男朋友，苏艳的要求是必须有很高的学问，有很好的家教，高大英俊，才财兼备，温文尔雅，体贴浪漫。可是，苏艳的身边一直就没有出现理想的对象。

一不留神，苏艳就三十出头了。苏艳着急了，父母更着急了，亲戚朋友也都替苏艳着急，纷纷四方托人给她介绍男朋友。和其他大龄女孩一样，苏艳开始了轰轰烈烈地相亲。每次都满怀期望，每次又抱憾而归。不是苏艳看不上对方，就是对方看不上苏艳。苏艳选择男朋友的条件在一次次相亲失败后，慢慢降低，可还是没有遇到合适的。

周围的人都说苏艳太挑剔了。父母也劝苏艳，你都这么大了，不要这么充满幻想，婚姻就是搭伙过日子。苏艳自己算算，相亲过的男人已有三位数了，可总是都有这样那样让人难以接受的缺点，如离异有子，没有工作，不是本地人，个头太矮，说话粗俗等。

"为什么我就遇不到一个好男人呢？"苏艳有些欲哭无泪。

很多人都看过白雪公主或灰姑娘一类的童话故事，从那时起，小女孩们就有了最初的爱情梦想。可是等到长大后，却发现身边的猪八戒很多，却没有王子出现。在等待王子的过程中，一不小心，自己便成了尴尬的"剩女"。

可让"剩女"们愤愤不平的是，身边的"剩男"们一个个走入婚姻殿堂，而"剩女"们则仍然形单影只。

"剩女"为什么迟迟不能出嫁？一个重要原因就是她们对爱情过于理想化而忽视了现实。现实是什么呢？男女在择偶年龄的选择上是有差异的。一般来说，男性通常会找比自己年纪小或是成就低的女性结婚，所以他们选择机会多，且选择面宽。女性更愿意与条件比自己高、年龄比自己大的男性结婚。例如,一个35岁的女性可选择的对象通常会局限在35岁以上的、地位和收入比自己高的男人,可是,35岁以上的男人大多已经成了别人的老公。但是35岁的男性可选择的对象在35岁以下,他们更愿意选择比自己年轻5~10岁的女性,而这个年龄的未婚女性很多。如此一来,"剩女"可选择的范围比"剩男"就窄得多了。

这个世界上没有完美男人,但从来不缺少好男人。要想找到好男人,最关键的是在于发现,如果因为对方有某些缺点就全盘否定他,那你永远也不会遇到好男人。由周星驰和张柏芝主演的《喜剧之王》里有一段经典的台词,大意是说,如果一个人眼睛长得不好看,你就看他的鼻子;如果鼻子不好看,你就看他的耳朵;如果耳朵不好看,你就看他的头发……你总能发现他身上有美的东西。

美是需要发现的,抱怨"世上没有好男人"的"剩女"们有必要思考一下自己的择偶标准是否出了问题。如果还一味地按照自己的理想标准去找:要帅气,要有钱,要人品好,要无不良癖好……估计,好男人真的是打着灯笼都难以找到。

"剩女"们还需要反思的是,自己的恋爱对象和恋爱过程是否存在某些问题,是否有需要改善的地方。如果每段恋情都无疾而终或者来得快、去得也快,很有可能是自己一直在和不适合自己的男人交往。如果每段恋情的结束都有惊人的相似之处,那么就一定是在自己与异性交往的方法上出现了问题。放弃等待,主动出击。不要相信那些"姻缘本是注定"的话,美好的爱情和婚姻是需要自己主动去寻找和用心经营的。

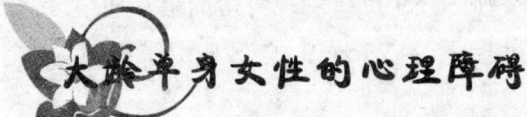

大龄单身女性的心理障碍

由于两性的心理差异和社会文化的限制,大龄单身状态对女性所产生的心理负面影响要比男性大得多。大龄单身男性,尤其是专注于事业,经济条件不是很差的人,往往被尊称为"钻石王老五",而大龄单身女性,无论其客观条件如何优越,也会被视为嫁不出去的"老姑娘"。加上女性比男性更容易形成完美主义心理,所以择偶的困难就会更大,产生的心理影响也会更为严重。

单身女性表面上平静,实际上往往受到双重的心理折磨:一方面是渴望得到爱情的急迫感和求之不得的挫折感;另一方面是受到父母亲友的催促,邻里、同事间闲言碎语所造成的环境折磨,使她处于意识上好胜和感情上自卑的矛盾中,慢慢形成被扭曲了的心理特征。

首先是隔离心理。女性在 30 岁以后如仍未确立恋爱对象,她就会越来越怕别人向她提及婚恋之事,表现出心理防卫反应中的"隔离"反应,凡涉及自己婚恋的,她或用其他话岔开,避免别人谈及这个题目,或是搪塞过去,让人不便再问。当然,那些坚信结婚是自讨苦吃的独身主义者,是没有这种心理防卫反应的。

由隔离心理发展到封闭心理也是一个规律。封闭是一种消极、颓废的心理反应,她们开始独立行动,不与女友,特别是不与处于恋爱中的女友合群。对火热的现实生活失去了兴趣,喜欢离群索居。她们往往变得清高、孤芳自赏和超脱现实。

隔离心理也会向外发展,成为迁怒心理,表现为蔑视穿着时髦的青年,厌恶卿卿我我的伴侣,敌视在她面前炫耀婚恋幸福的人。于是,青年喜欢的事,她都表现出冷淡;青年不乐意做的事,她却偏偏要干。她喜欢素雅、庄重的衣着和稳健、持重的发型;但有时,她会忽然穿得比一般青年人更时髦,打扮得比她们更别致,向她厌恶的人们"示威"、"挑战"。这都是明显的迁怒心理,将自己爱情的不随心迁怒于周围人身上。

在上述三种反常心理倾向之外,单身大龄女性又普遍存在一种埋得很深、掩饰得不被常人察觉的需要异性真诚爱抚的心理倾向。所以,单身大龄女性要学会正确处理自己的心理危机,适时寻找合适的伴侣。当然,也不要仓促行事,草率嫁人。

而关心她们的亲朋好友,要掌握她们的心理共性和个性,密切地观察她们的心理倾向,注意她们的隔离、封闭和迁怒等心理障碍反应,在取得她们的信任之后,再诚挚地予以对症下药的开导,并将合适的人选引进到她们生活圈中,水到渠成地解决她们的婚恋问题。

女人必须知道的婚恋心理学

硝烟弥漫的"实战演习"

> 当你打算和一个人共同生活、白头偕老的时候，用五六年的时间来做巨大而必要的考察大概不算长。
>
> ——燕妮在回忆她同马克思的恋爱生活时说

晓佳是一名公司职员，公司另一个部门的同事阿文对晓佳产生了好感。阿文用炽热的心、出色的才能和潇洒的外表捕获了晓佳的心，两个人很快到了谈婚论嫁的阶段。

阿文听说试婚能增加彼此的感情、减少婚后的矛盾，就劝晓佳先和他同居，说试婚是有现代意识的人所做的一种婚前准备，对婚后生活很有好处。晓佳听信了他的话。

然而，试婚一段时间后，晓佳逐渐发现阿文是个大男子主义者，自私无理，刚愎自用，不尊重她的人格，只要求她全力服侍他。晓佳想离开他，可是街坊邻居、公司上下都知道了他们的同居关系，如何退得出呢？陷于痛苦和压力之下的晓佳已经无法自拔。她十分后悔搞什么试婚，如果没有同居，会毫不犹豫地和他分手，可现在她感觉已经晚了。

试婚心理分析

所谓"试婚"，指的是男女双方不受法律约束，带有一定试验性质的同居行为。

人们常把婚姻比作鞋子，舒服不舒服，只有自己知道。既然所有买鞋子的人，都会在鞋店里试一试才决定是否购买，那么试婚的心理原因也就不难理解了。既然结婚像买鞋子，不合脚的话当然是不能勉强买回家的。

情侣选择试婚的心理动机大概可以归为以下几种：

有些人从小生长在一个缺乏爱的家庭,目睹父母或周围人的不幸婚姻,从而对婚姻产生一种莫名的恐惧感,但又渴望能拥有温馨幸福的家庭。因此,为了看彼此是否能长久相处,进行试婚。

有些人对"婚姻是爱情的坟墓"的格言深信不疑。有些人特别强调自己的独立性,虽然也希望婚姻家庭是一个美丽的花园,但又不喜欢其成为套在脖子上的枷锁,使自己失去自我。所以,积极试婚。

还有的人有过不幸的婚史,对不幸婚姻的痛苦刻骨铭心,对待第二次婚姻十分谨慎,甚至根本就不想再次进入婚姻,因此加入了试婚的行列。

大多数赞成试婚的人认为,试婚有助于充分了解对方的性格、兴趣、生活习惯,使将来婚姻更加稳定;有助于预先感受性爱,了解彼此性能力,从而提高今后婚姻质量。如果试婚双方都是朝着今后幸福婚姻的方向努力,都有着强烈的责任感和理智的话,那么试婚也可能作为一种恋爱向婚姻过渡的阶段。

"试婚"这个词最早于1894年由美国法官、少年犯专家林塞提出的。林塞是研究少年犯罪问题的国际权威。他在《伴侣婚姻》一书中提出青年应当采取一种新的,与传统婚姻不同的结婚形式,即"试婚"。试婚的过程中,夫妇要掌握最先进的避孕知识和技巧,在没有孩子而且妻子尚未怀孕的状态下,只要双方同意就可以离婚,离婚时妻子无权要求赡养费。

由于很多青年拥护林塞的观点,试婚逐渐在西方国家流行起来,整个社会和大多数家庭对青年人也采取一种默许的态度。

哲学家罗素在《试婚革命》一书中写道:"试婚是一个明智的保守主义者的建议,其目的在于巩固青年的性关系,根除现存的乱交现象……如果要求人们在不知道他们在性的方面是否和谐的情况下就进入一种终身的关系,那是荒唐的。这就像一个人要买房子,但不能获许在成交之前看到房子一样荒唐。"

罗素认为,试婚是朝着正确的方向迈出的第一步,好处多多,"无论男女,如果他们从未有过性经历就想进入以孩子为目的的庄重婚姻,我是不敢苟同的"。

试婚心理危机

试婚现象在我国，尤其在一些大城市，已经悄然流行。据调查，上海市部分市区 20～35 岁的青年中，未领结婚证书而同居的已经达到 1460 对，占同龄人口的 19.8%；在抽样的 100 对具有大专文化程度的新婚夫妇中，有 30% 曾有过婚前同居生活。

然而婚后夫妻关系是否和谐、感情是否能够保鲜、生活是否稳定，短短一年半载的试婚期实际上是不可能做出全面检验的。有些试婚者在正式结婚后，往往发觉试婚使婚姻生活变得十分乏味，偏离了使将来的婚姻更美满的初衷。

其实，试婚失败后的分手其实也不会像事前想象的那么轻松洒脱。尤其在我国，尽管经过多年改革开放，人们对各种新事物、新观念已经具有一定的接受能力，可总体上，我们的社会仍有些"男尊女卑"。试婚如果失败，对于男性或许无所谓，可对于女性伤害就比较大了。女方常常忧虑的是，如果这次试婚不成功，如何面对以后的丈夫呢？因此不得已的分手并不会很轻松，往往使女方陷入两难境地。

还有一种人是打着试婚的幌子玩弄他人感情的骗子，这样的人以男性居多。在他们看来，试婚是个与多名女性保持性接触的好借口，既满足了自己的欲望，又不需要有任何经济上、心理上和社会地位上的损失。我们认为这种人的行为已经不在"试婚"的概念之内，理应受到谴责。而这种"试婚"将必然以分裂告终。

既然试婚行为是出于情侣的理性选择，那么对于每一对要选择试婚的青年男女来说，就要付出更多的理智、更多的责任感，坚决摒除游戏态度，以防为试婚失败付出难以承受的代价。

同居永远不会稳定

朱容和谭静从大学三年级开始就同居了,毕业后也在同一个地方工作。这样过了四年,周围的人也都把他们当成了夫妻。

后来,谭静发现朱容约会其他女孩,便质问他,朱容却毫不在意地说:"那有什么关系,我们又没结婚。"谭静为此非常伤心,她一直把朱容当成自己的丈夫。后来,朱容终于与另一个女孩结伴而去。

"早知如此,我不会这么早就跟他同居。同居后分手对我的伤害比离婚还要大,因为在他眼中,我从来就不是他身边那个最重要的女人。这种感觉让我感到莫大的痛苦。"谭静流着泪向朋友诉说,"本来以为同居的人会比结婚的人潇洒得多,想不到我们一样有着千丝万缕的关系,一样牵扯着各自的家人和朋友。分手后,真不知如何向他们交代。"

有很多人赞成婚前同居,尤其是在白领人群中颇为流行。沉重的工作压力、有限的经济能力,让很多渴望有家,但又不堪承受其沉重负担的都市白领,选择了同居生活。网上流行着一种"结婚没必要论":"因为不但分不到房子,还得为买房浪费票子;生下的独苗变成太子,光侍候他就少了许多乐子,万一日久生厌想换个位子,要离婚可得费尽脑子。"这道出了很多同居者的心声。在他们看来,同居可以享受家庭生活的温暖和安逸,享有美好的未来,却不用承担家庭所具有的责任和拖累。

但现实往往不能一直按理想的方向发展。同居往往只是暂时的回避,而无法解决长久的问题。虽然没有那一纸婚姻的契约,然而同居的男女还是渴望着天长地久、海枯石烂。直至有一天,他们发现:同居没有保障,也不潇洒,同居带给自己的不是自由和幸福,而是一次又一次地伤心。

每一个不想对女人负责任的男人,都会用"我又没和你结婚"来对待同居的女友,而这种伤害对女人来说是一生一世的。当女人最后发现,那个男人根本不是因为爱才和自己住在一起,他只不过因为一时寂寞或无聊,抱着合则聚、不合则散的态度对待这段感情,让自己无法再去面对他,那份伤痛比离婚带来的伤害更为深切。

  长久同居而拒绝婚姻,其实是借着爱的名义犯错误。长期自由的同居具有婚姻的全部缺点,而无相应的法律保障。事实上,几乎任何长久的同居都以幻灭告终,它既破坏了真正情人的爱情,对爱本身来说也是毁灭性的。两情相悦时,也许会觉得不需要用婚姻来束缚对方。然而,我们的生命和情感不会一帆风顺,我们的爱情也会遇到风浪,这时候,许多男女才会发现,婚姻其实是船上的一道帆,可以帮助爱情的小船在风浪中稳定航向。而同居的双方,因为没有这一道帆可借力,往往显得脆弱而易碎。

  而且,生活不是两个人的事情,即使你不想要一个稳定和正常的家,你也必须向身边的亲人有一个交代。

  江先生有个长期同居的女友,两人还有了一个8岁的儿子。江先生一直认为同居比结婚更自由、更轻松,因此拒绝那一纸婚约。然而,当儿子读小学时,江先生感觉到所面临的压力。

  一天,江先生的儿子问他:"为什么别人说我妈妈是单身妈妈,你不是我爸爸吗?"江先生这时发现没有婚约的关系已经影响了儿子的心理,便决定和同居的女友登记结婚,让孩子有一个真正意义上的爸爸。在领取结婚证时,江先生由衷地说:"不管是男人还是女人,到了一定的年龄,都需要一个稳定和正常的家。选择一种正常的生活,会活得更加轻松。"

  聪明的男女采取的办法是:抢滩上岸——结束同居生活,重新开始婚姻生活。同居与结婚二者看似没有大的改变,但实质却完全不一样。后者不仅有法律保障,同时,在男女双方一旦发生冲突时,也有一个更加稳妥的缓冲地带。

留恋单身的"落跑新娘"

> 结婚的历史意义在于:将连接两个人的那条"红线"变成枷锁。
>
> ——拒绝婚姻者的理由

著名影星朱莉娅·罗伯茨主演的影片《落跑新娘》讲了这样一个故事:年轻女子玛姬一直希望能有一个属于自己的家庭,但是却又害怕婚姻,她曾经有三次在婚礼上因为婚姻恐惧症而逃婚的经历。走上红地毯时,玛姬总是穿着球鞋,似乎随时都有可能临阵脱逃。

婚前恐惧的心理分析

现实生活中,不仅出现了许多"落跑新娘",就是"落跑新郎"也不在少数。"婚前恐惧症"似乎正在不断偷袭现代人,对婚姻的恐惧使得他们徘徊在围城外而迟迟不敢进入。据不完全统计,有将近90%的准新人在婚前出现过焦虑、恐惧等不良心理。

婚前恐惧症通常在两个阶段集中出现。

第一次出现是在两人开始谈婚论嫁的阶段,尤其是没有主动提出结婚的一方,对婚姻持久性会产生怀疑和恐惧。

这种恐惧主要来源于社会舆论对婚姻生活的负面看法,以及一些媒体对各种婚姻问题的剖析,过多地暴露了婚姻的阴暗面,使有意结婚的人感到一种无形的压力,以致产生对婚后生活过分忧虑和对婚姻失败的恐惧。另一方面,如果情侣中的一方对另一方不是非常满意,或对方某些缺点在成家后能否改正、自己能不能适应等心存疑虑,也会引发婚前恐惧。

第二个阶段是结婚的前一个月至前一个星期出现的恐惧、紧张、焦虑等"症状"。与第一阶段不同的是,这时产生恐惧感的原因是对婚后生活困难程度的扩大的焦虑。

男女两性对婚姻产生恐惧的心理基础也不尽相同。

恐婚的女性普遍是理想主义者,她所期待的是一种完美的生活。对于婚姻,她大多根本没有想过是怎么回事,对"婚礼"这种仪式的向往远远超过对婚姻本身的向往。也就是说她所谓的想结婚,只是想得到"婚礼"这样一种仪式,而不是之后的婚姻生活,一旦提到婚姻生活,她往往会呈现出恐慌的表情。而一般情况下,女性担心的是婚后最初的家庭生活,其中包括对新的家庭成员关系的处理和协调,或者因为不会做家务而担心对方挑剔自己。

男性对婚姻的焦虑主要是对自己能否承担起家庭重担的能力持怀疑态度,主要考虑的是自己在家庭中的责任。因此,男性恐婚的病源主要是"放大"了生活的压力,在考虑过婚后的经济责任、家务负担、爱人的忠诚等之后,他们对婚姻显得诚惶诚恐,许多男人因此宁愿用其他形式和女友同居,却闭口不谈婚嫁。

婚前恐惧的心理调适

婚前恐惧是一种很有代表性的现代社会心理疾病,也是很多现代都市人的通病,对婚后可能有的平淡生活的恐惧、对婚后应该承担责任的恐惧,是他们害怕步入婚姻殿堂的最关键因素。这种"将来的不幸"让他们望而却步。有一个外国民间故事可以说是这种心理的真实写照:

一天,一个少女去地窖取酒,上楼梯时不慎摔了一跤,摔碎了酒瓶,扎破了手。她忽然想到,倘若将来自己的孩子去地窖取酒时也摔了一跤,扎破了手,多可怕啊!想到这里,她伤心地哭了起来。她母亲闻声赶来,一听说将来自己的外孙可能受伤,也哭了起来。随后来的外祖母也听说了"将来的不幸",三个人哭成一团。

建立一个家庭需要夫妻共同承担责任和义务,还要处理好与另一方家人的关系,面临新环境和新关系,听到周围的人讲一些婚姻生活负面的东西时,人自然就会产生一种焦虑和紧张的情绪。这种社会氛围使尚未结婚的人们感到一种无形的压力。对婚后生活的过多考虑在面临婚姻时的表现形式就是对结婚的恐惧和逃避,很多人因此推迟结婚,甚至宁愿独身,也不愿意"受罪"。

其实有了这种情绪的人也千万不要紧张。谨慎对待婚姻的想法是对的,但因为谨慎而放弃婚姻是不可取的。结婚并且能幸福生活一生的人有很多。如果不去尝试,怎么能体会到婚姻带来的快乐呢?

年轻人心理年龄不成熟是造成对婚姻恐惧的关键性因素。婚姻,看上去是两个人的行为,同时也是一种社会行为,需要承担一定的社会责任和社会程序。心理学家认为,现代年轻人在接受高层次教育的同时,整个"人生"也随着往后推移。当他们从学校毕业后在接触社会很短的时间内又立即进入了婚龄。由于接触社会时间不长,心理方面还没有成熟,面临婚姻大事会更加束手无策。

另外,现代人特别容易将自我放在一个特别的位置上,以自我为中心的现象明显。他们认为,谈恋爱的感觉很轻松,何必要用一纸婚书把两个人绑在一起呢?结婚太麻烦了,还是做恋人比较好,合则聚,不合则散,没有心理负担。因此他们始终对婚姻持观望态度,不肯把幸福的赌注押在未来的配偶身上。

对于习惯了自由生活的人来说,当一种稳定的生活摆在面前,而这种生活也是自己一直以来想得到的时候,真正选择的那一刻,反而没那么容易下决心了。这个时候,可以用机会成本的理论来考虑这个问题。世界上的事情总是这样的,当你选择了一样东西,相应的可能就要失去另一样东西。如果选择,就看哪个总体上更有利些,带来的利益更大些。既然享受了婚姻的种种好处,就不要太看重单身时自由自在、无拘无束的那些小利益,或者换个角度想,出去玩的时候有个人陪你一起不是更好吗?害怕一成不变,可以让婚姻生活多点情趣不就行了。成熟而理智地看待问题,对跨进婚姻一样是有效的思维方式。

美国明尼苏达大学的心理学教授大卫·奥尔森指出,害怕结婚的现象在全世界都能找到。在美国也有许多人害怕结婚,害怕因为各种各样的原因产生婚姻的不快。

女人必须知道的婚恋心理学

20年前,美国很少有人会在婚前作心理准备,而在最近的5年内,有越来越多的人参加婚前培训,特别是第一次结婚的人。目前美国有各种各样的婚前培训机构,有70%的年轻人在结婚前将接受8~10个小时的培训,培训中包括各种婚姻的技巧,如何解决冲突,如何预防一方控制另一方的自由等。这种训练不仅有效地解除了新婚者的焦虑心理,对于缩短婚后双方的心理适应期也会有很好的效果。

错爱一生的悲剧

> 婚姻本身（除了少数幸运或不幸的例外）无所谓好坏，成败全在于你。只有你自己才能答复你自己的问题。因为你在何种精神状态中准备结婚，只有你自己知道。婚姻不是一件确定的事，而是等你去做的事。
>
> ——法国著名作家莫罗可

19岁的芳芳认识了33岁的明源。明源的凄凉身世抓住了芳芳的心，他的坦诚增添了她的怜悯和母性，他与生俱来的风趣幽默又让她好感倍增。所以，当明源提出交往要求时，芳芳不顾年龄上的差距，接受了他。

芳芳的家人当然是坚决反对，不仅因为两人之间14岁的年龄差距，还因为明源离过婚，带着一个仅仅比芳芳小7岁的儿子，而且他还坐过牢。但对于初涉爱河的芳芳来说，除了这段感情，世界上再没有别的。芳芳的妈妈几乎把女儿监禁起来，而近乎残酷的管教，更激发了芳芳的感情。芳芳终于逃出家门和明源结婚。

可惜好景只有一年。婚后的明源爱偷懒的毛病又出现了，女儿的降生也没有带来好运，家中的经济窘迫起来。明源又受人唆使，竟想背着芳芳用假征婚来骗人钱财。芳芳还发现结婚后短暂的时间里，丈夫竟然背着自己交往了四五个情人。

芳芳自己觉得付出很多，却还是留不住男人的心，到底是自己爱错了人还是嫁错了人呢？

婚姻与爱情的冲突

在任何文化传统中，爱情与婚姻都是可以分开的，爱情与婚姻的紧密联系是近代的事情。有一个抽样调查，结果有一半的人认为：自己最爱自己的妻子，妻子也最爱自己。在这一半的夫妻里，是有爱的，其次是"一般爱"、"不太爱"之类，可无论什么年代，爱情和婚姻的冲突是永远不会消失的。

爱情更多的是权利与享受，而婚姻更多的是责任，会减少情爱的感受性。有这样一个比喻：爱情就像闪电一样，而婚姻就是为这闪电付电费的。一般来说，爱情基本上是自由的，爱谁不爱谁是你的权利，但是结了婚就不一样了。如果说结婚前是在选择你所爱的人，那么结婚后更多的是你得去爱你所选择的这个人。英国哲学家罗素在《婚姻革命》一书中写道："毫无疑问，因为婚姻而拒绝来自他方的一切爱情，就意味着减少感受性、同情心以及和有价值的人接触的机会。"

爱情是发展变化的，而婚姻是相对固定的法律契约。结婚一段时间之后，爱情的高峰过去，双方身上的弱点暴露得越来越多，彼此的新鲜感逐渐消失，爱情之花逐渐枯萎，婚姻就可能变为无爱的折磨，但它不会消失，仍然实实在在地存在着。

爱情一般是两个人的私事，而婚姻是关涉到他人的。爱情更多的是两个人的感觉，想怎么感觉就怎么感觉，可以跟着感觉走；而婚姻是事业，你需要给彼此以及你们的孩子、父母幸福，你必须去建设、去经营，靠感觉过不了日子。

准备结婚的人应该有个清醒的认识：爱情可能是婚姻的基础，但不是婚姻的全部。婚姻中除了爱情的因素，还有经济的、生育的、责任义务的因素。不要对婚姻中的爱情过于苛求，要准备迎接现实的挑战。幸福的婚姻很多，但需要你去努力地经营。

适合婚姻的心理素质

爱情在婚姻中也是一种责任。婚姻是爱的意愿,结婚实际上等于对爱情发布永远相爱的誓言。就如弗洛伊德所言:"不管婚姻是由他人撮合,还是个人的选择,一旦决定结婚,这种意愿行为就应该保证爱的持久。"

步入了婚姻生活,双方都不能以自我为中心,否则会对婚姻彻底绝望。婚姻中最忌讳自我中心主义,许多无谓的夫妻争吵都是由此引起。可现代人往往是这样的,一旦婚姻不如己意,就想离了再来。婚姻生活中应该具备和培养一定的心理韧性,学会忍耐种种缺憾和承受种种挫折。但容忍并不是无原则地放纵对方,而是双方都合理地谦让,减少婚姻矛盾。

结婚意味着责任、义务和忠实,不能太情绪化。热恋中的恋人吵架后可能好几天互不搭理,但夫妻两个吵得再凶,即使动手打起来,对方伤病了不能不管,家务该干的还是要干,饭该做的还是要做,老人孩子不能弃之不顾,客人来了还是要客客气气地一起接待。这就是责任和义务。正如日本心理学家国分康孝说的:"恋爱连孩子都会,结婚则非成年人不可。对于太幼稚的人来说,结婚是负担。结婚要讲伦理,负责任,要有很强的实际生活能力。"

恋爱的人可以摆脱一切虚荣与世故,不顾一切现实条件的束缚,达到某种程度上的超脱境界,洒脱奔放。可婚姻必须面对和接受社会现实:每天都要与"柴米油盐酱醋茶"打交道,要经常探望双方的父母,要关心孩子的成长与前途。所以婚姻生活是离不开务实精神的。

对于爱情与婚姻的区别,有这样一个故事最能说明问题:

有一天,柏拉图问老师苏格拉底什么是爱情,苏格拉底就让他先到麦田里去,摘一棵全麦田最大的麦穗来,只能摘一次,并且只能向前走,不能回头。

于是柏拉图按照老师说的去做了。结果他两手空空的走出了田地。苏格拉底问他为什么摘不到,他说:"因为只能摘一次,又不能走回头路,即使见到最大的,因为不知道前面是否有更好的,所以没有摘;走到前面时,又发觉总不及之前见到的好,原来最大的麦穗早已错过了,于是我什么也没摘到。"

苏格拉底说:"这就是爱情。"。

又有一天,柏拉图问苏格拉底什么是婚姻。苏格拉底就叫他到树林里去,砍下一棵全树林最大的树,同样只能砍一次,只可以向前走,不能回头。

于是柏拉图照着老师的话做。这一次,他带了一棵普普通通、不是很茂盛,也不算太差的树回来。苏格拉底问他怎么带这棵普普通通的树回来,他说:"有了上一次经验,当我走到大半路程还两手空空时,看到这棵树也不太差,便砍下来,免得最后又什么也带不出来。"

苏格拉底说:"这就是婚姻!"

人生其实就像穿越麦田和树林,只能向前走一次,不能走回头路。要找到属于自己最好的麦穗和大树,找到自己最理想的爱情与婚姻,何其难也。而且,爱情与婚姻往往是不能等同的,自己爱的人并不一定能和自己结婚,跟自己结婚的未必是自己爱的人。

下面这个测验用来检验人们的婚姻观,有10个辨明是非的小题,请你回答"是"或"否"。

01.美好的结合,使夫妻间的分歧烟消云散。
02.随着年龄的增长,自有贤妻好丈夫。
03.恩爱夫妻,形影不离。
04.幸福伴侣,激情纵欲。
05.更衣换装,并非细事,商量为之。
06.幸福伴侣,从不要求对方满足自己的欲望。
07.长时间的家庭生活有促使男女双方发生变化的趋向。

08.幸福伴侣,身临厄运,绝不互相埋怨。

09.幸福伴侣间也有对方永不喜欢的地方。

10.感情淡薄的夫妻应该巧于安排,多在一起。

心理学家给出的参考答案:

01.否。有些事情很难一致,分歧是夫妻间的调味品。

02.否。夫妻间要学会互相信任,交流思想,互相体贴入微。年轻人也能具有这些品格,有些人则永远令人失望。

03.否。实际上许多夫妻追求不同,爱好迥异。

04.否。一些人善于自我控制,最重要的是双方都得到满足。

05.是。如果妄自为之,会伤害对方的自尊心,甚至引起误解,久之还会引起风波。

06.是。自己的事情自己劳作,自己的幸福自己创造,不寄希望于对方。

07.是。男方越加敏感,逐渐适应家庭生活的需要。女方则养成更大的独立性。

08.否。双方可能互相埋怨,但最终还是能够跨越障碍,共度艰难。

09.是。十全十美的丈夫或妻子根本不存在。

10.是。否则会更加疏远,甚至离异。

如果你的回答与上述答案有太多的不一致,说明你对婚姻的看法太过理想化。也就是说,你的心理似乎还没有成熟到可以从容应对婚后生活的地步。

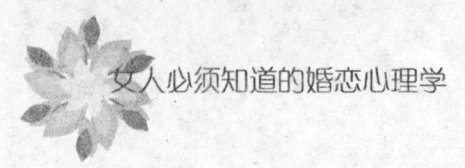

婚礼后他被"打回原形"

> 不管你跟谁结婚，结婚以后，你总发现你娶的不是原来所喜欢的那个人，而是换了另外一个人。事实上，人还是原来的那个人，只是婚后你看到了其更为真实自然的状态，这也是婚姻向现实回归的一种表现。
>
> ——心理学家断言

文杰与小禾经过浪漫的恋爱，终于携手走上了婚姻的红地毯。蜜月时，他们卿卿我我、如胶似漆，可是当他们从难分难舍的状态真正回到现实生活中来时，忽然发现婚姻生活远没有想象的那么简单，热恋时百看不厌的爱人似乎已面目全非，他们此时才惊讶地发现自己好像不知道和谁结了婚。

文杰抱怨恋爱时那个柔情万千、善解人意的小禾，原来是个神经质的女人，遇事拘谨，固执己见，整天唠叨起来没完。不但如此，她还牢牢控制着家中的经济大权，密切注意着他的行踪，说话时语气稍重一点就又吵又闹，再没有以前小鸟依人般乖巧和谈笑时的娇嗔俏语。

小禾也是满腹牢骚，以前那个风趣幽默、英俊潇洒的文杰，原来竟是个彻头彻尾的糊涂虫和邋遢鬼，衣服、报纸随手乱扔，还很少主动清洗收拾。而且他也不再是恋爱时那个忠诚侍卫，手捧玫瑰花笑容可掬地迎接她，手提大袋小袋零食围在她的身边，现在整天在外东颠西跑不着家，常常是翻尽所有电话簿，打遍所有亲友家的电话，才能找到他的下落。他平常家务活也很少干，每次都是她把饭做好端上桌，他吃饱喝足后，便舒舒服服地躺在沙发上，还一个劲地直喊累，真不知道他结婚前将煤气罐一口气扛上七楼，脸不变色心不跳的劲头哪里去了。

于是矛盾渐渐产生,小禾指责文杰不再爱她,而文杰则认为小禾是想管住自己,两人开始不断地挑剔对方,指责对方的缺点,互相埋怨。矛盾就像一个从山上滚下来的雪球,越滚越大,以至于最后发展成为极具破坏性的力量,两人之间的战争不断升级,甚至有两次争吵中提出了"离婚"。文杰和小禾都对这种情况感到无奈,开始怀念起婚前甜蜜蜜的恋爱时光。

婚后两性心理差异

结婚后,夫妻虽然朝夕相处,但并未见得能够"知己知彼"。夫妻之间的心理差异不可忽视,了解这种差异有助于夫妻生活的和谐、美满。

男性的情绪一般较为稳定,而女性的情绪容易波动。无论在外面遇到高兴的事还是倒了霉,丈夫回家后比较沉得住气,喜怒往往不溢于言表,不急于向妻子述说。而妻子则不然,遇到高兴的事回家就会喜形于色、手舞足蹈,会把事情从头到尾说一遍,甚至还会反复述说;遇到不高兴的事回家就会向丈夫大倒苦水乃至伤心落泪。

婚姻生活中,丈夫通常刚毅、精力充沛、有意志力、情绪强烈、易冲动,有时候还很暴躁。妻子则往往表现得温柔、细腻、内向、含蓄。女性的情感比较细腻,想得比较多,在家里遇到了什么问题或心里有什么不满不愿意说出来,往往憋在心里生闷气,给家人脸色看。这就更需要丈夫充分理解女性的心理特点,平时注意观察妻子的情绪,及时加以开导、关心和体贴。

男性自尊心比较强,往往有意或无意地表现出男子汉的尊严,而女性虚荣心有些强,特别愿意别人欣赏自己的穿着、容貌或者夸奖自己的孩子、丈夫。妻子应当理解丈夫和自己之间的审美差异,更应当理解男人最需要尊严。

男性有时候显得反映比较迟钝,而女性敏感又喜欢联想。所以丈夫应该理解妻子的心理特点,不要和妻子计较,妻子也应该理解丈夫的马大哈毛病,不要想得太多,许多矛盾就会不复存在了。

男性一般胸襟比较豁达,而女性遇事往往想不开。妻子细致的心理特点,往往也表现为度量狭小,如果遇到什么不顺心的事,会在一段时间内放不下，一想起来就会唠叨，甚至会无缘无故地冲丈夫发无名火。这时候，丈夫最好对妻子采取忍让的态度，并适时加以劝导，如果丈夫针锋相对，结果只会引火烧身。

夫妻间的心理差异还表现在丈夫持家意识比较弱，而妻子比较强。大多是妻子在家总是忙个不停，有时丈夫开始主动或被迫做家务，妻子往往也不会闲着，对丈夫干过的活儿说三道四，或者干脆又重新干一遍，结果挫伤了丈夫做家务的积极性。操持家务应该是夫妻双方的义务，妻子应调动丈夫的积极性，即使丈夫笨手笨脚，也要耐心教导。

妻子的持家意识还体现在对家庭收支的管理上。妻子往往愿意掌管财政大权，不过男性遇事通常比较冷静、理智、有主见，而女性则容易受外界的影响，容易情绪化，因此，在处理一些事情上，妻子最好能听取丈夫的建议。不管当家理财的是妻子还是丈夫，在遇有重大家庭支出时，最好两个人共同决定。

以上所列述的夫妻心理差异只是些共性的，当然每个家庭情况是不同的。无论具体差异如何，夫妻双方都应该懂得互相理解，取长补短，促进夫妻生活的美满。

婚后两性心理变化

婚后夫妻间的心理变化，是人类婚姻过程中的一种正常的心理现象，它并不意味着男女之间的爱情随着婚姻关系的发展而逐步走向死亡，而只是爱着的双方的心理发生了某些变化、表达爱的方式也随着发生某些变化而已。成立家庭之后，衣食住行、生儿育女等生活琐事与之俱来，在按部就班的工作、生活中，在妻子眼里，再也看不见那个百依百顺、总献殷勤的男人了。而丈夫也见不到那个体贴入微、温柔多情的女子了。恋人间的浪漫爱情故事，被实际生活所代替，久而久之使夫妻间产生冷落之感。

恋爱过程中的情侣，喜欢把倾心相爱的感情直接表达出来，为赢得恋人的好感，往往对恋人的要求极为关注，并给予最大限度的满足。因此，恋爱的双方常处在一种不安和紧张的心理状态之中。随着婚姻关系的确定，这种紧张的心理状态自动消除，他们不需要掩饰自己的感情，而产生一种安闲自得、满不在乎的心理状态。

有些新婚夫妇,怕被对方"同化"或试图去"同化"对方,无视对方的个性和爱好,因而产生心理上的纠葛与冲突。

对丈夫而言,由于组建家庭的目标实现后,能获得一种暂时的轻松感,伴随着性爱生活而产生一种让妻子过上好日子的责任感。但是随着婚姻关系的确定,丈夫也会认为妻子已经归自己所有,因而与妻子的心理距离消失,言语、行为不加控制,那种在恋爱阶段的神秘感和距离感已不复存在了。随着婚姻关系的发展,丈夫为了创造新的生活需要,也会因为对妻子的了解加深而产生对妻子的高期望感和某些失望感。由于家庭的责任,丈夫逐渐将对妻子的某些爱转移到日常生活或工作当中,容易忽视妻子的情感需求。

因为有了家,新婚后的妻子对丈夫明显产生依赖感,并充满对家庭幸福生活的憧憬之情。与丈夫相比,妻子更能体会到家庭的温暖,并眷恋着丈夫,有一日不见,如隔三秋之感。妻子的角色得到了认同、强化,往往更加注重对家庭的责任,并主动承担繁重的家务劳动。与丈夫相比,妻子的责任感主要指向把家务料理好。由于妻子更热衷于家庭生活,婚后的妻子在社会生活中有自我封闭的心理倾向,她们有意识地缩小社交范围,减少并疏远与异性朋友的交往。一般而言,妻子事业心有所减弱,对工作、事业的关注有逐步移到家庭的趋势。随着婚姻关系的深入,繁重的家务劳动往往使妻子产生失落感和怀旧心理,怀念无忧无虑的姑娘时代。有的妻子怕丈夫感情出轨而忧心忡忡。

婚姻生活中的男女,如果无视这些变化,也会给美满的婚姻埋下不幸的种子,让爱情停滞不前,甚至淡化、破裂。所以,为了婚姻的和谐与幸福,在结婚前后,夫妻双方应该有意识地调整自己的心理状态,增加沟通,逐步适应结婚后新的生活。

第三章 怎样得到美满的婚姻

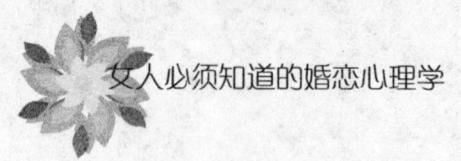
女人必须知道的婚恋心理学

婚姻是爱情的坟墓？

> 不管婚姻是由他人撮合，还是个人的选择，一旦决定结婚，这种意愿行为就应该保证爱的持久。
> ——S·弗洛伊德

阿峰和美月相恋3年，恩爱无比。两人在恋爱时经常看电影、逛公园、说情话、发短消息。最后，阿峰单膝点地，依靠鲜花和钻戒，彻底征服了美月，于是两人步入了婚姻的殿堂。

初入婚姻之门，两人很是激动，蜜月过得情意绵绵。但是，当休完婚假，二人正常上班以后，情形就变了。阿峰工作忙，公司离家又远，每天回来都感觉很累，谈恋爱时的那种生龙活虎的精神似乎不复存在了。

美月感到丈夫对自己的爱不像以前那么热烈了，所以经常会发牢骚，说：你是不是烦我了？我看我们谈恋爱的时间这么短，这么快被你追到手，你当然不会珍惜。阿峰听了，也不相让，说：你不知道我工作很累吗？一点也不知道体谅我。

美月听了，更加生气了，于是两人就吵了起来，之后一段时间他们便陷入了"冷战"。虽然过了段时间就恢复了正常，但在彼此心中已经留下了心结，经常会为一些生活琐事发生口角。美月知道他们彼此还爱着对方，但婚姻却一直处在危机中。

婚后心理不适的成因

恋爱交往是罗曼蒂克的代名词，花前月下，卿卿我我。而婚后呢，夫妻之间每天都有家庭作业似的家庭琐事，会让人感到家庭中的夫妻就是过日子，不再有恋爱时的甜蜜，不再有成家前的浪漫。而之所以有这种感觉，不外乎有以下几种原因：

首先是过于匆忙地决定结婚,缺乏必要的心理准备。恋爱时想结婚,可能更多想到的是两个人能整天守在一起而不必再打游击战,两人都没有过多地考虑家庭生活中角色的转换、责任的承担,更没有想到家庭生活更多的琐碎务实之处。所以激情过去之后,面对这些现实的问题,他们无从适应,感觉与当初对婚姻生活期望的设定过于遥远,似乎每天就是陷于工作和家庭生活琐事之中,没有精力也没有心情再去谈情说爱了。

由于心理准备的缺乏,婚后没能很快转换生活角色,是婚后心理不适的直接原因。每一个人在一个特定时期都扮演着不同的角色,并有一些相应的责任。结婚后两人分别扮演丈夫和妻子,但这仅仅是静态的,动态的还在于去满足对方的心理需要,让婚前的浪漫爱情进一步延续和升华,去建立一种如胶似漆的恩爱关系。由于角色一时未能转换,夫妻双方对各自的责任和义务都不太清楚,也就会产生对婚姻的不适感。

生活方式单一是婚后的必然现象。恋爱时的生活是丰富多彩的,旅游、聊天、购物、聚会,能够使人产生不断的新鲜感。相比之下,结婚后的生活则趋于单一,上班、下班、买菜、做饭,周而复始。久而久之,不仅会失去对婚姻生活的新鲜感,也会对未来生活失去信心,"难道婚姻生活就是这个鬼样子?"许多新婚夫妇会产生这样的疑惑。

婚姻满意度测试

很多人都有这样的感觉:即使结了婚,有时候也弄不清楚对方的心思。一些家庭琐事,也让人产生不满的情绪。下面的测试,可以看出你现在的精神状态是否存在不满的情绪。

在一个圆形的场地内,一个人正在寻找失去的球,请为他选一条找球路线。

A.横向的锯齿形路线　　B.纵向的锯齿形路线
C.以球场中心为轴心绕圈　　D.随意的路线

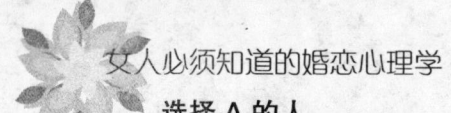

选择 A 的人

这是一条直线型路线。你是个懂得自我克制的人,情绪波动不大,即使有少许不满,也不会轻易表露出来。因为你个性成熟,也懂得如何迁就伴侣,在合理的范围内,你会控制自己。就目前而言,你相当满意现在的婚姻生活。

选择 B 的人

这跟 A 有少许不同,是属于横线型的路线。通常画横线时身体的波动比较大。你现在正处于对目前的生活欲求不满的情绪。或许对伴侣有很多要求,例如保持居室整洁、精神上沟通、兴趣、话题……你慢慢发觉对方婚后仿佛完全变了样。你内心的不满已表露出来,对对方拉下脸,甚至不理不睬。请坦白一些,不妨跟伴侣好好谈一谈,否则积怨越来越多,一发便不可收拾。

选择 C 的人

这是圆线型的路线。圆,给人的感觉是圆满。你对目前的婚姻生活感到非常满意,无论是家庭、经济、事业,你的发展都非常顺利。简单来说,你是个性格随和的人,不会有太大的欲望。基本上你也是个乐天派的人,凡事大事化小,小事化了。与伴侣的沟通也足够,在你眼中,对方没有 100 分,也有 99 分,跟对方结婚,你认为是最美满的事,还有什么不满的呢?

选择 D 的人

这是一种随意型的路线,没有既定目标,根本是在浪费时间和精力。你没有画出一条合理的路线,正显示你内心有极大的不满,故借这些无意义的动作宣泄自己的不满。而且你的情绪特别不稳定,时好时坏,心静下来时或会跟伴侣好好相处,一旦脾气爆发时,便有可能把家中的杂物拿来发泄。找机会冷静下来,仔细想想到底发生了什么事,否则你的伴侣便遭殃了。

重建婚后情感

情感的沟通是夫妻交往的重要内容。夫妻俩一方做的好事，常会使另一方高兴，经常地分享快乐，会像一条金色的纽带，将两颗心连在一起，双方情趣互融。

心理学家发现，恩爱的夫妻不仅会在性格上越来越相似，相貌上也越来越相似，宛如兄妹一般，也就是人们常说的"夫妻相"。在夫妻情感的沟通上，夫妻双方也应当努力地适应对方的情趣和性格，培养共同的兴趣爱好，它将使夫妻的情感逐渐趋于和谐。积极地沟通情感的另一个重要方面是夫妻之间的谈话，这也是情感沟通的重要前提。相比较而言，结婚后夫妻之间的语言无论是形式上还是内容上都变得苍白无力了，为了积极地沟通情感，达到爱的升华，夫妻双方要创造一种温馨欢愉的说话气氛，静心倾听伴侣的诉说，经常说些缠绵动听的甜言蜜语，赞赏和亲密的语言应当成为交谈中的高频率语言，成为夫妻恩爱的催化剂。让"我爱你"之类的情话成为夫妻情感沟通的重要内容，去激起感情的共鸣。

在夫妻交往中，相互体贴和尊重仍然是不可缺少的。夫妻之间应当相敬如宾，互相尊重、体贴对方。特别是丈夫，应当继续像婚前那样体贴自己的伴侣。首先要尊重妻子的感情，依然将妻子当做心中的"公主"，不应该有"终于到手了"之类的想法，要给予妻子无微不至的照顾和体贴，满足妻子的"自尊"需要和"自爱"需要。

丈夫要经常给予妻子精神关注。在婚前，很多男性善于观察女性，把握女性的心理状态，对女性的感情变化能有适当、适时的反应，而结婚以后，似乎一下子暴露了男性的"粗心大意"的缺点，使妻子总有某种失落感。因此，丈夫应当注意自己情绪、情感的表现给妻子带来的情绪感染，给予对方极大的精神关注，经常给予由衷的赞赏和温柔的宽慰，让妻子继续承受温馨的爱，在繁忙工作之际，陪妻子说说悄悄话，重温恋爱时的山盟海誓，同妻子一起坐在沙发上欣赏两人的合影，唤起对婚前爱情生活的美好回忆。丈夫要当好妻子的保护神，在女性的心目中，男性应当是力量和智慧的象征。在女性恋爱之前，她们的父亲一直充当着她们的保护神，而当一个女性离开自己的父亲,走入另一个男性的生活时,这个男性应当担负起保护神的重任,给予她们安全感。满足妻子这种被保护的安全感,是对妻子体贴的最充分表现。

作为妻子,也应当尊重和体贴丈夫,既要支持丈夫的事业,做好贤内助,也应当与丈夫一起共同创造属于你们自己的小世界,创造美好的生活。为此,妻子要尊重丈夫的事业心,尊重丈夫的人格,合理安排丈夫的生活,给丈夫以支持的力量。

浪漫不是恋爱时的专利,夫妻交往中也需要有浪漫来点缀。一些夫妻在结婚以后逐渐变得一本正经,日常生活没有激情,缺乏情趣,平淡无奇。也许这是观念所致,也许是角色的规范。对此,我们要予以重视,因为浪漫本身没有以婚姻作为界限。和妻子到细雨蒙蒙的林间小道手拉手散步谈心,用自行车带妻子到一个有情趣的旧地重游,不定期地写一封深表爱意的简短情书放在伴侣的枕头底下等等。方法简单,却能增进夫妻间感情,给生活增添欢声笑语,出现爱的升华。

当然,在夫妻交往中传递爱的信息、表达爱的方式是很多的,只要夫妻双方热爱生活,追求和谐,渴望美满,在生活中善于捕捉对方的情感变化,勤于表达自己的爱,那么,婚姻生活不仅会光彩照人,而且爱情之花会越开越盛。

结婚的女人更要自珍

林可婚前很爱打扮自己,每天打扮得干净靓丽。然而婚后,尤其是生过孩子后,由于要操心带孩子,还要上班,林可渐渐地不爱打扮自己了,甚至变得有些不修边幅,和婚前判若两人,变得邋里邋遢了。

丈夫黄先生劝妻子说,现在生活条件好了,要买几件品位好一点的衣服。林可不听,认为穿衣应随意,是为了给身心放松。以前两口子出门是金童玉女,现在却是丈夫衣着光鲜,妻子灰头土脸,有时朋友开玩笑对黄先生说妻子成了他姐。

黄先生给妻子提建议,选择服饰要按自己的身材特点,同时还应把握好色彩的搭配。林可不置可否,指责丈夫是小男人,管得太多。有时丈夫开玩笑说男人都喜欢漂亮的女人,你不担心我被别人勾引了吗?林可颇为自负地"哼"了一声,继续我行我素。

虽然没有发现丈夫被外人勾引的迹象,可是林可却发现丈夫对自己越来越不感兴趣了。她开始怀疑丈夫是不是有了二心,也因此变得忧心忡忡。后来,林可咨询了心理医生,在医生的指导下,林可去色彩形象工作室接受诊断,色彩形象工作室根据林可的肤色和气质,为她穿衣打扮的搭配提出了建议。经过一番"包装",林可和丈夫又找回了原来的幸福生活。

如果你问女人怎么会嫁给这个男人,绝大多数的女人会说"因为他对我好"。事实上也是如此,大多数女人是因为男人"对她好"而爱上对方。男人则大不相同,男人爱的是女人本身的美好特质,不论外在还是内在的,可能是喜欢女人的一头飘逸的长发,也许是喜欢她曼妙的声音,或者是活泼的性格和善解人意的温柔。只要这个女人身上有的特点刚好是这个男人所欣赏的类型,男人就会"情人眼里出西施",不顾一切地爱上她。

有不少的女性认为,只要自己有助于丈夫和家庭,丈夫就不会嫌弃自己,所以就不注重自己的修养,夫妻之间距离拉大了;也有一些女性认为,自己同丈夫一起生活多年,互相熟悉,也无什么生理上的秘密可言,就无需保持端庄的仪态,放任自己的体形横向发展,在家里穿着破旧的睡衣。

可是,婚姻的幸福美满是需要经营的,如果自己不花心力经营,凭什么要求男人无论如何都要爱你!当你把自己变成巫婆水鬼,恐怖又可怕,我想全世界的人都会弃你而去,唯恐避之不及,你的丈夫也是人,当然也想逃之夭夭。当然,不是说男人的"逃之夭夭"是正确的事情,只是为了婚姻的幸福,女人有必要在婚后好好珍爱自己,虽说不用做到一直花枝招展,但也应尽量让自己变得可爱些。

因为家计,因为孩子,很多女人在婚后不知不觉改变了自己,忘记了自己的存在。曾经的可人儿现在却是身材如水桶,原先的优雅变成了无休无止的唠叨。这些改变都不是丈夫所希望的。而女人又因为为家庭牺牲了许多,变得非常不快乐,最后把这些怨气发泄在家庭里,变成恶性循环。你的丈夫和你结婚,是因为爱你,喜欢与你相伴的时光,他娶的是妻子,不是保姆。因此,他并没有要求你做出牺牲,只怪你留给自己的太少,付出的太多,甚至失去了自我。

你没有义务边工作边承担所有的家务,你不停地付出,忙碌得忘了留给自己一份宝贵的空间,属于你个人的世界越来越狭小,除了柴米油盐,吃喝拉撒外你无暇关心其他的话题。你大可以在结婚后仍然善待自己,对丈夫喊累,要求丈夫为自己做爱吃的菜,在休假之时先放下家务,让丈夫陪自己去逛街或者两个人一起度假。你不再那么累,你的丈夫也充分享受着爱护人的快乐。

或许,女人认为结婚以后在家里或者在丈夫面前无需修饰、打扮自己。错!试想想,男人每天出去可能面对许多时尚的女人,回到家里自己的妻子整天素面朝天,不修边幅,怎么会心里不做对比呢,哪个男人不希望看到自己的妻子赏心悦目呢!所以,为了自己的丈夫,也为了自己,女人应该把自己收拾得时尚而得体。

作为妻子最应该明白的是,你自身"可爱"的地方正是吸引配偶的地方。你应该在婚后更注意自己内在的修养和外在的形象,发挥你的优点,让那些吸引配偶的地方变得更"可爱",这样才能让男人更加珍惜,对你更好。

女人幸福的源泉来自于丰富精彩的自我。很多时候,我们总抱怨男人没有带给我们幸福,其实,真正的幸福来源于自己的内心,内心一片荒芜的人,不仅自己不会幸福,也不可能带给他人幸福。所以女人啊,不要在结婚后就弄丢了自我,因为那是人生最宝贵的财富。

"相敬如宾"未必幸福

大学期间,方芳在众多追求者中选中了李月,就是看中了李月的温文尔雅,待人有礼貌。婚后,方芳也要求李月把在职场上的一些社交礼仪带进家庭。因此,两人即使在家也是彼此客客气气。结婚以来,两个人从来没有红过脸,也没有大声地吵过架。在大家的眼里,他们是一对模范夫妻。

可是令所有人都想不到的是,结婚两年后,这对金童玉女却爆出了离婚的消息。用李月的话说："两人相处了这么长时间还像陌生人一样的客气，常常是一整天都无话可说，想说也找不到话题，这种日子谁能受得了。"

历来人们喜欢用"举案齐眉"、"相敬如宾"来形容最美满的婚姻。可是，夫妻不是彼此的宾客，怎么可以客气成这个样子？男人在外面打拼已经够累的了，回到家面对爱人，本应该放下一切武装，好好放松。可是妻子偏偏还要求丈夫注重各种各样的礼仪。家应该是最自由、最放肆、最无顾忌的地方。关了门，上了床，还是君子淑女，时间久了，爱情之火不熄灭才怪呢。

心理学家对夫妻关系调查分析后认为：经过一整天辛苦忙碌的工作，很多女性从公司回到家中的时候，经常会忍不住为了一些小事向自己的丈夫发火。而对大多数男性来说，如果当天的工作压力过大，那么他们回家后则多表现为态度冷淡，对什么都不感兴趣，一言不发。这些状况是夫妻恩爱、婚姻幸福的正常状态。

原因其实很简单：感情较好的夫妻，妻子在丈夫面前通常表现得比较放松，一天的工作结束之后，她们可以很随意地把各种内心的负面情绪直接发泄出来；而那些对婚姻不满意的女性，则多数认为自己必须在丈夫面前抑制她们的怒火。

对男性而言，丈夫对婚姻家庭越是满意，就越认为自己有责任支持妻子，所以，他们愿意在妻子由于工作攒了一肚子火气时多做家务劳动，而在应对高压时则独自承担。只有那些对自己的婚姻生活不满意的男性，才习惯性地在紧张的工作之后回家向妻子发火。

夫妻之间偶尔有争吵是正常现象。夫妻应该是最亲近的人，如果还像宾客般客气，至少说明两人之间还有距离。夫妻之间可以是爱人，是情人，却不能是客人。夫妻之间处处以礼相待，那他们之间肯定很难有属于夫妻之间的那种炽热、钟情、水乳交融和相濡以沫的情爱。长久的相敬如宾，只会让爱情窒息。

美国马塞诸塞州立大学曾对4000名已婚男女进行一项调查，得出的结论是：夫妻生活中压抑心中不快，采取以沉默来应对夫妻间的矛盾，对夫妻的健康指数有着很大的影响，甚至可导致死亡。这项报告指出：32%的男性在跟妻子吵架时,会将心事与不快完全掏空说出来,女性则只有23%。女性保持缄默或忍气吞声,对健康造成的伤害很大,可引发抑郁症、心脏疾病、厌食症等。调查也显示,那些经常保持沉默,不爱跟丈夫吐露心事的妻子,较那些时常向另一半抒发心中不满的妻子死亡率高出4倍。

相互敬重没有错,但不能去刻意地营造。相敬,是内心对对方人格的尊重,并非流于表面的客气。过于注重形式就会使夫妻间产生距离,这种距离会让夫妻双方渐渐冷淡,而冷淡又会让双方在生活中趋于沉默。最后,离婚就成了必然。

吵吵闹闹的婚姻不一定不幸福,而这种"相敬如宾"的生活却一定是致命的。

两个女人的心理战

> 结婚,不只是做人家的丈夫或妻子,而且也是和一大串亲戚和大把责任结婚。只有将心比心,换位思考,妥善处理,灵活协调好方方面面的关系,方有家的安宁。

结婚前,阿玲虽然对丈夫建国的母亲有所耳闻,却少有接触。但是结婚以后,他们成了一家人,交往多了,问题也就不可避免地产生了。

有一次,阿玲在婆婆家用过晚饭后,在楼道里偶然听到婆婆与人嘀咕说:媳妇气量狭窄,对老人不尊重。阿玲听后很是气愤,回到屋里一声不吭,原本打算住宿在婆家,她却坚持要走,任丈夫怎么相劝都无济于事。无奈之下,建国与她一起回到了自己家里。自此以后,阿玲宣布再不踏进婆家门,也不许婆婆踏进自己的家门。

妻子与母亲不和,使建国夹在中间非常难受,但他并不气馁,为了家庭的和睦,他一再启发、引导妻子,努力想改变妻子的认识。他根据阿玲的想法与母亲进行了开诚布公的谈话,母亲作了解释,说根本不是这回事。但阿玲却坚持认为婆婆在抵赖。本来很好的夫妻关系就此蒙上了一层阴影,夫妻之间再不像先前那样亲密无间,无话不说了。

后来,阿玲终于意识到,这段时间最苦的不是自己,而是自己的丈夫。其实自己与婆婆之间没有什么实质上的利害冲突,自己做小辈的,为什么不能大度一些,即使婆婆有不正确的言论,为了丈夫,自己也不应该如此胡闹。

阿玲左思右想,终于想通了。她与婆婆做了多次坦诚的沟通,婆媳间的关系日益融洽,夫妻俩也恢复了往日的亲密和谐。

婆媳关系障碍

婚姻将给人带来新的生活和新的亲属关系。在新的家庭成员中婆媳关系似乎是最容易出现问题的。社会心理学认为，婆媳关系是整个家庭关系中的核心和焦点，婆媳关系直接影响到整个家庭关系的和睦融洽与否，并且将婆媳矛盾定性为世界性的文化难题，认为婆媳矛盾是人际关系中典型的矛盾关系之一。因此，婆媳关系虽然是发生在两个人身上，但它对公公、丈夫、儿女都会产生影响，一旦发生矛盾，不仅会使整个家庭的人际关系出现紧张，甚至会使媳妇的娘家人都卷入进来。所以，处理好婆媳关系特别重要。

在旧社会，媳妇是没有经济地位的，所以婆媳关系在社会文化中就是不平等的，婆婆对媳妇可以发号施令，享有至高无上的权威，媳妇对婆婆必须言听计从，婆婆和媳妇之间的关系，可以说是一种服从和被服从的关系。所以这时婆媳之间即使产生心理矛盾，也可以维持基本的人际关系平衡。

随着经济社会的发展，媳妇的经济地位开始上升，现代人的婚姻生活中存在着的婆媳矛盾有了更大的爆发的可能性，给美好的家庭生活造成了不利的负面影响。

婆媳矛盾产生的原因是多方面的。首先，婆婆与媳妇之间存在着年龄差异，因此在价值观、思维方式和生活方式上就会有所不同。这是属于两代人的代沟问题。其次是作为长辈的婆婆存在着封建意识的问题。有些婆婆有意强化媳妇的自家意识，要求媳妇在各方面都应当"胳膊肘朝里弯"，从而使媳妇对婆婆产生了反感。

婆媳之间产生人际关系障碍最根本的原因，在对处于婆媳关系中的男人——儿子和丈夫的感情争夺上。儿子结婚以后，母亲很容易产生失落感，深感自己对儿子的影响在减弱，媳妇的影响在增强；媳妇也经常感到婆婆以各种各样的方式介入自己的婚姻生活，影响了夫妻之间的感情。如果儿子再对母亲稍有冷淡怠慢，母亲便会将儿子的过失全部归咎到媳妇身上。

另一方面，婆婆自己过去也做过媳妇，她对长期建立起来的主妇位置即将被媳妇所代替而感到愤愤不平。这种危机意识也是造成婆媳出现障碍的潜在因素。

俗话说："多年的媳妇熬成婆"。当惯了小媳妇的女人，一旦成为婆婆，便会以自己的婆婆对待自己的方式去对待自己的儿媳。因此有一种说法，女人之所以盼望生儿子，与其说是为家族延续香火，不如说是为自己寻求补偿，因为有了儿子便可做婆婆，自己的一生才得以"功德圆满"。

女性之间很容易在感情上产生隔阂，在日常生活中诸如家庭经济问题、家务劳动、制定家政方针等方面产生不一致的态度，有时婆媳间还会相互故意为难。一个女人成为婆婆之时，大多在更年期前后，心理上易烦躁、易恼怒，与一般人都难以相处，与媳妇这一特殊对象共处，自然就更易生出事端了。

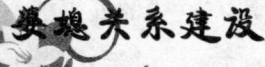

婆媳关系建设

婆媳之间的矛盾虽然不可避免，但也不是不能解决。

婆媳之间的相处，最初的关系十分重要。随着新媳妇的进门，双方的角色都发生了变化：母亲变成了婆婆，姑娘变成了媳妇。在角色变化的初期，极易产生婆媳矛盾，因此要有充分的心理准备。

作为婆婆，处理婆媳关系最根本的，也是最重要的，就是要从心理上认同和接纳自己的媳妇，真正做到把媳妇当做女儿对待。把媳妇当女儿对待有助于婆媳之间心理隔阂的消除，有助于对媳妇真诚的关心，最终有助于婆媳矛盾的解决。

作为婆婆，首先要做到对媳妇的期望值不要太高，这样就可以少一些失望，而多一些意想不到的欣慰。其次要多进行换位思考，用当年自己做媳妇时的心情来理解和体谅现时儿媳的难处，而不至于产生对媳妇苛求的情况。三是不妨装聋作哑，对媳妇所说的一些不利于婆媳关系的话权当没听见，也不要往心里去。更不要轻信他人搬弄是非的言语。对媳妇娘家人，要有热情，以礼相待，更要真诚。最后，对媳妇不要过于热心，以免产生干涉限制媳妇之嫌。只有这样，才会有一个良好的婆媳关系，和睦的家庭氛围。

而做儿媳的女性，只要将婆婆与自己的亲生母亲一样看待，多些孝道和耐心，就可以促进婆媳交往，增进婆媳间的感情。

婆媳关系中的男人

在婆媳矛盾中,身兼儿子和丈夫双重角色的男性处于至关重要的地位,在调节母亲与妻子的关系中起着十分重要的作用。男性要很好地扮演在母亲与妻子间联系的角色,善于把握她们双方的心态,成为她们之间的胶合力量,建立一个夫妻恩爱、婆媳和气的幸福美满的家庭。如果男性能够在母亲与妻子之间一碗水端平,不去偏袒某一方,注意调解,矛盾就会少得多。更多的情况下,婆媳矛盾并不存在谁对谁错的问题,如果做儿子的不仅能做到一碗水端平,而且很有协调能力,在母亲和妻子之间,采取大事清楚,小事糊涂的办法,善于化解和缩小矛盾,能够做到大事化小,小事化了。这样的家庭中婆媳关系是比较协调的。如果男性没有这样的处事能力,或没有这样的协调意识,那就会把两位女性推到了前台,自己来处理和协调婆媳关系,这样的结果往往是事倍功半的。

而作为同样爱着这个男性的两个女人——母亲和妻子,有必要了解处于婆媳矛盾中的男性所产生的特殊的心理困惑和无力感。由于两性的心理差异,男性调解女性之间矛盾的能力是非常弱的,尤其是对于婆媳这样特殊的人际关系。在调解婆媳矛盾的时候,男性会产生不知所措、无能为力的感觉,继而引发压抑、忧郁和焦虑的异常心理,甚至引发心理障碍。所以,婆媳二人也要尽量化解矛盾,尤其不要对没有原则性的分歧争执不休,这样才是作为母亲的慈爱和作为妻子的情爱的良好表现。

不要取笑男友的家人

和男友赵阳谈恋爱以后,李倩提出要去见赵阳的家人,可赵阳一直迟迟不肯答应。在热恋一年多后,赵阳终于答应带她见他父母。李倩想要给未来公婆留个好的第一印象,便向赵阳打探老人的性格和喜好。说到他妈妈时,赵阳沉吟了半天才笑着说:"我妈最好相处了,别看她人到中年,却童心未泯。"

等到去了赵阳家时,李倩才算是真正见识了他老妈的童心未泯。他们一进家门,赵阳妈妈就给了赵阳一个热情拥抱,伴随的是娇滴滴的一句问候:"靓仔,想我了吗?"接下来是频繁的撒娇,活脱脱一个令人发笑的"少女"形象。

后来有一次,李倩跟他闹着玩时,故意学他妈妈的口气娇滴滴地喊道:"靓仔,帮人家梳一下头嘛!"赵阳的脸马上拉长了,用很不悦的神态看着她,警告她下不为例。

可偏偏在一次朋友聚会时,多喝了几杯的李倩又犯了同样的错误,这下引来哄堂大笑,因为大家都知道赵阳妈妈就是这样说话的。这次赵阳当场就翻脸了。

在李倩经过很多努力后,离开足足有三个月的赵阳才回到她的身边。此后,李倩再也不敢在赵阳面前学他老妈说话了。

在很多男人心中,母亲的地位永远是第一位的,他会炫耀她的完美,同时努力遮掩起她的缺点。赵阳迟迟不肯带李倩回家,其实就是担心妈妈的少女言行被她看低。他改变不了妈妈的习惯,只能寄希望于被女友忽略,而女友偏偏像一个不知深浅的孩子,一次次学他妈妈的口气,等于提醒他:你妈妈并不如你说的那样完美,我看到了她的可笑之处。

人都有虚荣心。在男人看来,肆意取笑他的家人就是在嫌弃他的背景,这比取笑他本人更不能被接受。所以,在听到女友的玩笑后,赵阳的恼怒可想而知。

男人不会喜欢饶舌的女人,你最好不要给自己树立这样的形象。即便他的家人或朋友有很粗俗的举止或不合时宜的举动也不要轻易评论。

你无力改变男友的家人,只好装作看不见。即使是善意的玩笑都不要开,否则他会认为你是在讥笑他、拿他取乐。如果你不喜欢男友的某些家人,最好远远避开。如果妨碍了你们的正常生活,也不要横加指责,最好的办法是跟男友好好谈一谈,让他想办法去解决。

婆媳关系处理能力测试

如何妥善处理婆媳关系一直都是个令人头痛的问题。作为儿媳的你,是怎么处理你与婆婆的关系的呢?你所做的一切能够让丈夫满意吗?请回答下面这个问题:

星期日,你陪丈夫回婆家,发生了以下五件事情,你该如何面对?

01.婆婆看见你们回来,很是高兴,特意把她前几天买来的沙发垫送给你们。其实,你和丈夫早就想买沙发垫了,但是你婆婆买的这个你根本就不喜欢。此时,你会说:
A.谢谢,但我不喜欢这种图案的沙发垫。
B.哦,太遗憾了,我自己刚刚买了一套(然后你就赶紧去买一套)。
C.太漂亮了,谢谢。

02.婆婆指着儿子,对你说:"他太脏了。"而实际上也是这样。你回答:
A.看您说的,他现在已经干净多了。
B.您说得太对了,我总在为这个烦恼。
C.嗨,也没什么,其实我也不是很整洁。

03.婆婆看着儿子的大衣,说:"我想把这衣服上的小破洞补好。"你说:
A.好吧!您可别累着了,在家里我自己也能做的。
B.哦,太好了,谢谢您!我总是做不好缝缝补补的事,我真应该跟您多学学。
C.嗨,不要紧,放假在家时穿得随便点儿无所谓,这是个人的生活方式问题嘛!

04.白天时,你和丈夫一直在菜园里忙着。吃晚饭前,你洗了个手,冲了个澡,还换上了漂亮的外衣。但丈夫却始终穿着工作服,没有冲洗就坐在了餐桌前。你说：

A.我怕我不穿外套会冷。

B.我大概显得很可笑吧？不过，在我父母家我们从不穿着工作服上餐桌。

C.哦，饭做得太香了，我都快饿死了。

05.午饭后，婆婆在厨房里洗碗，你去厨房说：
A.我来帮帮您吧，好吗？
B.您去休息会儿吧，我自己来。
C.我还是别给您帮倒忙吧，我太笨。

评分标准：

第1题

A.3分，回答虽然诚实，但却有些不近人情。

B.5分，虽然它可能给你带来暂时的经济困难，但不会让婆婆觉得委屈。

C.1分，只能起到暂时作用，婆婆很快就会发现真相，到那时她会很不高兴的。

第2题

A.1分，回答太糟糕了，这不仅是指出了丈夫的脏是他母亲搞的，而且还强调了他是在你的影响下才学会了他母亲没有教给他的东西。

B.3分，也不好，因为这会使婆婆觉得，她儿子处于困境时是不会在你这里得到安慰的。

C.5分，尽快转移话题，这是最好的办法。

第3题

A.3分，即使你说的是怕她累着，她仍会认为你这是在限制她关心自己的儿子。

B.5分，你可能会对婆婆显露出来的嫌你对她儿子关心不够的态度感到不愉快。但请你不要忘记：母亲毕竟是母亲。她关心自己的儿子已成习惯，而不是故意想挑你的错。所以这个回答一定会使她高兴，而且你也省事了。

C.1分，这样说会对她造成很大打击，因为你公然表示了对她的不赞成。

第4题

A.3分，完全没必要的解释，反而会引起尴尬。

B.1分，饱含批评的语气，更是不恰当。要知道，每个家庭都有一些在别人看来显得很可笑的习惯，你不要试图去破坏它，尤其是不在你的"管辖地带"的时候。

C.5分，在这儿，你就应该把想法埋在心底。

第5题

A.5分，说明你是真心想帮她的忙。

B.3分，要知道这不是你自己的家，即使你是好意，但你这么直接地命令她，只会使她不舒服。

C.1分，只能显示出你不勤快的一面，或者可能你根本就不想成为你丈夫家的一员。

总分在17分以上，说明你是个婆媳相处的高手，处理婆媳关系，游刃有余。总分在11~17分之间，说明你能与婆婆和平相处但关系实属一般。如果低于10分，说明你的处世方法急需改进，这样你真的很难讨婆婆的喜欢。

爱上一个不回家的人

> 我们把家和妻子称作航空母舰,丈夫是战斗机,需要在这个平台上休整。虽然这个作战平台从未陪伴战斗机上过前线。"
> ——日本社会心理学家武村健一对家庭的解读

朱媛与康健结婚后,两人各忙各的事情,生活平淡而实际。

康健是政府公务员,朱媛毕业后在大学留校任教,夫妻俩的事业红红火火,蒸蒸日上。

在工作中,康健时常会感觉到自己对家庭温暖的需要和渴望,但同时事业的成功又冲淡了这种孤独、寂寞之感。而朱媛更是一头扎进书海里,进行课题攻关。她把儿子送到公婆身边,并充分利用丈夫孩子都不在身边的良好学习环境搞研究,后来索性搬到实验室里,吃住全在里面。

寒假将至,康健回来与妻子商量,要她利用寒假和他一起去县里辅导县中学的教师,但朱媛舍不得离开自己的实验,拒绝了丈夫,结果他们大吵一架,不欢而散。康健愤愤地走了,带着满心的寂寞与伤害,直到春节也没有回来。除夕夜,朱媛没有回冷清的家,一个人呆在实验室里,感到了凄凉孤独。

经历了这次纷争,夫妻俩开始反思这一段婚姻历程,虽然他们的事业在不断地升温,但他们婚姻生活的温度却已接近了零点。他们在为事业拼搏的时候,同样是需要支撑、关怀和温暖的,同样要为家庭的建设做出自己的努力,但他们却都忽略了这一点。

鱼与熊掌兼得

如果说事业和家庭在某种意义上构成一个完整的男人,那么就可以说丈夫、孩子、事业同样是一个完整女人的总和。无论改变传统的呼声如何高涨,无论革除清规的行动如何声势夺人,我们都不主张作为社会意义而存在的男人和女人要么只顾事业不顾家庭,要么只要家庭不要事业。家庭好比地基,事业好比大厦,地基牢固坚实,大厦才可以屹立不倒。

古人说鱼与熊掌不能兼得,有一定道理,但凡事没有绝对,事业与家庭发生冲突时,只要学会多花费一点心思,少算计一点得失,即便不能鱼与熊掌兼得,在家庭与事业之间,也总会找到一个平衡点。

不管是丈夫还是妻子,都是很在乎爱人是不是关爱自己的,如果你能在百忙当中抽出一点时间,陪爱人出去吃顿饭、逛逛街或是在家里准备一顿有情调的烛光晚餐,他定会"芳心大悦",涌出爱意无限,所有对你的怨恨与不满都会烟消云散,你的行动证明在你心里没有人可以取代对方的地位。

作为事业型的丈夫,如果你一个星期之中少有在家的时间,所有的家务都推给了妻子,那周末早上你就一定要早起几分钟,为妻子做顿可口的早餐。对于家务,你一定不能懈怠,特别是当你空闲下来的时候,坚决不要以自己在外面辛苦工作为理由,逃避家庭建设,你要知道,你的妻子一天要料理三餐,洗衣持家,繁重的家务劳动不亚于繁忙的事业打拼,你要体恤她的辛劳。

而作为一个好妻子,不应仅仅满足于照顾好事业心强的丈夫的生活,还要给予他一定的理解与关心。如果对自己丈夫的工作或职业没有一些常识或了解,却想要给他适当的帮忙,这是几乎不可能的事。即使在丈夫的工作中,你并不能帮上什么实际的忙,但只要你能对于他工作的需求充分了解,同样可以使你更有同情心和耐心,成为一位更加聪慧的伴侣。

每一个丈夫都需要一个忠实的信徒。当什么事情都不顺利的时候,当处境危急的时候,当他面临失败的时候,他需要一个建立起他的抵抗力和信心的妻子,让他知道没有任何事情能够动摇你对他的信任,你们的关系紧密而牢不可破。

不管社会如何变迁,家庭、事业都不应该对立,完全可以统一起来。如果把事业当作一个家庭来享受,如果把家庭当作一个事业去创立,那么建立在事业上的家庭是最稳固的家庭,建立在家庭上的事业是最甜蜜的事业。

丈夫心中只有事业怎么办

家庭生活,真是千姿百态。有的妻子因为丈夫胸无大志,整天沉湎于小家庭生活,而产生许多烦恼。有的妻子却因为丈夫专心事业,无暇顾及家庭,而产生不快。面对后一种情况,该怎么办呢?

诚然,人都是有感情的,作为婚前的恋人也好,还是婚后的夫妻也好,都希望自己的爱人有更多的时间陪伴自己,尽享对方的体贴和温柔,这是人之常情。然而,作为有志向的青年人,仅仅满足于儿女情长,卿卿我我,是远远不够的。如果无视事业,无视抱负,无视理想,每天浑浑噩噩,陷入家庭的小圈子中不能自拔,那么,这种家庭生活将是苍白的、庸俗的、与时代精神也是不协调的。

青春是短暂而美丽的,爱情是高尚而可贵的。但是,这都需要有崇高的理想作基础,否则,就会虚度青春,爱情也就成了被鄙视的利己私情。你的丈夫一心扑到事业上,专心于自己的工作并取得了成就,这是要付出代价,甚至作出牺牲的。作为妻子应理解和支持他的事业,为他分担家务,作出牺牲是值得的。一般说来,丈夫对事业的专一,并不排除他对妻子和孩子的热爱。他的心里不仅只有你和孩子,还有更重要的事业,这正是当今社会所提倡的。

看来,你对生活、家庭、爱情以及幸福的理解是有偏差的,至少不够全面。你看到的只是家庭生活中的个人得失,而没有看到你的丈夫既是家庭成员,更是社会的人。他有自己的理想、事业和追求,你应为拥有有这样的丈夫感到骄傲。如果你能迈出家庭小天地,你将会看到他是怎样一个受人尊重和爱戴的人,你将感到他比初恋时更可爱。受他的影响,你也可能对自己的工作着迷。假如你理解和支持丈夫的工作,当他有困难时给以鼓励,成功时给以忠告,那么,你的丈夫不仅在事业上会取得更大的成就,而且你们的爱情也必然会更上一层楼,这不正是你所要得到和期望的吗?

当然,年轻人要有事业心,不沉湎于家庭小圈子,并不是说可以忽略和摒弃人与人之间的亲情,也不赞成牺牲他人的利益,放弃自己对家庭的责任。相反,应该在强调事业的同时,加深人世间的这种宝贵情谊和对家庭的责任与亲情。实践证明,有成就的企业家、学者以及知名人士,在他们取得巨大的成就的同时,都不忘回到温暖的家,与妻儿享受温馨欢乐。因为他们知道美满的家庭是他取得成功的有力支柱,留一部分时间给妻子、儿女并适量地和妻子共同完成家务,会使亲情更加深厚,会给自己的事业带来更大的成功,何乐而不为呢?

当丈夫向他的事业王国迈进时,永远不会被遗落在背后的,是他的"亲善大使"。

每一位妻子都有责任训练自己,以完成丈夫事业上所需要的交际能力。无论丈夫的职业是什么,妻子如果有能力和人亲切相处,并且对交际有足够的适应力,就可以使丈夫成功的机会大大地增加。

如果妻子天生就有这种能力,那真是太棒了;如果没有,就必须学习掌握这种能力。

不要以为你的丈夫现在做的只是比较低层次的工作,所以你就不必帮什么忙。工商界、政界以及其他领域未来的领导人物,目前都是毫无名气、没有人知道的年轻人。没有人一开始就是站在事业的最高峰的。你是否已经准备好了10年、20年或是30年后你的丈夫功成名就?到那时候他已经是个顶尖人物了。

如果你不够机警,你就应该学会喜欢、尊敬和欣赏别人。如果你觉得缺乏教育背景,那就不该躲在那句老掉牙的借口——"我从没有机会上大学"的背后。你可以到夜校上课,如果你付不起学费,就赶快到最近的一家公共图书馆去,在书海中自学成才。

因为不能赶上丈夫的事业发展速度而被丈夫遗落在身后的妻子,并不是一个值得同情的人物。这种人通常是太懒了,或是不肯用心地利用围绕在身边的种种机会来改进自己。

跟上丈夫在事业中随时改变的步伐,是婚姻真正幸福的关键。

想要赶上丈夫事业发展速度的妻子,要参加社交活动以便增大自己的交友范围,而不要把交往局限在一个小圈子里。

没有人知道未来会是什么样子。但是聪明的妻子会准备好等待机会的来临。学习如何认识朋友和如何与朋友和睦相处,这是在你的丈夫得到重要职位以前你要事先做准备的一个基本工作。这是一种永远可以帮助你的丈夫的工作,不管他的职业或社会地位是什么。如果他自己在待人接物方面有点笨手笨脚,他机灵的妻子,将可以帮他弥补粗心的过失;如果他在自己的朋友圈里已经相当机警圆滑了,有时仍需要妻子帮助,以免使人觉得这位丈夫太老于世故。

表现友善与和气是妻子的无价资产。工作繁忙的丈夫,常常因为太专心工作,而没有办法建立增进生活情趣的、温暖的人际关系。如果他的妻子,无论走到哪里都能够制造出一种温暖人心的气氛,那么他将是多么的幸运。这样的妻子在丈夫事业向前迈进的时候,是永远也不会被遗落在背后的。

事业型女性的婚姻

当今社会,"女性文化"所形成的独立、平等的价值取向正与传统的文化对女性的定位形式发生着激烈的冲突,现代女性不再单纯地依赖于爱情,对感情的需要不再仅仅是以前的婚姻家庭关系,她们更注重思想的共鸣与相互的理解,在婚姻中,不再安于一种从属的关系,而是追求一种朋友式的、互助式的关系。事业已成为现代女性实现自身价值的一个重要途径,是女人自立的根基。优秀的现代女性往往能够根据自己的能力来协调事业与婚姻之间的关系,调节自己在不同时间、不同场合的不同身份与角色。

职业女性应该在意识上,在心灵深处始终给予丈夫一个无人替代的地位。你应该在干事业的同时,不要忽略丈夫的存在,你可以选择有充分自由的事业,可以适当调整工作的方式,也可以减少无关紧要的应酬,还可以安排固定的时间,以保证你有足够的时间去关心丈夫,照料丈夫,体察丈夫的感情,满足丈夫的需要。更重要的,是加强与丈夫的情感交流。不要等到你一觉醒来,枕边的丈夫已变成了遥远的陌生人。

随着社会发展的日新月异,女强人越来越多地涌现出来,她们在社会中以"强"立足,但在家中却要忘掉"强"。因为家中需要的是妻子、母亲,不是经理、局长、政治家。所以当你踏入家门,一定要放下强人的架子,千万不要把在工作岗位上的霸气带到家里来。在家中,你要主动尽到一个家庭主妇的责任,即使因为工作太忙,无暇顾家,也要耐心地和丈夫解释,得到丈夫真诚的谅解和支持。对丈夫为家所付出的辛劳要感激,切忌挑剔。

在生活中,那些善于计划时间,并能在有效的时间内完成多件事的女人,多半是已婚的职业妇女,而不是家庭主妇。他们一只脚站在办公室里,一只脚站在家里,虽然"脚踏两只船",但却能二者兼顾,生活、工作都处理得很好。

而作为女强人的丈夫,如果你的事业成就不如妻子,也没有自卑的必要。现代社会在一定程度上已经抛弃了"男主外、女主内"的思维定式。如果能够当好妻子的"贤内助",给妻子的事业以更大的支持,也是维系家庭幸福的良好态度。

婚姻状况测试

成功的事业成就了幸福的婚姻,婚姻的美满托起了事业的辉煌。事业与婚姻相辅相成,工作与家庭相得益彰,如果一个人只是一味地投身于工作之中,却将家庭抛之脑后,那么事业的成功也只能是一份悬空的成功。你是否为了工作,已把家庭遗忘在身后?相信下面的测试能够使你有所了解。

请用"经常"、"偶尔"和"从不"回答下面的问题:

01.你经常与配偶谈论自己工作方面的趣闻。

02.当你的工作遇到麻烦时,你会请求对方的帮助。

03.你不参与应酬活动,奉行以家庭为中心的生活方式。

04.由你自行决定是否换工作,不需要征求配偶的意见。

05.你为自己的事业拼搏进取,但并不以牺牲家庭生活为代价。

06.你在工作之余,特别是周末,会与爱人一起看电影、散步等。

07.你试图了解爱人的兴趣爱好和理想追求,并对其持鼓励态度。

08.你对爱人的工作大加干涉。

　　选"经常"多的人是一个懂得平衡婚姻与事业之人,会将家庭与工作料理得井井有条,希再接再厉。

　　选"偶尔"多的人是一个有心追求家庭幸福但却不善维护之人,在某些方面会令爱人感到很失望,必须有所改进。

　　选"从不"多的人是一个货真价实的工作奴隶,不懂得生活,不懂得爱情,如果继续下去,只会使家庭走向分裂。

第三章 怎样得到美满的婚姻

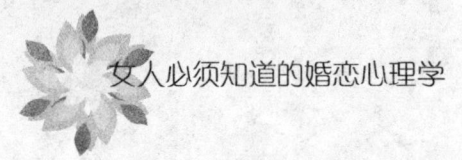

女人必须知道的婚恋心理学

模范夫妻为什么离婚？

> 向感情的高峰攀登的时候，一个人倒可能中途休息，而从怨恨的险坡往下走，就难得会留步了。
>
> ——巴尔扎克

晓雅和丈夫结婚10年，还有一个活泼可爱的9岁女儿。从恋爱开始，两个人几乎没有吵过架，一直是大家眼中的模范夫妻。10年的婚姻虽然已激情不再，但她一直感觉幸福和稳定。可是晓雅的丈夫在他们最近的一次争执中突然提出要离婚。晓雅追问原因，丈夫说："烦透了，我对婚姻充满厌倦，对你已没有感觉，不再爱你了"。

原来，晓雅在心理上仍像个孩子，无论在工作、生活上都过分依赖丈夫，让他感觉需要照顾两个孩子，所以不堪重负。虽然晓雅说她很爱丈夫，可她却不知道丈夫喜欢什么、需要什么，也从来没有主动表示关心或为他买过任何衣服、礼物。更严重的是每当丈夫出差给她带回礼物时，她不但从未表示感谢，反而总是嫌他花钱浪费，所以丈夫现在已经不再给她买礼物了。长期以来，夫妻俩没有沟通，丈夫在家几乎不说话，如果不是这次的争执，她甚至都没感觉到丈夫的不满情绪。还有，丈夫对她经常责骂孩子非常不满，可是她从来不当回事……

所以，虽然没有第三者，晓雅也算是个规规矩矩的妻子，但是一个本来美好的婚姻就这样破裂了。

离婚的原因分析

随着时代的发展，人们的婚姻观念在传统与现代的矛盾中不断变迁。据民政部统计，2004年，中国民政部门共办理了161.3万对离婚登记手续，平均每天有 4000 多对夫妻宣告婚姻破裂。这个数字比上一年增加了 17%。

另据一项不完全统计,在离婚家庭中,因夫妻双方无法沟通、感情冷漠而离婚的占 60%左右,第三者的出现占近 20%,其余 20%为性生活不和谐、夫妻社会地位悬殊等。此外,离婚家庭中,有 70%是女性主动提出离婚,35~39 岁的女性离婚率名列所有年龄段的榜首,比十多年前增长 2.6 倍。

婚姻问题专家指出,离婚手续的简化、社会的快速转型和两性观念的变化是离婚率高涨的重要原因。现代人对婚姻的永恒观念变淡,诱惑也越来越多。

婚外情的出现是离婚的重要原因之一。当老婆的脸越来越黄,自己的地位越来越高,很多男人往往会"偷食"。而从前大家生活的圈子很小,提供对比和选择的机会小,当今的信息世界更宽广,身边的诱惑也多了起来。当生活的压力、对理想异性的渴求超过某种界限时,外遇也就不可避免。值得注意的是,原来婚外情似乎是男人的"专利",但是如今女性发生婚外情的比例也在逐步增加,这一方面说明现代女性的自主意识增强,也说明现代家庭的稳定性将进一步被摧毁。

离婚的原因纷繁复杂,但感情冷漠导致婚姻无法维持占了其中的 60%左右。根据相关调查研究,当前 35 岁左右离婚的夫妻显著增多,甚至已经成为一个"35 岁离婚群"。心理学家认为,随着社会的不断发展,男女地位的越来越平等,人们对婚姻生活有了更高的要求。结婚七八年后,爱的激情逐渐消失,生活的烦恼、抱怨、猜疑和歇斯底里,即所谓"七年之痒"的出现,使婚姻已经不能成为双方心理文化的共同体,好聚好散也就成了现代婚姻的主流。35 岁正是夫妻双方事业生活压力最大的时候,在此环境下,夫妻对彼此的要求也随之升高,使男女双方在家庭内的男女角色扮演上出现错位,顾得了事业顾不了家,期待和现实有了落差,争吵就多了,婚姻也就亮起了红灯。

刚刚结婚的年轻人居然也成了离婚的主力军,主要集中在年轻的白领阶层,尤其以经济条件好的女性为多。专家认为,这是由这个阶层的一些特质所决定的。女性在社会生活中的地位上升后,她们经济独立,追求自我价值的实现,不再通过婚姻依赖男性。很多人认为,现代社会的恋爱、婚姻更多的是一种个人行为,自己的感觉最重要,如果不合适就散伙,快结快离,互不拖累。随着社会变迁仍在继续,白领阶层也在扩大,"闪婚"现象会有增加的趋势。

还有一种"隐性离婚",是指夫妻双方感情破裂,在家庭内部分居,只是由于各种原因,如财产、孩子、手续麻烦、不想为人所知等,双方没有履行法律上的离婚手续。这种现象在城市中尤为多见,以中年家庭为主。这种现象也从另一个侧面反映出爱情与婚姻并无必然的联系,虽然爱情已经消失,但是法律上的婚姻关系仍旧维持。

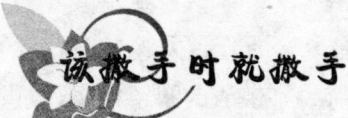

该撒手时就撒手

女性在对待情感问题上总是优柔寡断,但女性必须明白,让遗弃你的爱人再回头,是不可能的。希望无疑是对现实的一种期待,抱着这种等待心理,最后得到的必定是失望。

有时,偶尔看一眼旧情人来满足自己的希望,这将使你更难受,如果他待你冷漠,你将何以自处?如果他态度温和,你又想恢复旧情?抱着希望而其实一无所得,对你反倒较好;抱着希望并且得到一丁点的爱,反而不好,那将使你更卖力地争取他回来,这一次徒劳无功,又希望下一次,而付出的代价将会很大。

希望旧情人再回首,或者甚至幻想重归于好的场面,想着如何使它实现,会使你再次回到往日的痛苦中。就像是他真的回到你身边,使你相信一切都很好,然后离开你———次又一次。以动物做实验,证实了"间歇增强"会引发激怒的情形,并且作长时间的努力以取悦研究人员;这些动物只要推一根棒子,就会得到研究人员喂的食物,之后,它们推棒数次,只能偶尔得到食物,结果这些动物更努力推棒子,以期求取食物。最后,动物开始疯狂地打那根棒子,似乎十分渴望食物,其实此时它们并不饥饿,而是已经被得到食物的欲望所役使了。

同样的,希望你的爱人会回头,增强了你的幻想,使你相信会有团聚的一天,你被这个希望牢牢套住,而无法开始自己的新生活。当他另结新欢的时候,你还在痴心妄想再过往昔甜蜜生活呢!所以,你应尽量避免与他有任何接触,看他一眼,或者说几句话,只会使你更想回到从前的甜蜜时光。他并不想与你复合,而在这种状况下,偶尔从他那里得到一点爱,只会使你的期盼之心更为强烈;此时你就会像玩吃角子老虎的赌徒,一直输钱却不肯走开,只因为偶尔也有几个硬币从出口滑出来。几次小赢就使你不断投钱下去,总想着会击中大奖。你必须了解,除非你想象他已经再婚、出国,甚至是死了,你才有可能改善你目前的状况。你仍旧悲伤,但是不会被套牢,你不会幻想团聚的景象,目前所感受到的不愉快只是期盼与现实之间的一道鸿沟而已。

了解你们不可能复合,这一点对你往后的幸福非常重要。往日不可能一再重现,但是可以和另一个人建立同样甜蜜的关系。只要你能放弃旧有的希望,那些甜蜜和深情,并不是再也没有了,一去不返的只是"那个人"而已。一个被人离弃的女人,似乎都忍不住想要去改变前任配偶的心意;她会再三计划,花费许多的时间,想了很多方法来让爱人后悔。接着会变得离谱,例如只要他知道你得了不治之症,如果他看到你日渐憔悴、或者知道你快要嫁给别人了,他会再回来。"如果、如果……"用阻断思潮法切断这些"如果"吧!

由于试着想要他回头,你只会受到更多伤害,正当你想着如何使他再爱你一次,而他可能只是占了你一点便宜罢了。你想为他煮一餐美味可口的食物,或者请他去欣赏芭蕾舞表演有用吗?不错,他可能会接受你的好意,来吃一餐饭,他或许会来看一场表演,但是曲终人散以后呢?你岂不是会更加空虚、痛苦吗?他也许同意你保持这种打外围仗的做法,他何必告诉你一切都结束了,因为你自己就已经是心甘情愿等在一边,等着剩余的二手感情。

放弃希望最后还是会令你觉得好过些,这也是治疗感情伤口的必经之路。保持着你的爱人终会回头,只要度过他短暂的迷惑,就会再来找你的"幻想"。他可能依旧不要你,或者自动回到你身边,这与你做了什么毫不相干。为了使失去的爱人回到身边而做的一切努力,在旁人看来十分明显,只有当事人自己看不清楚罢了。

如果你还是抱着希望,你会觉得自己不断做着一些尴尬的事,而且每一次的失望,都将使你的沮丧更深更重。他的心中也许对你有点抱歉,甚至有点罪恶感,但是,他绝对会被你那些强颜欢笑的电话闹得厌烦不已。

女人必须了解，减肥、穿着漂亮，以及重新改造自己都是好事，因为这些事的确让你变得更美更好，但是，别为了影响别人而做。万一你发现不管你多漂亮，做得多好，他都不会注意，而且也不在乎了，那种滋味将令你难堪。

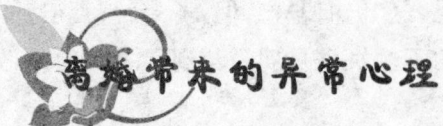

离婚带来的异常心理

很多人把离婚看成是旧生活的彻底结束，是心灵痛苦彻底解脱。而心理学家证实，虽然通过离婚割断了婚姻关系，但并不意味着痛苦就此消失，离婚给当事者带来的心理冲击是不可忽视的。

婚姻的破裂，通常伴随着感情的痛苦和必须面对的家庭残缺不全的现实。离婚之后，家务负担翻番，经济收入减少了，只能靠一个人维持以前靠两个人共同维持的生活。特别是抚养孩子的一方，会比较艰辛。其次，没有了感情交流、家庭温暖，没有了性生活，许多基本欲望无法满足，种种重压之下，离婚者常与痛苦为伴。

虽然大多数离婚的受害者都想忘记过去的一切，重新开始新的人生，但事实上，摆脱离婚所造成的心理阴影是十分困难的。离婚的不幸经历已经深深地烙在了他们心里。这种情况下，受害者往往会鄙视、憎恨背叛者和那个第三者，一旦难以控制而爆发，形形色色的暴力悲剧的出现在所难免。

对于被动离婚者来说，婚姻破裂往往是一次不小的人生打击，可能导致自卑、自暴自弃的心理障碍。被配偶抛弃难免成为别人的谈资和笑柄，于是他们在家庭破碎的巨大痛苦和心灵创伤之中产生了自卑感。长久在自卑的重压下生活，人的心灵会扭曲，会感到万念俱灰、一蹶不振。

离婚者往往对自己离婚的事情讳莫如深，生怕勾起痛苦的回忆。即使是他们的亲人，他们难以做到也不愿意与他人进行心灵沟通。离婚后的独身者，虽然形式上又回到了自由的单身状态，但内心世界和结婚前的单身状态迥然不同，没有了开心、憧憬，多了痛苦、忧愁与失望。这种精神上和感情上的孤僻状态，对心理健康有害。

离婚者不堪心理和生活的痛苦折磨，会如落水者一样近乎本能地寻求解脱。但年龄渐长，又加上孩子、财产等复杂因素，使不少再婚者将感情放在了次要位置,往往为了更容易地生活而随意结婚。

有过婚姻破裂经历的人,会渴望在新的婚姻中得到心理补偿,但又怕婚姻破裂的悲剧重演,正所谓"一朝被蛇咬,十年怕井绳"。有这种心理,即使真的再婚之后,也过得不会轻松。

离婚后的心理调适

离婚对当事人的身心健康是十分有害的,在离婚的前前后后要注意保持心理平衡,维护好身心健康。

离婚者应该这样想:终于解脱了,再也不必忍受同床异梦的折磨了,可以重新选择自己的生活了。其实这正是法律规定离婚自由的根据所在。社会的正确理解与支持,可以帮助离婚者振作精神,走出离婚的心理阴影。

离婚者要注意保持一种理智、达观的心态,拿出美德风范,合理地解决财产分割、子女抚养等问题,做到好合好散,切勿在经济上、心理上和身体上报复对方。近年来,人们也正力求以一种稳妥、友善的方式进行离婚,心平气和的"协议离婚"越来越被人们所接受,这是社会进步的表现。

离婚后,不要怨天尤人,要坦然接受现实,积极转移自己的注意力,减轻离婚的痛苦。要将更多的精力放在事业进步和对亲人的爱上,冲淡离婚的心理阴影;要鼓足勇气投身到集体生活中去,获得集体的关怀和温暖,不可整天自我封闭、长吁短叹、难以自拔;或投身到大自然中,借美丽的自然风光欢愉身心、豁达心胸,有助于摆脱心灵痛苦。

重入围城的困惑

> 结婚是错误,离婚是醒悟,再婚是执迷不悟。
> ——有些人坚持的观点

吴丽结束了五年的婚姻生活,她唯一的收获是有一个可爱聪明的女儿。"一朝被蛇咬,十年怕井绳",她对婚姻,甚至对男人都产生了一种恐惧心理。

这时她认识了刚刚大学毕业、小她四岁的志军。志军忠厚善良、会关心人,尤其是和吴丽四岁的女儿非常投缘。志军无微不至的体贴,让吴丽感到非常温暖,也迎合了她内心对婚姻和家庭的期望。所以当志军艰难地开口表白后,她几乎没有任何犹豫就接受了。

他们的结合要面对很多阻力,包括来自双方父母的。同时,那段失败的婚姻给吴丽留下的后遗症时常在不经意间发作。她经常想:志军和我在一起真是为了爱吗?他是真爱我吗?为了找到答案,她经常变着法子对志军进行考验。如果考验的结果让她满意,就会安心几天,但没多久同样的疑虑会再次出现在脑子里,于是就开始又一轮考验。如果结果不满意,吴丽就会立即和他吵闹。

而志军也有自己的困惑,他经常听到些风言风语:"你一个大小伙子,干吗辛辛苦苦养人家的孩子?没有血缘关系终究不亲,还是趁早生个自己的骨肉吧!"

受这些影响,志军要求吴丽把女儿送到前夫那里去。吴丽当然不同意,并认为志军根本不是真的爱她。为此,吴丽情绪很不稳定,对志军也相当冷漠,一点小事不顺心就会歇斯底里地发作。在这种环境下,志军感到相当压抑,于是他也日日在外酗酒,甚至醉酒不归。这种表现让吴丽更加寒心,两人之间开始了冷战。

一段感情最后还是以分手告终。

再婚者的心理障碍

根据统计资料显示,再婚夫妻的离婚率要高于初婚夫妻。这里面的原因是多方面,但研究婚姻问题的心理学家认为,最根本的原因在于再婚者受离婚的心灵创伤、固有的生活习惯和传统道德观念的影响而存在种种不良心理,致使夫妻感情产生隔阂,最终再度离婚。

怀旧心理多见于原配夫妻感情深厚,一方因故死亡的再婚者。此类人再婚后会时常流露出对原配偶的思念之情,因而最容易引起再婚配偶的痛苦与忌恨,不利于再婚生活的幸福。有些丈夫或妻子看到爱人触景生情怀念原来配偶,就认为在爱人的心目中,自己的地位还不及其从前的伴侣,由此对爱人表现出不满。这种做法并不妥当,结果往往适得其反。

再婚夫妻中,由于一方或双方已经有过一次婚姻,再婚夫妻在进行外部比较的同时,还有内部比较。不能说这种比较不正常,关键是怎么比较。如果是用原配偶的优点与现配偶的缺点相比较,那就进入了一个误区。特别是当双方闹矛盾时,这种不公平的比较心理就越发膨胀。这种心理使人表现得处处挑剔与不满,会恶化其情绪、扩大同现配偶间业已存在的矛盾,非常不利于再婚美满。

而婚姻破裂的受害一方往往对前配偶心怀怨恨,在重新选择配偶时会对某一项或几项条件要求特别苛刻,以释放自己的怨恨情绪,达到报复的目的。在这种心理的左右下,对新配偶的选择常带有忽视感情基础的盲目性。这样只会使再婚后家庭基础不稳固,报复不了那个背叛者,却只报复了自己。

目前社会上有相当多的人认为离过婚的人定然是有严重问题的人。这种观点缺乏依据、不符合事实。其实,生活中有相当一些离婚者不涉及道德问题,只是因为夫妻双方性格不合、感情破裂而已。但是这种不正确的观念却左右着相当一部分再婚者,比如双方发生矛盾时,猜疑心理就会显露:如果他是一个好相处的人,为什么同原来的爱人合不来,而要闹离婚呢?这种猜疑心理的存在,对于夫妻间的真诚相处非常有害。另外,再婚夫妻一方或双方鉴于前次婚姻破裂的经验教训,在财务问题上也不信任对方,使现实

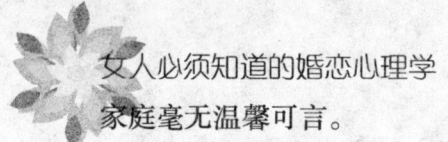

家庭毫无温馨可言。

在自私心理的作用下,各自偏袒自己的亲生子女,也是再婚夫妻之间容易产生家庭矛盾的重要原因。正确处理和亲生子女及继子女之间的关系,是关系到再婚生活是否幸福的关键问题。

再婚者的心理调适

再婚夫妻应该互相体谅与照顾。爱情应该是专一的,但专一的爱情并不意味着要彻底清除已经逝去的爱情在对方心中留下的痕迹。对于有怀旧心理的再婚者来说,对原配偶的思念要注意方式和方法,尽量避免引起现配偶的不满,因为毕竟已重组家庭,需要对新家庭负责。

人各有所长,也各有所短。再婚夫妻应当积极地、全面地评价对方,了解对方,认识对方优点,帮助其克服缺点,使对方成为自己理想中的配偶。有矛盾时最好就事解决,不要进行有损感情的比较,更不要说容易伤害对方的话。伤害了对方的同时,也使自己对重建的家庭失望,容易导致婚姻的再度破裂。

初婚的妻子或丈夫总喜欢问有过一次婚姻的爱人:我比她(他)怎么样?提出这个问题所希望得到的答案是不言而喻的,但却令对方左右为难。因此,这样的问题最好避免。而回答这样的问题也是有技巧的,有的提问者需要对方表达真诚,而有的人则是需要心理安慰,所以在面对这样的问题时,应该在了解对方心理需求的基础上给出适当的答案。

再婚夫妻必须防范嫉妒心理,要尊重配偶的隐私、感情与人格,重视其心理贞操,抚慰其受伤的心灵,才能培养出新的深厚情感,使两颗心紧紧地结合在一起,再婚生活才能幸福。

心理学家指出,反思自己是十分重要的:重新评价一下自己在前家庭中的表现,找出曾经的误区,不断地完善充实自己,才有助于在重组家庭中做一个好妻子或好丈夫,提高二次婚姻的质量。

避免再婚者产生猜疑、戒备心理,主要在于消除对离婚者的偏见。这种偏见常使离婚者不敢向新的恋人如实袒露自己离婚的原因,而把责任完全推到原先的爱人一方。其实,把自己的弱点、缺点乃至错误毫不隐瞒地告诉对方,会加深相互信任与了解,有利于感情的稳固。在财务上,既然重建了家庭,就应该毫无保留地共同使用一切财物,这样才能密切夫妻感情。

对于子女问题,再婚者要注意不要让孩子支配自己的生活。俗话说"满堂子女不如半路夫妻",离异者再婚时适当考虑儿女的感受是必要的,但不要因为孩子而冷淡了夫妻感情。孩子毕竟会长大成人,总会建立自己的家庭生活,而夫妻则是终身的伴侣。摆正孩子在自己生活中的位置,可以减弱因再婚而产生的对孩子的负疚心理。只要再婚配偶和自己的子女能够和睦相处,并且自己的子女没有因为父母再婚而出现明显的身心异常,那么就不必对子女感到深深的愧疚,应该在夫妻生活上多下点工夫。

对待继子女和亲生子女要公平,不要偏袒。在生活、教育、关心爱护等各方面都应该一视同仁,并注意培养孩子们之间的亲密感情。不要期望继子女对自己像对亲生父母一样感情深厚,要容忍继子女的生活习惯,同时要理解和支持孩子看望他们的亲生父亲或母亲,这样家庭才会和睦。即使继子女一时误解你的一片苦心,也不必担忧,随着年龄的增大,他们终会明白。

第四章 如何克服婚恋中的矛盾

现代女性对于爱情和婚姻总带着无比的憧憬,却经常忽略了"理想"与"现实"的差异。婚姻就是两只刺猬在一起过冬。挨得近了,扎;离得远了,冷。只有掌控好双方的距离,那就不扎也不冷了。

磕磕碰碰算什么!

> 床头打架床尾和。
> ——中国人对夫妻矛盾的态度

孟眉是一个端庄娴雅,温柔沉静的传统女子,知识分子的家庭培养了她知书达理的气质。她的同班同学卢宏出生在农村,但是学习刻苦,品学兼优。卢宏被孟眉恬静内秀的气质深深吸引,对她穷追不舍,终于抱得美人归。

婚后,卢宏觉得自己娶了一个城市女为妻,而且岳父母都是大学教授,实在是既体面又自豪。因此,他对妻子十分关心和爱护。他的仕途也是一帆风顺,刚30岁就被提拔为处长,成为单位中的后起之秀。

但是,随着地位的变化和社会圈子的扩大,卢宏的心理也起了变化,对妻子女儿也逐渐失去了耐心,处长的派头时不时带进了家中。孟眉对此十分敏感,对丈夫的变化早有体察,偶尔提醒丈夫,但并未见效。

一天,孟眉陪着女儿练琴,女儿很不耐烦,与妈妈讨价还价。卢宏坐在一旁冷言冷语地说:"教孩子练琴也不会,你还能干啥?"

孟眉正在气头上,听丈夫这么说,狠狠地抽了女儿一巴掌,女儿哇哇哇地大哭起来。

卢宏一下站了起来,冲过来抽了妻子一个耳光,指着门大吼道:"教不了孩子就给我滚蛋,大不了我再找一个!"

孟眉痛哭失声,冲出家门躲回了娘家,第二天,在父母的劝说下,两个人又和好了。

但卢宏的心理并没有改变,不是说孟眉靠他养活,就是骂她拿不出手。孟眉矜持内向,生性不会斗嘴,面对各种委屈,只能是泪往肚里流,为此苦恼不堪。

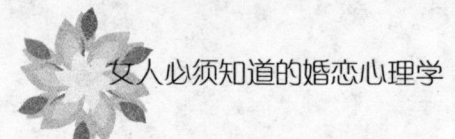

产生夫妻矛盾的心理因素

一种美好的憧憬未实现时,人们对它是极度珍视和神往的,一旦实现,会觉得不像想象中的那样有价值,这是人们的逆反心理。"失之者惜,得之者鄙",就是这个道理。处于热恋中的男女,一切活动的目的都是为了"结合",但毕竟还没有结合,于是急切地、真诚地、奋力地争取结合。而一旦结合了,便没有那种急切感了,这是夫妻婚后产生矛盾的重要心理背景。

双方结婚前,总觉得对方有诱人的魅力和神秘的成分,这种神秘感往往促进两性间的亲热与爱慕。婚后,配偶在生理上、心理上的一切秘密,全被对方知道,神秘感消除,便难免使性爱的强度下降,这也是导致婚后矛盾的因素。

婚前,双方一心在为结合而热恋,对方的缺点和其他不利结合的因素,都在甜蜜的柔情细语中被忽略了;婚后,这种被忽略的成分便一一显示出来。婚前,为博得对方的喜爱,彼此总极力掩饰自身的短处,婚后,这种被掩饰的东西暴露出来了。双方的真实性加强了,本来面目充分表露,而这正是双方缺乏心理准备的,所以容易促成矛盾。

婚前的爱情即使再牢固,毕竟没有法律作保护,维系度远远低于法律上的结合。有了法律保障,双方不再那么拘谨、精心了。婚前好比是一只玻璃杯,要格外爱惜,婚后则成了搪瓷杯,不容易碎了,于是不必那么小心。双方处于这种心理状态下,便容易忽视对配偶的体贴,不拘小节,这恰恰容易刺伤对方,与婚前作比较而产生矛盾。

热恋中的双方多是间断性的接触,多是采取一同看电影,一同进公园,私下谈心的交流形式,而不是婚后紧张的连续接触。呆板的程式化的生活,会给爱情注入麻醉剂,处理不好,配合不好,也易形成矛盾。一般说来,适当的间断性接触较不变的连续性接触,适当多变的生活内容较呆板的生活程式,容易激起感情的涟漪。

结婚对双方,特别是对嫁出的一方来说心理上常有陌生感。诸如嫁到婆家与公婆相处上的陌生,对周围环境、居住条件上的陌生,对婚后新的生活规律及经济核算的陌生。这种心理负荷和生活负荷的加重,都有可能抑制、冲淡夫妻原有的热烈感情，引起婚后矛盾。

然而，并不是每对夫妻都会因为上述原因出现矛盾，也并不是每对夫妻产生婚后矛盾都淡化了爱情，事实上，大多数夫妻在婚后的矛盾期后，感情都发展得更深沉更牢固了。当然，也有因婚后矛盾无法克服导致离异的例子，但这毕竟是少数。

容忍生活习惯的不同

谭莉和江枫结婚后，经常为挤牙膏的事情争吵。谭莉从小被教育挤牙膏时一定要从后面的部分开始，一点一点从后面挤到前面。婚后，她发现丈夫却是从中间胡乱一挤了事。开始，谭莉好言好语地告诉丈夫，无奈积习难改，夫妻之间为了挤牙膏不断地争吵。

谭莉认为丈夫连这点小事都做不好，是不在乎自己了，将自己的话当作耳旁风；江枫则认为妻子太吹毛求疵，为这么点小事整天唠叨，没完没了，毫不尊重自己。夫妻之间充满了火药味，只要一说话就开始争吵。

每个人的生活习惯是在原来的家庭里形成的，并在单身生活过程中固定下来的。因此，结婚后的男女双方生活习惯存在某些差异，这很正常。可偏偏女人都有一种奢望：丈夫既然爱自己，就应该与自己同呼吸、共命运，保持步调一致，生活习惯一样。女人又天生有改造的欲望，如果丈夫的某些方面不合自己的要求，便按捺不住地想改造男人。改造男人的标准就是自己，例如自己不抽烟、喝酒，就想把男人改造得烟酒不沾；自己喜欢安静便不希望男人呼朋唤友；自己一尘不染便希望丈夫一天三换；自己心细周全，便希望男人也滴水不漏，左右逢源。

女人的嗜好容易膨胀，从小事小节的改造到包罗万象，最后连男人的一举一动、一颦一笑都要合乎自己的规范，不许越雷池半步。

但实际改造的结果如何呢？大部分不尽如人意。女人有一千条改造的理由，男人便有一千条存在的理由。在女人费尽心机、磨破嘴皮、软硬兼施、招数用尽后,男人没变,感情却没了。爱情是一件易碎品,就像一只瓷瓶,瓷瓶上有一个疙瘩,怎么看都不舒服。于是你想办法去打磨,用心无疑是好的,但结局是疙瘩没有打磨掉,瓷瓶先碎了。

有人讲过,恋爱时睁大双眼,看清对方的优缺点,结婚后睁一只眼闭一只眼,这话很有道理。对方也许在生活习惯上有诸多"缺点",如起床不叠被、桌上总是杂乱无章、牙膏由上挤、洗碗不擦桌等,这些方面让你实在看不惯,你很生气。可是当你静下心来后问问自己,是叠被重要还是感情重要?如果因叠被问题而伤了感情,岂不是因小失大了吗?当对方看到你的理解、尊重和包容,他会努力用同样的态度回报你。

和谐的关系来自配合而非求同,婚姻幸福的密码在于"求大同,存小异"。夫妻俩不必勉强对方来认同自己的习惯,同时,也要宽容对方的习惯。面对彼此的缺点,还是宽容一点好,宽容比改造更重要,也更实在。

有些夫妻会自豪地向他人炫耀:"看,我们俩总是一样的!"其实这更多的是一种表演,因为完全的一致难以达成。婚姻的舒畅与合拍是最重要的。真正相爱的两个人,没有必要把婚姻演化成表演,也不用费尽心机想要使双方都保持一致,这徒劳无功,还会限制婚姻的发展。

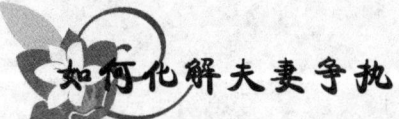

如何化解夫妻争执

有一项调查表明,造成婚姻破裂的一个重要原因是夫妻争吵过多。长时间的争吵,伤害了对方的感情,触犯了对方的自尊心,逐步失去婚姻存在的必要条件。

减少夫妻争吵的上策是预防,把矛盾解决在萌芽之中。俗话说:居家过日子,没有马勺不碰锅沿儿的,夫妻绝对避免吵架是很难的,问题的关键是如何及时做好争吵后的和好工作,以挽救婚姻,以防陷入无休止的夫妻大战之中。

著名心理学家乔伊斯·勃拉泽斯根据他多年为公众解答各种有关婚姻问题的经验,提出了一份"夫妻吵架守则",供夫妻双方如不幸真的发生争吵时参考。主要内容如下:

争吵时应限定一个主题,不要把不满意全端出来;

绝对不允许动手打击对方;

不要在众人面前互相指责或责难对方;

不应该提出终止婚姻关系。

首先,任何争吵都要速战速决。一旦发生争执,双方必须清楚,速战速决对缓和矛盾,消除紧张气氛极为有利。如果你是有道理的,你的速决显示你的胸襟和涵养。如果你是理亏的,你的快速停战,表明了你有悔过之心,对方极可能会知趣地收场。尽快结束吵架,对尽快和好有好处。在此特别提醒丈夫们,你们是结束争吵的关键。在婚姻问题专家中流传着这样一句话:每次争吵的最后一句话都是妻子说的,如果丈夫再多说一句,那就是另一场争吵的开始。

美国著名婚姻心理学家欧尼尔在论述婚姻的时候,说过一段广为流传的话:"解决夫妻冲突,永远不要努力去赢。如果你们中一个想赢,那么另一个只能输,否则冲突无法结束。然而,夫妻冲突中有一个输了,实际上也就是两个人都输,因为有胜负的冲突,总会把这种胜负渗到双方的深层感情中去。所以,要打赢亲密的对象,唯一的办法就是两个人都赢。"这段话很有道理,有些夫妻无休止的吵架,就是为了争胜负。这样做就大错特错了。

有的夫妻互相赌气,出现互不说话的"冷战"状态。要尽快和好,开局是要有一方主动说话。先说话的也并不是掉价,反倒显示出你的大度和主动和好的态度。有时即使没有合适的话题,也要没话找话说。这样做,僵局会很快打破,感情会比较快地修复。

争吵后,各自要冷静地思考一番,想一想为什么引起了夫妻间的争执,自己有没有错,怎样和好等等。围绕这些问题,自己冷静思考一下,认真总结经验教训,防止以后再犯。如果自己确实错了,要主动向对方做个检讨,伸出感情之手。

微笑在人与人之间有着非常的魅力。争吵过后,在适当的时候给对方一个发自内心的、真挚的微笑,往往会收到意想不到的效果。

第四章 如何克服婚恋中的矛盾

吵架也是一门学问

夫妻在家庭生活中不论怎样进行心理调试,也难免有矛盾。如果处理得不好,矛盾就会激化,表现为争吵、分居,甚至离婚。在正常情况下,人和人的关系处于平衡的状态中,人的心理也处于平衡的状态中,如果夫妻发生了争吵,甚至互相不理睬了、分居了、闹离婚了,这时,人的心理就处于一种失衡的状态。人的心理丧失平衡的时候,是很难受的,懊恨、气恼、后悔等等情绪一起涌上心头。在这种情况下,人们都有一种力图恢复心理平衡的倾向。一般地说,夫妻吵架后总想言归于好,那么怎样才能言归于好呢?

争吵对于正常的人与人之间的关系是必不可少的。没有争吵,关系就不会健康地发展。关系越密切,争吵也就变得越为重要。千万不要把争吵当做坏习气压制下去。这样的话,矛盾依然存在,而且会随着时间的推移使人与人之间的关系疏远了。推心置腹地争吵能使友情进一步巩固,而从不争吵的伙伴心里很清楚,他们之间的关系最容易破裂。只是为了维持关系,他们才会避免发生争吵。

夫妻间怎样争吵才能恰到好处呢?

首先,夫妻之间最好不要吵架,当一方发火的时候,另一方不要"针尖对麦芒","以牙还牙"。在没有吵起来的时候,恢复友好气氛也容易;如果吵起来,就容易弄得不可收拾。但是,如果不幸吵架爆发了,吵过以后,要若无其事,在家里该怎么讲话就怎么讲,该干什么还是干什么,哪有牙齿不咬舌头的。这时,千万不要互不理睬。如果吵架以后形若无事,那么心理平衡就会很快恢复;如果互不理睬,那么丧失心理平衡的时间会延续得比较长。

的确,在家庭生活中,一对关系密切的伴侣互不理睬了,那是很别扭的。这时,双方都有后悔情绪,都希望打破这个僵局,但是谁都感到难以先启齿,于是夫妻一直处于"中断外交关系"的状态之中。这时最好一方姿态高些,主动打破僵局,诚恳地和对方谈一次,多作自我批评,少责备对方,从而迅速恢复心理平衡。往往是先和对方谈心,谈心前感到千难万难,谈心后如释重负,豁然开朗,觉得早该这么做。

其次,要把"善意"争吵与"恶意"争吵区别开来。恶意的争吵就像在泥潭中的格斗，引起争吵的问题往往被搁置在一旁，争吵的人只是为了争吵而争吵。善意的争吵是围绕着问题的焦点，遵循着一定的规则把话讲出来。下面是几条提示，它们被证明在争吵过程中是很值得遵循的。

公平地争吵

注意不要给对方造成心灵上的创伤。每一个人心理上有一条底限。对别人的攻击是不能超越这一底限的，否则就会使矛盾激化。当然也有一部分人，他们异常敏感，总觉得自己受到了伤害。这一类人需要锻炼，学会容忍别人的攻击。

诚恳地争吵

应该把自己的缺点表现出来的同时尊重别人。伴侣之间的争吵不像拳击赛那样有不同的重量级别，如果强者用简单粗暴的方法把弱者吓唬住，那么这样的争吵就决不会有好结果。在善意的争吵中根本不存在着"胜利者"和"战败者"。

有目标地争吵

每一次争吵都应有一个目标，也就是说要解决特定的问题。一切都应围绕着这一目标进行。在争吵中即使达不到统一，也一定要阐明各自的观点。

现实的态度

为陈年老账争吵是没有丝毫意义的。善意争吵的起因永远是现实问题，是当时、当地发生的问题。

恰到好处地争吵是一门艺术，是生活的一部分。在人的一生中争吵是免不了的，不管是主动地去吵还是被动地去吵。如果你能学会驾驭争吵的技巧，那么，它将为你的生活服务。

吵架时哪些话不该说

夫妻吵嘴时，所说的话往往不计后果，有些话会刺伤对方的自尊心，伤害其感情。所以，下面这些话不能随便说：

第一、"离婚"

对夫妻来说，"离婚"、"散伙"是非常敏感、沉重的词儿，不到感情破裂时千万不可顺嘴而出。轻率地提及这些词是很危险的：一是容易撕裂夫妻间的感情纽带使对方产生不必要的猜测，变得心灰意冷；二是容易加深家庭矛盾，长此以往，就会真的出现离婚的恶果。王女士和丈夫感情不错，只是偶尔有点口角，这本来算不了什么，可是王女士一到情绪激动时，便口无遮拦，顺嘴便说："吵什么吵，不行就离婚！"第一次这么说的时候丈夫还没有太在意，几次以后，他就觉得不是滋味了，以为是妻子移情别恋了，所以才把离婚挂在嘴上。一来二去，丈夫对妻子越来越疏远，两个人不久就真的走上了离婚的道路。

第二、"窝囊废"

刘先生是位知识分子，对专业以外的事情不太在行。妻子看到别人的丈夫都能帮着妻子做家务，炒菜做饭，非常羡慕。因此越发对丈夫不满，经常发牢骚说："你可真是个窝囊废，干啥啥不行，做啥啥不会。"她的本意是刺激他学点专业以外的本领，可事与愿违，她越是经常这么说，丈夫越是"窝囊"，因为她使他怯于学习，他觉得无论自己多么努力，也不会赶上妻子的水平。这位妻子可能有所不知，她正用这些话语摧毁丈夫的自信心，伤害夫妻感情。正确的做法是，给配偶以积极的鼓励来提高他的能力。

第三、"当初真是瞎了眼"

类似的话还有"早知今日，何必当初"、"跟了你真是倒了八辈子大霉"等等。愤愤地说这些话时，浓浓的懊悔情绪是显而易见的，这怎么能不伤害配偶的自尊心呢？丈夫下岗了，妻子惊呆了，想到这事会给她带来耻笑和白眼，会增加家庭的经济负担，还想到答应给儿子买钢琴……不由火气冲天："当初真是瞎了眼，嫁了你这么一个没饭吃的男人！"话刚说完，脸上就挨了丈夫一个大大的耳光，因为丈夫也正在焦虑上火，听到这样的话又怎能不格外生气呢？其实，妻子应在丈夫人生的航船遭受风浪的紧要关头，将爱的缆绳牢牢地系在对方的船上，用温柔的情感将其拉出险滩。说任何后悔的话，不仅不能解决问题，反而会使问题变得复杂，使感情之舟搁浅。

第四、"你看看人家某某……"

常言道："货比货得扔，人比人得死。"在当今许多家庭里，"比照教育法"成了夫妻间教育对方的重要方法之一，这实际上是一种攀比心理作怪。尤其是做妻子的，就更是常常使用这种方法埋怨丈夫。因为中国传统观念中，总是把丈夫当做一家之主，丈夫兴则兴，丈夫衰则衰，而且丈夫的兴衰直接关系到妻子的个人利益，所以她便习惯于找上几个"典型人物"来做例子。这一点就是在知识女性中也不可避免。比如说："你看人家小李的丈夫，年纪轻轻就当了总经理，再看看你呢？"对自己的丈夫采用这种"比较教育"的方式，无论是直率还是委婉，都含有"你不如某某"之意，因此常常使脾气好的丈夫也尴尬至极，脾气坏的丈夫则会说："你看人家好，就跟人家过去！"结果是给小家庭投下浓浓的阴影。应该理解的是，每个人都有自己的长处和短处，妻子应该懂得如何抓住时机鼓励丈夫，而不是讽刺挖苦他，讽刺挖苦的结果只能是适得其反。

第五、"你管不着！"

夫妻间最可宝贵的东西是信任，最有害的东西是猜疑。生活中，有的夫妻因相互信任而和和气气，感情日益加深；有的夫妻因相互猜疑而吵吵闹闹，感情日渐疏远。"这事你管不着！"这样的话往往容易使对方产生误解，以为你有什么事向他隐瞒，渐渐地他对你也就不信任了。比如，妻子回家晚了，丈夫问："你干什么去了，这么晚才回来？"这本来是关心的话，可做妻子的如果正好赶上不顺心，就会说："你管不着！"丈夫当然会很委屈，而且还会暗自琢磨：她是不是有什么不可告人的秘密？猜疑不觉而生，于是家庭风波就在不知不觉中酝酿起来。

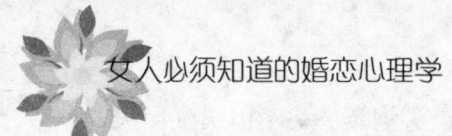

第六、"撒泡尿照一照自己!"

俗话说:打人不打脸,骂人不揭短。所谓"短",就是指人在体格、行为、思想品质等方面的不足,以及曾经有过的毛病,或者是本人最不乐意提及的事情。这些"短处"在夫妻生活中一般是讳莫如深的,就像伤疤没有人愿意忍痛去揭它。可是当火气上来时,这个心照不宣的默契就容易被打破,有些夫妻怎么痛快怎么说,完全不计后果。比如,有一位妻子对其貌不扬的丈夫恨恨地说:"撒泡尿照一照吧,我的美男子!"这样说,分明含有人身攻击的意味,这是一种丧失理智的说话方式,不但会挫伤对方的自尊心和感情,还会在夫妻二人之间掘出一道难以跨越的鸿沟。

第七、"你那个相好……"

在现实生活中,恋爱一次就成功的人为数并不算多,既然如此,不少夫妻就有一个如何对待对方旧恋人的问题。有的人动辄以"你那个相好的"为题发表"演讲",并以戏谑的态度和语言挖苦配偶,以为这样才能解自己心头的闷气,促使配偶割断旧情。殊不知,这样做最容易伤害配偶的自尊心,最容易使配偶拿你和旧恋人做比较,最容易使配偶旧情萌发。如果采取相反的态度,把配偶以往的恋情当做一段尘封的往事,理解和尊重对方在婚前的那段经历,这样更容易使配偶忘记旧情,一心爱你。

夫妻间应该学会自责,禁用指责。自责就是自我批评。人都有自我尊重的需要。当你知道错误时,最好在别人指责之前,抢先认错,这会使双方都感到愉快。自我批评比别人的指责好受得多。为什么呢?因为自责本身,既承认了对方的自尊,又维护了自己的自尊。而指责是对配偶的错误和缺点进行批评和责难。虽然是一片好心,对方往往不领情。为什么呢?因为指责本身否定了对方的自尊,因而必会遭到"反抗"。所以,自责是解决矛盾、消除隔阂的最好办法。

夫妻双方,一旦知道自己错了,立刻用对方责备的话自责,对方就无话可说了。有的夫妻发生矛盾时,为了保全面子,往往都不肯认错。丈夫方面,是"大男子主义"在作怪,觉得放不下架子,"熊"在女人手里,没有了"大丈夫气概"；妻子是虚荣心太强，有时明明知道是自己的错误，但宁愿用行动来表示对丈夫的亲近，嘴上也决不说半个"错"字。

因此，夫妻间发生了冲突，妻子要主动承担责任。即使当时你还不能肯定自己是否错了，也最好先表示歉意。表示歉意时，一定要及时、认真、富有诚意。这样做，丈夫一方面会显得不好意思，另一方面又充满了对你的敬佩和感激之情。回过头来，会加倍地报答你。因为你满足了他的虚荣和自尊。千万不要把道歉的时间推迟到"以后"和"明天"，事后的道歉不会有多大效果。

夫妻间要相互尊重

尊重，是产生爱情的根源，是爱情存在的基础。恋人间没有相互尊重就不可能拥有真正的爱情，夫妻间没有相互尊重也就无法建立幸福美满的生活。相互尊重是幸福婚姻中不能忽视也不可忽视的因素，要想使家庭幸福，婚姻美满，夫妻之间就必须学会互相尊重，不能盛气凌人，更不能轻视对方。

夫妻不在一起工作是很常见的，两个人的事业就会有所差异。有的是丈夫的工作好一些而妻子的差一些，也有不少相反的例子。这种情况下，夫妻间有时就会产生不尊重对方工作的现象。这种做法是极其错误的。无论职业怎样，每个人都是平等的人，夫妻间切不可因为其所从事的职业而不尊重对方，真正的夫妻应该是尊重彼此的职业和工作。

夫妻之间很多的兴趣爱好都存在着很大的差异，不可能完全相同。这时候，就需要夫妻间互相尊重、支持和配合，努力使两个人的爱好向一起靠拢，以使矛盾尽可能少地发生，切不可根据自己的所需，鄙视对方的爱好，强迫对方服从自己，这样会使夫妻之间的共同语言逐渐减少，到最后导致感情破裂。

现在的女性不同于以往，每个人都拥有一份自己的职业，在外面忙碌了一天，回到家里还要忙着做家务，这在整天提倡的男女平等中，本身就是不平等，但很多妻子并没有说什么，而是默默地承担了。可是却有很多丈夫不能很好地体谅妻子，反而认为做家务是妻子理所当然的分内事，因此就不太尊重妻子的劳动,经常指责这不对那也不对,总是挑剔衣服没有洗干净,饭做得不好吃等等。想一想,妻子每天为做家务付出了很大的代价,却得不到丝毫尊重,这是一种极大的伤害,对于夫妻感情的发展极为不利。当然,如果妻子不尊重丈夫的劳动,也会破坏夫妻间的感情。

夫妻之间的打骂,是对双方人格的侮辱和不尊重,这对于家庭的稳定会产生很大的破坏作用。夫妻二人说话要和和气气,遇到什么事,两人协商解决,不能一意孤行。丈夫不能有大男子主义,以为我是一家之主,想干什么就干什么,想说什么就说什么,妻子是我的私有财产,我想打就打,想骂就骂;做妻子的也要防止出现"妻管严"现象,不能对丈夫的所有事情都要过问,不给他一点自由,使他失去了作为男子汉的尊严。

互尊互敬,应是夫妻生活中最基本的要素。当你以一种平等的眼光看待爱人,当你把自己和对方摆在同等的位置上,不轻视、不压迫、不伤害、不利用时,才能说你给了对方基本的尊重。尊重,是爱的体现,是爱的本质。

男人不能百依百顺

在丽萍众多的追求者中,无论从外表、收入、人品、性格等方面看,江伟都不是最佳的,但江伟最大的优点是对丽萍百依百顺,就因为这一点,丽萍最终选择了与江伟结婚。

在恋爱期间,江伟永远都是唯丽萍马首是瞻的样子,例如,每一次约会,江伟都由丽萍挑选约会地点;去外面吃饭,江伟都是选丽萍最爱的湘菜馆,点丽萍最喜欢吃的红烧肉;丽萍买衣服,江伟也永远都是一副"你穿什么都好看"的样子;一起看电视时,江伟总是把控制遥控器的权力交给丽萍,丽萍喜欢看什么,他就陪着看什么。

不仅如此,江伟在对事情的看法上也是力求保持与丽萍一致。例如,两人一起看电视里的选秀节目,江伟有时会脱口而出某某唱得还不错,但如果丽萍不看好这人,他马上就会改口,站到丽萍这边来。

江伟的百依百顺让丽萍很满足,她觉得这就是真爱,因此也毫不动摇地嫁给了江伟。

婚后，江伟仍然是什么事情都听丽萍的，这也让丽萍觉得很幸福，觉得自己没有嫁错人，两人的日子过得很甜蜜。

过了一段时间后，丽萍开始觉得有些不对头了。家里如果遇上什么事，想和江伟商量，他都说："我没意见，听你的。"丽萍觉得家里好像什么都得依靠自己，就跟没有他那个人似的。这种日子让丽萍感到很郁闷，有一种没有依靠的感觉。心烦时难免想发火，可就是想发脾气，丈夫也不接茬，就好像一拳打在了棉花上，她只能生闷气。

最终，丽萍得了抑郁症。

优秀的女人在结婚之前，总是不乏追求者，但其中最有希望成功的，不一定是最优秀的。成功概率最高的，往往是那些甘愿做她的奴仆、对她百依百顺的男人。只不过这种婚姻从一开始就有一种潜在的危机。

男人在结婚前对女友百依百顺，有两种可能：

一种是年轻时爱情至上，为了爱情，可以不顾一切。但人都是有自尊心的，所以这种百依百顺，一定是难以长久的。在恋爱的浪漫时期，许多男人会像歌里唱的那样，愿做一只小羊，让美丽的姑娘手中的皮鞭，轻轻地抽打在他们的身上。但是这不过是初恋时的罗曼蒂克，婚后的男人会争取平等的权利，长期压抑在心底的自尊也会浮出水面，如果女人这时还想要拿起皮鞭，男人很可能会夺过来抽打妻子。毕竟今非昔比，丈夫要翻身求解放，不再甘愿为奴，甚至会翻出婚前的旧账，想要连本带利地取回，从婚前"奴隶"到婚后的"将军"便是这类男人的真实写照。此时，妻子会动气、伤心，认为丈夫开始变心，想要夺回婚前的权力。于是双方矛盾加深，弄不好，会闹得不可收拾，甚至导致两人分手。

有些妻子由于自身条件优越等原因，能在婚姻关系中处于强势，例如妻子是"女强人"，甚至是丈夫的领导，丈夫不得不对妻子百依百顺，但他并不是心甘情愿的，他会感到自卑，受不了妻子比自己更强。这样的夫妻关系很容易出现问题，丈夫长期压抑的情绪终有一天会爆发，有的甚至会在外面找寻感情寄托。

另一种是这个男人生性懦弱，有一种比较女性化的性格特征。具有这种性格特征的男人偏向于选择一个性格比较男性化的妻子，在潜意识里寻求完整的性格。在两人关系出现矛盾冲突时，男方往往偏向于默默承受，而要求女方主动与他沟通来解决问题。但女人的天性是软弱的，再强势的女人也希望从老公那里得到某种依靠。一个没有脾气、没有个性、没有主见的男人很容易让女人在婚后生活中感到窒息苦闷。

所以，结婚前百依百顺，并不代表婚后一定能生活幸福。婚前没有争吵，很有可能说明两个人的矛盾和问题根本没有暴露出来，这对以后的生活是很危险的。如电视剧《我们遥远的青春》中，李然对女友周蒙几乎是百依百顺的，但是转眼却娶了另一个女人做新娘，与其说他受了诱惑，不如说他和女友之间生活方式及理想的矛盾没有暴露和解决。

聪明的女性虽然自身条件很优越，追求者众，但也不把这种优越感当成被人追求的资本；在选择爱人的时候，也不以对自己是不是百依百顺为条件。她们注重的是一个人的内心世界，因为她们清楚，平等的、互爱的感情，才是真正的爱情，百依百顺的爱情必定是短命的。

人都有自尊，只有尊重和珍惜男人的自尊，才能获得平等的爱情。因此，不要把丈夫当成一个可以呼来唤去的"免费佣人"，也不要把"听话"作为选择未来老公的理由。

如果女友发现自己在两性关系中比较强势，而男方性格比较懦弱，应注意培养自己的女性美，不要把职场作风带到恋爱婚姻中，应多参加一些女性化的活动，鼓励男方多参加男性化的活动，如拳击、打球等等，增强他的阳刚气。

怎样对待沉默寡言的丈夫

"我的丈夫确实不错，为人善良，一表人才，事业有成，烟酒不沾，人家都说我找到了一个称心的人。可我后悔，怎么打着灯笼找了这样一个人。从恋人变成夫妻，他的话也就越来越少了；生活中，总是我的嘴巴不停，可他难得插上一句。亲热时，他把我抱得紧紧的，可照样一言不发，我让他说点什么，他竟说：'叫我说什么呢？'寂寞的时候，我真羡慕吵架的夫妻，我也试着找碴激他吵架,他还是一声不响,真是一根木头。"

对这位丈夫你如何评论呢？也许有人会说男人闲话还是少一点好,天天唠唠叨叨的像啥;也可能有人认为,男人就是这样,恋爱时有说不尽的甜言蜜语,老婆一娶到家就安心得连话也不愿多讲了。

为了不让丈夫沉默寡言,还得先探讨一下丈夫为何会沉默寡言。夫妻相比,妻子的感情色彩较重,一点点事在心中也存不下,总想吐露出来,还喜欢发表生活中的各种感受。而丈夫的感情深沉,对事物的观察也比较"粗心",喜欢用自己的行为而不是表述来体现个人的力量与价值。就此而言,有些男性将某种情境里的独处当成一种休息,甚至是一种享受,这在心理学上被称为"孤独的需要"。另外,男性又是"冷酷"的,在工作中,男性往往重任在肩,对鸡毛蒜皮的事很少放在心上,也很少注意女性的感情需求。男性中不少人工作压力越重,越容易将家庭当成平静、舒适的"安乐窝",深沉执著过了头,所以就变得沉默寡言。

这种沉默对丈夫是享受,对夫妻间的和谐关系却不利。那么如何扭转这种局面呢？

别整天埋怨丈夫

生活颇为奇怪,丈夫喜欢在外面控制指挥别人,妻子则喜欢在家中控制指挥丈夫。有的妻子见丈夫一回到家,不是甜甜蜜蜜地说几句宽慰的话,而是把准备了一天的牢骚像连珠炮似的倒出来,使丈夫一进家门就进入灰色的情绪环境中,而对妻子每天没完没了地抱怨,有些丈夫慢慢学会了用少说话求得安生的办法。

在生活中运用游戏性谈话

把丈夫婚前的甜言蜜语和婚后的沉默寡言当成婚姻的诡计是不公平的,其实婚后的男子也需要感情交流,如果夫妻在厮守时能开开玩笑,说说彼此都感兴趣的趣闻轶事,是可以启发丈夫的谈话兴趣的。

用沉默后发制人

任何家庭都是一种独特的角色搭配,勤快能干的妻子在更勤快能干的丈夫的"威慑"下会变得懒惰无能，这是丈夫培养出来的。同样，妻子整天喋喋不休，口沫飞溅，丈夫必然因为"相形见绌"而变得沉默少语。聪明的妻子不妨在闲聊时，一改嘴巴不停的习惯，也学着沉默起来。丈夫对这种氛围的突变，会引起一连串的心理变化，会感到不安，不知道妻子在想什么，甚至会担心有什么不测的事可能发生，平时叽叽喳喳对丈夫是个听厌了的弱刺激，而突然的沉默却成了一个强刺激。这时丈夫当然会问长问短，甚至"没话找话讲"。在这种当口，妻子对丈夫的短暂的多情和善于言谈的行为应多加鼓励。"你变得如此爱讲话，真让人想不到。"这简单的鼓励也可能成为开启爱人言语天赋的钥匙。当然在以后，你要尽量少唠叨，让他在讲话中多占上风，不然刚学会的"本领"可能会失去。

怎样对付坏脾气的男人

谁都盼望自己的丈夫脾气好，假如你的丈夫是个坏脾气的人，你怎么办呢？事实上，与其烦恼、苦闷，还不如分析一下他的脾气糟糕的原因，或许能帮助他有所改变。

脾气坏的人的情绪特点，往往都是稳定性差，而且强度又很高。因此，碰到了一些不顺心的事，就爱发脾气，但是，人往往不会无缘无故地发脾气，发脾气也需要一定的条件，当条件发生了明显变化时，他的情绪就会反常，因而大发脾气。

为何他喜欢发脾气呢？这和他的心理反应的控制水平很低有关系。有的男人从小就娇生惯养，在家里已经养成了喜欢发脾气的性格。有的长期处在逆境，受到了压制，没有地方倾诉，结果妻子变成了发脾气的对象。

不过，还有个别的情况。比如，男人有"大男子主义"的思想，因此好发脾气变成了家常便饭。不管是什么情况，都和喜欢发脾气的人意志薄弱、修养差分不开。

既然男人控制水平很低，遇到事好发脾气，妻子的责任就是想办法让他提高控制水平，改掉好发脾气的性格。

从治标方面来说，就是在男人要发脾气的时候，采取沉默、克制以及忍让的措施，先让他的情绪缓和下来。再给他细致的分析，向他讲明种种利害,使他不能反复发作。

当他脾气发过了以后,要及时提醒他,使他懂得发脾气是不好的。但是,如果对他一味地忍让,只会使他的脾气一发而不可收;如果没有事后的说理,也很难帮助他克服爱发脾气的毛病。所以,当他的脾气发得没有理由的时候,就要严肃地向他指出来。当他发脾气的时候,你先忍让一下,事后你把话说得重一些,他或许能够听得进去。

更重要的就是治本,也就是提高他的控制水平。这要靠他本人的努力,不过作为妻子,在这方面也并非没有用武之地。

帮助他坚定对美好生活的追求。人生的道路是曲折的,在逆境中更要奋斗,关键就在于他的水平。当他真正懂得了这一点以后,他就不会为不高兴的事情发脾气了。

用乐观的情绪感染他。这样一来,你在生活中就不用再为他好发脾气而烦恼了。帮助他培养对外界事物的兴趣,同样有利于他遇到事情的时候乐观,不容易发火。帮助他克服喜欢发脾气的坏性格,这是你应该做的事情。不过归根结底想克服它,还得靠他的主观努力。

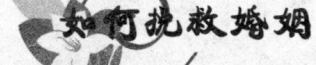
如何挽救婚姻

夫妻双方已感到婚姻出现危机,产生离婚的念头,显然这样的婚姻已濒于破裂的边缘。那么,对这样的婚姻怎样加以挽救呢?

首先必须重新树立配偶第一的原则。要牢记:在所有关系中配偶应处于第一优先的地位,主要的业余时间和精力应花在夫妻关系上。

如果夫妻双方总幻想追求逝去的新婚时的欢乐,那么夫妻关系难免会出现裂缝。这并不是说爱情会永远消逝或性生活不再激动人心,而是说不能用新婚时的标准来衡量多年的夫妻关系。所以要反省自己对婚姻的目标是否现实,现实的眼光会使夫妻发现多年的夫妻关系反倒更充实。

夫妻间的关系应当像流水,充满变化,已经冷淡了的关系重建起来需要时间,但值得为之努力。双方应从互相关心、互相重视开始,这样便会促进相互的爱抚,性生活也将成为有意义的示爱行为。

在家政管理上,在经济开支方面,夫妻间可能会出现分歧。当出现分歧时,夫妻间应有意避开在这类观点上的交锋,否则便会陷入"争执——争吵——感情淡化——争吵加剧"这样一种恶性循环之中,夫妻间只要有一方能认识到导致矛盾爆发的焦点并有意淡化它,情感便得以交融,关系就有可能修复。

婚姻健康测试

爱情是婚姻成立的基础,随着婚姻生活的深入,你的爱情是否已经出现了不和谐的音符?是否已经从巅峰状态跌入低谷?以下这组测试题可帮助你了解。

01.在你看来,世上最和谐的夫妻关系应该是:
A.在多数情况下如意　　　B.如意与不如意交替出现
C.事事如意

02.你和你的爱人对于家庭中的一些大事,诸如生活安排、较大支出、孩子教育等总是:
A.经常商量　　　B.偶尔商量　　　C.一人决定

03.你和你爱人的生活属于:
A.经常有短暂的分离　　　B.从不分离
C.难得一见

04.闲暇时间,你们总喜欢这样度过:
A.夫妻二人一起度过　　B.介于A、C之间　　C.和亲友一起度过

05.你们夫妻俩对待繁重琐碎的家务劳动总是:
A.争着做　　　B.合理分担　　　C.推给一方

06.你们夫妻对于性生活的共同感受是:

A.不仅是感情融洽的享受,而且能激起对下一次性生活的向往
B.仅是感情融洽的交流　　　　C.总是表现为不愉快的过程

07.你认为夫妻之间经常由于某些分歧而相互拌嘴、彼此不理对方等等是:
A.这不是最重要的,重要的是要尽早和好　　　B.最好别发生
C.很大的不幸

08.引起你们之间争吵最多的话题通常是:
A.对家庭内外一些事情的认识及处理方法
B.经济上的支出　　　C.怀疑一方不忠诚

09.你们夫妻俩争吵以后言归于好的一般过程是:
A.互有让步　　　B.一方让步　　　C.都不想让步,求助于外力

10.经过婚后的共同生活,你感觉到当初你选择他做配偶的决定是:
A.一个最聪明的选择　　　B.介于A、C之间　　　C.一个失误

选A得1分,选B得3分,选C得5分。

总分10～19分
假如世上有那种被称为鹣鲽情深、互敬互爱的幸福夫妻,你们就属于这样的一对。你们虽已成婚,但依然品味着初恋时的甜蜜。对你们来说,婚姻不是爱情的终结,而是更深的依恋。当然,有些时候,你们也可能闹点小别扭,但不过是平静生活中的小插曲,不仅对幸福无碍,还会在绚丽的爱情生活中增添些色彩。乌云过后,爱的天空会更加蔚蓝。

总分20～38分
你们的夫妻关系还算融洽,但也存在若干不理想因素,对此你们不要忽略。要知道,即使当初双方起点相同也并不等于会有相同的终点,更不等

于在生活旅途中会永远美满和谐。当然有不理想成分实属必然,不必为此大伤脑筋,关键是要培养共同的价值取向。价值观念一旦变化就会给夫妻关系蒙上阴影,对此应该留意。

总分 39~50 分

你们的婚姻缺乏爱情基础,即使相安无事,也只不过是在委曲求全。长期的感情失调、难以沟通,即使终日相处也不会感觉到快乐和幸福,还易导致婚外情。对此,夫妻双方要做出努力予以改变。记住一句名言,选择你所爱,爱你所选择。只要你们夫妻互相反省,在感情上多投资,一切或许会好起来。

"醋坛子"打翻一个家

> 在爱情统治的王国，以拨弄是非为能事的嫉妒自愿充当着卫道士，它是谎言的传播者，是一个告密者、一个不祥的奸细，是引起纠纷、诽谤和烦恼的祸根。
>
> ——《维纳斯与阿都尼》，莎士比亚

丈夫旭东个性开朗活泼，结婚之初，他常常会和妻子小敏开玩笑，比如说："最近有个漂亮姑娘对我很有意思，我犹豫不决，觉得抛下你心里很难受。"

开始，小敏总是故作娇嗔地说："你敢，小心我拧下你的脑袋！"可是时间一长，旭东就再也没有开这种玩笑的心情了，他觉得妻子对自己越来越不放心。

不久，夫妻二人爆发了第一场"战争"。从此，旭东就生活在了"水深火热"之中。家中电话响了，如果是女性找旭东，夫妻俩就会不可避免地爆发一场争吵。每次小敏都非要丈夫交代出打电话女人的全部来龙去脉，直到交代得她认为合格才算完事。

旭东的日子实在不好过，又不能天天同妻子吵，他只好向他所有的女同学、女朋友、女同事乃至女性的亲属，发出安民告示：绝不能给我打电话。而且，他下班以后还必须按时回家，老老实实待在家里，什么活动也不能参加。可即便如此，危机仍在酝酿。

旭东的业务部新招了一名女大学生，领导分配她跟郭旭东学习业务。小敏知道丈夫整日和一个年轻貌美的女孩子在一起后，她的猜忌之心就又冒了出来。她跑到了女大学生面前，撕破脸皮大吵了一架，骂人家勾引有妇之夫，弄得女大学生很难堪。即便这样，小敏仍然忧心忡忡，觉得丈夫和这样的女孩子在一起工作，危险性太大。她就找到单位领导，要求把丈夫调离业务部，或是把女大学生调离业务部,总之不能让他们在一起工作。

这件事令旭东大为恼火,一场家庭大战终于爆发。旭东带着衣物用品离家出走,正式向小敏提出离婚。

为什么女人爱"吃醋"

在异性交往问题上,女性通常都期待着男性采取积极的行动,而自己仅在"等待"。因此,当男性把目光转移到其他女性身上时就一点办法都没有,这就引起了对其他女性的忌妒。同时,由于过去女性在社会上更多扮演被动的角色,她们时刻需要排除威胁自己地位(包括情人地位或恋人地位)的障碍,于是忌妒就不可避免地产生了。其实女性的吃醋往往具有维持已到手的东西的作用。因此可以说,女性的吃醋是缘于她们过分依靠男人,而自己的地位又不甚安定而产生的,是一种不得已的自我防卫心理的表现。

女性对周围的动静非常敏感,使自己无法得到解脱,脑子里总担心自己的价值得不到他人的承认,总担心恋爱中的男朋友因为看上别的女人而移情别恋。这种狭隘的心理或性格,也就使得女性比男性更容易产生忌妒心,对一些有竞争力的女性或有威胁性的场景产生浓浓的醋意。

女性的情感难以捉摸,当女性发觉她的恋人对她的爱减弱时,她会采用疏远的行为,以退为进的方法,或声东击西,用故意对别的男性表示好感的方法来刺激恋人的爱,锁住恋人的心。这种逆向刺激反应使对方神魂颠倒,强化爱的专注。因此,女性在恋爱中的撒娇、赌气、猜忌、泪水既是爱的伎俩,也是女性情爱中一道美丽的风景线。要注意的是,醋意要有限度,如果太离谱,就变成了忌妒。

男性的忌妒心理

男人的忌妒心理往往是从占有欲的角度出发,把女性当作了私人财产,信守"男女授受不亲"的封建道德规范。他们希望妻子不同异性来往,妻子只能供他一人欣赏,才是对他的忠贞。否则,发现妻子同异性有交往,就醋意大发,怀疑起妻子来了。这种心理状态,严格来说,已不属于爱了。高尚的爱,除了对爱人的情感执著,更表现在处处为她付出心血的行动中,而不是一味地从对方那里索取感情。男性的忌妒心理及行为表现,其目的在于巩固和把握爱。结果却常常事与愿违,反而会导致爱的消失。

有忌妒之心的男人经常会采取限制、盘查、控制等手段来提高爱情的保险系数,表面上是防范对方,实质上是在以转向攻击的方式弥补自己。因为他们对自己缺乏足够的自信,老是担心自己没有足够的吸引力,无法令女朋友抵挡住外面的诱惑,于是就千方百计地刺探她的情感动向,以为这样做就不会让女人溜走,即使她有了变心的苗头,也可以迅速地将这种苗头消灭在萌芽状态之中。

其实,这种处心积虑的做法不仅不能防微杜渐,反而会令自己丧失掉原有的吸引力。当男性想尽办法企图防止对方变心的时候,所表现出的多疑、无理取闹、狭隘、自私等行为会把男性的优点和长处掩埋掉,从而失去迷人的光彩。

克服爱情中的忌妒心理

爱情具有强烈的排他性,如果你的恋人反对你同其他异性接触和交往,正是反映他对你的爱的程度。相反,如果毫无忌妒心,那么也许你们之间的关系还只是友谊,而不是爱情。所以从这层意义上说,对爱情而言,忌妒心是有一定的积极意义的,就连莎士比亚也曾经把忌妒视为爱情的卫道士。

忌妒心理在恋爱中的表现多种多样,归纳起来有两种不同的性质:自然性忌妒和变态性忌妒。自然性忌妒人皆有之,其出发点和归宿都是爱情。而变态性忌妒具有猜疑、敌意和报复的特征,有很大的危害。

虽说忌妒心有一定积极意义,但更为常见的还是消极作用。它不仅会使人失去理智,也会似瘟神一般让更多的人敬而远之,最终两个人会被折磨得精疲力竭,爱情进展必然会受到影响,爱情的质量也会大打折扣,至于两人能否携手走到婚姻的殿堂,则只能听天由命了。因此,当务之急是立即改掉它,消灭这种过头的忌妒。

心理学家认为,变态性忌妒一般都是从占有心理中产生的。越是把爱情当作私有品，就越是要求对方成为自己的附庸，从而会产生各种各样的莫名忌妒。因此，如果能以平等的态度对待恋人，尊重对方的人格和自由，许多忌妒当无立锥之地。

理智比较强的人，即使因忌妒而产生了疑心，也能冷静分析，正确处置，不使忌妒成为爱的障碍，更不会由忌妒而产生敌意，进行报复。与之相反，理智软弱的人，即使一点点忌妒也会发展成醋海风波，闹得不可收拾。因此，为了克服自己的变态性忌妒，学会理智是十分必要的。

如何消除伴侣的醋意

作为男性，对爱情的忠贞行为，是消除妻子猜疑的最有效方法。丈夫一定要检点自己的作风，用自己的行动，取得妻子对自己的信任。同样，作为妻子，在与异性交往时，也要注意分寸，把双方的感情严格地控制在友谊的范围内，表现得自然大方，风度高雅，这样就会减少丈夫起疑心的客观因素。

男性一般不愿意主动提出自己的猜疑，所以妻子应该控制住自己的感情，选择一个适当时机，心平气和地劝说丈夫把对自己的怀疑和盘托出。如果丈夫不肯谈，或是吞吞吐吐，妻子就要耐心开导丈夫，使丈夫解除思想顾虑。根据丈夫提出的疑点，妻子要详尽地把情况讲清楚，就可以消除误会。

而女性的感情会比较冲动，稍有猜疑就会付诸行动，不仅使丈夫陷入家庭的小圈子里，而且也妨碍了丈夫的正常工作和社交。同时，由于凭空编造莫须有的"第三者"，往往会伤害他人，造成严重的后果。妻子爱"吃醋"确实给丈夫带来一些麻烦，但应从积极方面考虑，毕竟还是真心爱丈夫，怕失去丈夫，这一点应该肯定。从这个角度去看待妻子，火气就会消失，丈夫就能冷静下来，认真地帮助妻子克服这一缺点。

夫妻之间产生误会、猜疑，往往由于缺乏感情上的交流所致。如果双方能够注意保持热烈的感情，经常谈心，任何猜疑、误会都难以产生。

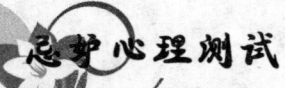
忌妒心理测试

有人说,在爱情的天地里,吃醋是爱的表现;也有人说,吃醋是心胸狭窄。那么,你的醋意到底有多深,你是一个超级"醋坛子"吗?你不妨做做以下测试,了解一下你的醋意是否已影响到你们的关系。

01.你经常可以看见对方随意放在桌上的记事簿,你会:
A.不去碰它,你根本不是那种人
B.翻开看看,对自己说是想看看他有没有把你的生日记下,然后因为感到内疚放下它
C.牢记一些电话号码,下次他再说"要加班",你便试着打电话去看他是否和她们在一起

02.你的女友连跟你看场电影也要偷偷摸摸,因为她的男朋友会吃醋,你认为:
A.这是他们两个人自己的事情。我只希望我的女友不会因为迟到而耽误了看电影
B.我一直认为他不错,不过,在这一点上,他需要改变一下自己
C.他一定很爱她

03.你认为以下哪一项是表示你由正常健康的吃醋发展成近乎疯狂的占有欲:
A.舞会上,你看见男朋友单独和一个女孩子谈话时,会立即走过去,给他一杯饮料,然后微笑着走开
B.你幻想用电话收听别人给自己男友的留言
C.偷偷监视他的行踪

04.你的爱情宣言是:
A.我真的爱他,我会不惜一切得到他

B.我不会轻易接受任何男性,除非他非常出色

C.属于你的,最终会属于你;不属于你的,强求也不可留

05.你通常怎样把你的男朋友介绍给你的女友:

A.这是小李

B.这是我男朋友小李

C.你根本不愿意把你的男朋友介绍给女友认识,因为你不信任她,何况你的男朋友确实很出色

06.当你正和男友有准备外出之时,他的一位旧女友给他打来电话,你第一件想到的事是什么?

A.希望他快点收线,好让我们早点外出

B.快去做点别的什么事,让他觉察不出来你在偷听他说话

C.你会想:"又不是他主动打给她的,他们只是朋友而已;可也许他们不只是朋友呢……"

07.当你因为男朋友和某位女士谈话而吃醋时,这位女士可能是谁?

A.没什么事情值得你吃醋

B.你风趣的女友。你一直很喜欢她,认为她很有幽默感,直至你的男朋友称赞她有趣可爱,你才觉得她不那么可爱了

C.邻居。虽然她已年近40,但还是风韵犹存,而且身材很好

08.如果有个很好的机会,又绝对不会被妻子发现,是否所有的丈夫都会对妻子不忠?你对此的看法是:

A.也许不会。男性应该和女性一样是可以信赖的

B.极有可能,因为如果你是男性你一定会

C.一定

选A得0分,选B得1分,选C得2分。

总分 12 分以上

你不是在寻找爱情,而是在找寻爱的奴隶。你是个超级大醋坛子。心理学家指出,忌妒心重的女性不但令很多男士吃不消,而且也很难交上知心朋友。很多时候你对他的诸多猜疑,仅仅因为你对自己没有信心。如果你真的无法控制自己的醋意,唯一的安慰是,醋意会随年龄的增长而下降,因为年纪越大,人便会变得越独立,不再依赖别人。

总分 4~12 分

你也有吃醋的时候,但这是人之常情,而且偶尔吃吃醋,还能增进你和爱侣之间的感情。基本上,你是个乐观而充满自信的人,因为你对自己有信心,对男朋友也很有信心。

总分 4 分以下

这只有三种可能:你完全不爱他;你在自欺欺人;你是个冷若冰霜、没有丝毫热情的人。

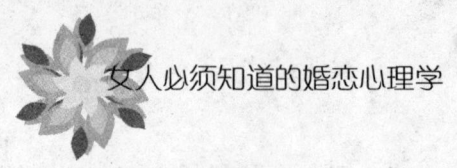
女人必须知道的婚恋心理学

丈夫是我一个人的

爱情和沙子一样,握得越紧,就越容易失去。

李太太的小妹在国外留学,放假回来探望姐姐。李先生特意为小姨妹接风,在大酒店包了个雅间。这顿饭吃得很愉快,小姨妹讲了些美国见闻,李先生和李太太听了都感到很新鲜。饭后,三人余兴未尽,就来到钢琴酒吧,边欣赏音乐边聊天,谈笑风生,兴致很高。

邻桌中有位房地产公司何老板看见了李先生,就端着酒杯过来跟李先生敬酒,免不了和李太太寒暄几句。何老板说:"大嫂,我最喜欢和你先生聊天,说不定哪一天我把李大哥请过去,高兴的话说不定我们会说到天亮……"

李太太当场就拉下了脸,没好气地说:"请我老公聊天当然可以,但是我们家有我们家的规矩,一夜不归是不行的!"

李先生当着朋友丢了面子,下不来台,大声对李太太吼道:"好了!你到底有完没完!"

一时大家都很尴尬。何老板赶紧说:"对不起,对不起,这事怨我,算我没说,告辞了。"

李太太的小妹也埋怨姐姐说:"都是你,把今天这么好的心情给搅坏了。"说完拂袖而去。

李先生花钱买了一肚子气,扫兴而归。

夫妻间要留有空间

夫妻生活中,相互的控制无处不在,很多的争吵都是控制与反控制的结果。诸如对某人的态度、饮食的习惯、家居的摆设、作息时间的安排、对孩子的教育、开支等问题,每天有多少夫妻在较劲、伤害、冷战甚至争吵。

爱一个人，不是把一切都交给你控制，让事情只像你所希望的那样发生。爱情的权利，不在于对方必须回报爱；爱情的意义不在于保证你一定可以得到照顾。害怕黑夜的女人，仍然需要准备独自面对黑夜。爱不可以交换爱，付出是自愿，得到是幸运。付出金钱可以得到某种东西，付出爱却不等于你可以得到爱。爱是双方的，只要两相情愿、互作多情，不管是和睦还是折磨，不管是不是幸福的爱，都是爱。爱的权利就是都自愿为对方多做些事情，你不能比这要求更多。

相当一部分人只了解自己不了解对方，而且喜欢想当然地强加于人。为什么自己喜欢的就必须强加于人呢？爱的奇妙感觉会使我们形成错觉和偏颇的信念。要知道，不管两个人多么相爱，信念却可以相差十万八千里。爱情需要信念的相互接纳与协调。

有一个女孩，她很爱自己的恋人，因此无时无刻不监视着他，弄得他心烦意乱，提出要和她分手，这使她很伤心。她的母亲听女儿诉说了自己的烦恼后，带她到了海边，捧起一捧沙子对女儿说："孩子，你看，我轻轻地捧着它们，它们会漏掉吗？"女儿看了一会儿，一粒沙子也没有从母亲手中滑落，就摇了摇头。接着，母亲说："我再用力抓紧它们，你看会漏掉吗？"说完，就用力去握沙子，奇怪的是，她握得越紧，沙子从指缝里漏得越多、越快，不一会儿，所有的沙子都从母亲的手中漏光了。这时，女儿忽然明白了：爱情和沙子一样，握得越紧，就越容易失去。

不管情感多么真挚，对方都不可能照顾你一辈子。不要以为找到了真挚的爱就找到了最终的归宿，就应该得到无微不至地、永远的照顾和保护。得到爱人的支持和帮助，当然是幸福的；但是别忘了，爱你的人是会变化的，什么时候都要保持你的独立性。

如果你把自己的人生托付给他，就给了他控制你的权利，你就没有权力抱怨了。既然你把照顾自己的权利交给对方，或者全盘接受照顾他的要求，那你就应该准备接受可能的烦恼与婚姻中的不快。

当代人都追求个性张扬，人格独立，只有保证有独立的生活空间，包括

第四章 如何克服婚恋中的矛盾

物质和经济空间,才能有人格的独立自由可言,才能长久保持夫妻感情的美好与和谐。

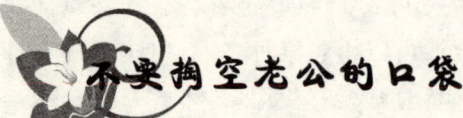不要掏空老公的口袋

丈夫气呼呼地朝妻子说:"不知是哪个小家伙偷拿了我钱包里的钱。"

妻子不以为然地说:"你怎么可以怀疑自己的孩子,也许拿钱的不是他们,而是我。"

"绝不会是你,因为钱包并没有被拿空。"

男人有钱就变坏,过来人的谆谆教诲萦绕耳边,这似乎成为婚姻生活中的暗礁,于是,许多妻子将经济手段视为控制丈夫的最佳方法。但事实证明,有剥削就会有反抗,有管制就会有对策,"私房钱"从而应运而生,夫妻间成了一场猫鼠游戏。可见,"管"永远不是办法,"掏"更不是良策,如果夫妻二人时时提防,步步小心,那么家庭乐趣又从何而来呢?

现实生活中,许多夫妻都有各自的工作、兴趣、人际关系,需要应酬、花销、出门办事。特别是男人,如果他此时囊中羞涩,那么自会大丢面子,妻子也会尴尬。

很多已婚的男人都会对结婚后财政大权的移交抱怨不满,他们经历了由结婚前的"单身贵族"到结婚后每月要将所得的收入如数上交老婆的"佃户"的巨变,心理都会很不平衡。有的无限怀念,有的抱憾"终生",因而引发围城中的"战火"。这种情形的产生主要来自于妻子"精明"的经济管制。其实,有的时候妻子不妨糊涂一些,给丈夫一些空间,给丈夫一定尊严,只要你"心如明镜",又何怕他的"暗度陈仓"。

"钱乃身外之物",这句话虽然被用得"滥"之又"滥",但它的确又是"真"之又"真",其中蕴含着千古颠扑不破的真理。夫妻生活,不要太汲汲于金钱之中,彼此珍视、互相尊重,才是婚姻生活的重要支柱。

消除"妻管严"现象

"你体验到年轻妻子的威力了吗?"

"太可怕了。不能抽烟,不能喝酒,还要挨骂。"

"这可太苦闷了。"

"苦闷,她也是禁止的。"

现代女性越来越不满足于家庭里的角色,其中有些人认为"矫枉必须过正"。于是,不少妻子自觉不自觉地扮演起"妻管严"的角色。

"妻管严"是一种利己主义的产物,它不过是"大男子主义"的翻版。在"妻管严"的家庭中,缺乏温暖,空气窒息,对家庭危害极大。这种家庭,失去了本应有的民主、和谐、温暖、友爱的和睦气氛,家庭经常处在对一些小事的是是非非矛盾之中,夫妻间也造成一种人为的隔阂。

由于妻子的无理和不时的敲敲打打,使丈夫在心理上产生了一种危机感,整天在委曲求全、胆战心惊的心理支配下生活,失去了欢乐,丧失了自信。表面应付,实则是貌合神离,夫妻在思想上产生了一条鸿沟。

很多男人乐意做模范丈夫,但并不甘受"妻管严",对"妻管严"心生厌恶,经常在他人或感情比较接近的女性面前,诉说自己的悲哀和不幸,以引起异性的同情,寻找新的精神寄托。结果就可能会发生婚外恋,导致夫妻离异。

愚昧、落后和虚荣心是产生"妻管严"的土壤。大多数丈夫对"妻管严"这种精神枷锁叫苦不迭,迫切希望摆脱这种没有和谐气氛的家庭桎梏,实现真正的男女平等。

消除"妻管严"这一家庭弊病,丈夫就要做到以诚待妻,克服自卑的心理,除了充分肯定妻子在家庭中的功劳外,还要经常善意地指出她的弱点、毛病,并用自己的实际行动教育、感化妻子,共同改变这种弊病。

而作为妻子一定要有自知之明。事实上,女性的自尊和独立,并非一定要打倒男子,实行大女子主义才能取得,因为那不是平等。真正的平等要靠友爱互信来取得,这一点应该是每一对"妻管严"式的夫妻都应明白的道

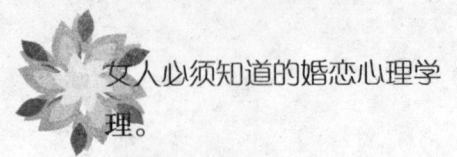

理。

让不让丈夫"看美女"？

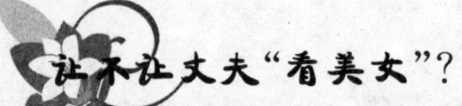

这天，王红又找闺中密友陶丽诉苦了："我的丈夫样样都好，对我也很好。可是让我受不了的是每次看见漂亮女孩，他都要行注目礼，丝毫不顾我就在身边，我也是个大美女啊！他爱我，既然和我结了婚，为什么还对别的女人感兴趣，难道我没有魅力了吗？"

陶丽听了以后，也是一肚子的苦水："别说了，我家那位也是，一看见漂亮女人就两眼放光，我们为此不知吵过多少回了。"

男人都有"美女情结"。日本的一位心理学家曾这样解释男人爱看美女的行为：男性在本质上具有这种注视女人的特性，很像不停地从一朵花飞向另一朵花的蝴蝶，即使爱惜这朵花，也得违心地向周围的花转移视线。

有趣的是，男人常看美女有益健康。加拿大研究人员曾对200名男性进行了为期5年的观察，发现那些每天都能"遭遇"漂亮女性的男子，的确血压相对较低，脉搏跳动较慢，心脏疾病也较少。为此他们提出，男人彬彬有礼地凝视美丽的女人，其健身效果相当于做了30分钟有氧运动，可平均延长寿命4~5年。

在台湾就有这么一位老人，名叫黄春益，已94岁高龄，仍然耳聪目明。而黄春益老人自称其长寿的秘诀是"每天都看美女"。退休以后，黄春益老人坚持每日欣赏、剪贴报纸和杂志上的美女照片，至今已收藏美女照片超过10万张。

由此说来，爱看美女是由男人的生理特征决定的，出于一种异性相吸的本能。可偏偏女人对男人的这种特性都格外讨厌。于是害得胆小的男人们在遇上美女时，只能偷偷地看上两眼，生怕回去跪搓衣板。

其实，女人对男人的这种行为大可不必紧张。男人对任何事物都不容易专一，例如我们常会看到男人边看报纸边吃饭。而男性盯着女人看是别无他意的，就像熟练的司机，临近交叉路口时，都会不自觉地迅速注视左右。

男人看美女也就是欣赏而已,对那些关系婚姻前途的女人,男人绝不会粗心,更不会肆无忌惮。男人知道不能危害自己的幸福。而且,女人必须了解,女人对男人的吸引力不仅来自身体。男人也许会拿电视、杂志上的漂亮女人来跟他的爱人做比较,但是很快,那些遥远的图像就会失去效力,他会衷心地去欣赏伴侣独特的美。

所以,女人该自信,男人的这种"花心"根本构不成对感情的威胁。男人不认为偶遇的美女比自己的妻子更吸引人,因为绝大多数男人不相信她比自己的爱人更可爱,美女只不过是多姿多彩的人生中另一件有趣的事物。给男人几分钟,他会把注意力从她那儿收回来,只有你才能令他久久地着迷。

如果你的老公注视并赞赏其他女人,而你为此不快的话,最解恨且奏效的方法是叩击他的头部或狠狠地痛斥他一顿,或两者兼用。你也可以适时地幽默一把。例如,你可以豁达地说:"宝贝,看美女没关系,但不要流口水!"这种方式男人最好接受。

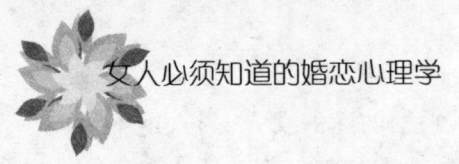

金钱不是万能的

> 金钱能带来食物,却带不来胃口;能带来婚姻,却带不来真情;能带来享受,却带不来幸福。金钱不是婚姻的主人,它只是个仆人,须服从于爱的领导。

结婚后,阿哲的事业蒸蒸日上,钱越赚越多,妻子小萍成了他人眼中艳羡的对象。但是她却感觉到自己在家庭中只是充当着不懂事的小妹妹的角色,随着丈夫财富的日益积累,自己已经成了这个家的花瓶摆设。小萍是一个个性强、有见解、有现代意识的新女性,她不愿失去自我,于是一再与丈夫进行抗争,争取自己的权利。

面对妻子的"无理取闹",阿哲却有着自己的理由:"为这个家我操了多少心,彩电、冰箱、音响全是进口的,你更是吃穿不愁,要什么我给你什么,你还有什么不满足?我不赌钱不搞女人,有哪样对不起你?我花钱是想买来快乐,早知道买来的是你的怨气,我弄它来干什么!"

小萍反驳说:"自从你发达以后,整个人都变了,对人充满敌意。过去我工作的时候,赚的钱两个人分享;现在你发财了,跟你要钱反而变得不可能。你对我事事控制,件件算计,我已经成了你的玩偶。钱,是你做任何事情最主要的动力;人,包括我在内,都已成为次要的考虑。对于你来说,拥有了钱就拥有了一切。你早已不在乎我们的感情,你在乎的只是我的服从。我不知道自己还能忍耐你多久。你的爱财如命,毁了我们的婚姻。"

夫妻俩越吵越凶,矛盾一再激化,从小吵到大闹,从大闹直至提出离婚。最终,一对恩爱的夫妻一拍两散,劳燕分飞。

金钱与爱情

女人说,有钱又有爱的丈夫是理想的男人,有钱没有爱的丈夫是有本事的男人,有爱没有钱的丈夫是没出息的男人,既没有钱又没有爱的丈夫不叫男人。

男人说,美丽动人又温柔贤惠的老婆值得爱也值得花钱,美丽但不贤惠的老婆不爱也得花钱,贤惠但不美丽的老婆值得爱但不必花钱,既不好看又不贤惠的老婆花钱也不爱。

在现代社会中,恋人结婚,夫妻生活,这一切没有钱都不行,金钱似乎已成为许多人衡量婚姻与爱情的标准。

人们常说"贫贱夫妻百事哀",那么是不是"富贵夫妻万事顺"呢?幸福的人生有时是要靠金钱来造就,但是金钱也同样能够造就人生的不幸。幸福无法用金钱买到,它是蕴藏在男女内心深处的一种珍贵的感情。这种感情可以在任何时候、任何地方都能感觉得到。它与金钱没有必然的联系。真正的幸福,只有当你真实地认识到人生的价值时,才能体会到,用金钱买来的爱情不会长久,用诚挚感情培植的爱情花朵才会永开不败。

在有些人的心目中,金钱似乎是一种罪恶之物,"男人有钱就变坏,女人变坏就有钱",根深蒂固地存在于某些人的思想之中。不少妻子在家里千方百计搜刮丈夫的钱,在家里争财权。这样的婚姻即使不会走向破裂,也必然不会幸福。

许多男人认为给予爱人金钱的奉献便是爱的奉献。男人认为金钱可以解决一切问题,却不知女人需要的是感情的慰藉。女人在不快乐的时候,如果不能得到丈夫的安慰,就永远不会真正地快乐起来。女人真正的快乐,是要能身心放松地浸泡在丈夫的关爱之中,而不是做丈夫财富的展示品。

男人要懂得,使婚姻无情的原因,是缺少对良好夫妻关系的培养,而不是缺少财富。如果男人多用一些时间跟妻子、孩子在一起,并且对她日常的烦恼和问题表示理解,金钱就会有利于他们的关系。

有钱没有情,要看用钱之人有无情意。如果是有情之人去掌握使用它,自然会带来幸福,迎来真情。钱用的得当,便能改善生活条件,提高生活质量,扩大生活情趣,丰富夫妻的精神生活,增强夫妻爱情的亲密度。

钱要怎么花?

专家发现,对于怎样花钱拥有同等决定权的夫妻,一般来说婚姻比较和谐。换句话说,经济权力均等(即使双方收入不太可能相等)是婚姻幸福的关键。

如果夫妻双方的金钱观念有差异,在没有及时沟通、相互了解的情况下,危机自会不可避免地爆发。而在危机产生后,双方要是不注意认真协调,互相检讨自己的言行,那么婚姻走向灭亡也是理所当然的事情了。所以,对于相爱的夫妻们来说,金钱观念的沟通协调起着至关重要的作用。

金钱理念在婚姻生活中起着重要作用,对夫妻间的冲突影响重大。一个人的金钱理念关系着他本人感觉幸福与否,关系着他为人处世的态度。有的人属于满足型,为自己设定一个合理的目标,努力去达成或者超过它之后,便会对所拥有的生活心满意足。有的人则属于永不知足型,无论自己设定了何种目标,无论有没有达成,都不会感觉满足。而这些具有相反金钱理念的人如果相结合,就意味着婚姻中无尽的麻烦。而解决无尽麻烦的最主要手段就在于要从细微处着手,通过配偶所做的点滴小事仔细熟悉其金钱理念,了解其金钱模式,从而避免日后的婚姻破裂。

调查中发现,比较多的男性认为自己对金钱的想法与妻子不同,而女性则较相信自己的想法与丈夫相一致。可见,在夫妻生活中金钱观念很少为配偶所了解,两人更缺少有效、和谐的沟通。现实情况中有很多夫妻产生的矛盾,恰恰是因为一个人的发财美梦,也是另一个的噩梦。如果夫妻双方金钱观念不同,两人就会产生格格不入的感觉。当夫妻因此而产生冲突时,往往逐渐失去对彼此的尊重。这时,夫妻俩要协调彼此的金钱观,也要做到互相了解,彼此接受。

喜欢金钱寻找金钱并非有错,错的是人们过高地估计了金钱的地位和力量。在婚姻生活中,必须明白金钱只是改善家庭物质生活的工具,不是控制配偶的砝码。

让家庭财政更合理

夫妻二人可以把每月的花费记录成一张整齐的单子，到年终把每月的花费再加起来。这张单子能精确地显示出当年在食物方面的花费，以及其他诸如燃料费、水电费、娱乐费等，还可以使用这些记录查出生活费用增加的情况。手边备有这种资料对居家生活的主妇们是很有帮助的，当你怀疑自己花了许多钱买了一件并不重要的商品时，记录就可以帮助你找到真相。只有当你知道错在哪里，哪些是不合适的项目，你才能找到办法改进现状。如果不知道在何处删减，为什么要删减，以及删减什么，节约就成了一句空谈的教条，只有找出不足，才能使你做出一个正确的改进，做好下一步计划。

其次要依照家庭需要设计预算。首先把一年中的固定开销列支出来，诸如房租、食品费用、水电费、保险费等项目。然后再计划必要的开销，诸如医药费、教育费、交通费、交际费等等，在列支项目时两个人要多商量，共同来执行。预算计划必须得到全家人的合作才能得到贯彻，同时还需具备坚定的决心和严谨的自制力。我们不能买下每一件我们所看到的东西，但是我们可以决定什么东西对于我们最为重要，从而放弃最不重要的东西。

每个家庭最好拥有一笔固定的储蓄。理财专家曾经说过，如果一个家庭能够节省全家收入的 10%，即使在物价上涨的情况下，过不了几年也就可以获得经济上的舒适。在瞬息万变的世界中，有时难免会遇到什么意外，急需大笔金钱。所以每个家庭至少要存下一至三个月的收入，用于紧急事件，以免到时手忙脚乱。在现代商品意识浓厚的社会里，每一位家庭成员都应会赚、会花，更应会攒钱。凡事都是由小及大，有朝一日回过头看看你的积蓄，也许会令你大吃一惊。

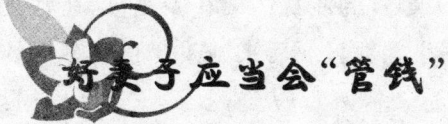

好妻子应当会"管钱"

善理家政的妻子一般都有很高的生活情趣和生活艺术。而对家政的处理很大程度上是与金钱打交道。

"在你们的收入范围内生活",这是作为妻子理家理财艺术的最高概括。然而,真正做好这一点并不是件容易的事。可以这么说,在现实生活里没有任何事情比财务上的失误更使人伤心和令人厌烦的。开销大于收入的妻子无疑是个脑筋糊涂、奢侈浪费的妻子。她不会得到丈夫的欢颜,因为这样的超越能力消费虽然可能使她的外表被装饰得华贵,但不会动人。

现代生活中的妻子面对着一个成比例的挑战,花同样的钱买下所能够买的东西,比十年前或者是五年前要少得多。各类物品价格的猛涨,生活消费水准的提高,孩子教育费用的增加等等,都使得现代妻子花每一分钱都要精打细算。

还有人认为,不管家庭的收入有多少,应遵循"有钱就多花,没钱就少花"的消费原则。看起来这种做法等于没有处理好收支关系,没有将钱用在该用的地方。这实际上是一种毫无目的的花钱,等于将自己的钱让那些肉贩、面包商、时装商们去分享。

所以,应该提倡有计划有预算地花钱。预算开销将告诉你削减那些不太重要的项目,将资金集中起来办一些重要的事。比如为孩子存一笔教育经费,购买房屋、养老保险金,以及添置一些必需的家用电器、工具等等。

如果你平时没有养成计划用钱的习惯,从现在开始就应当学习如何处理家庭财务。这也是帮助你丈夫走向事业成功的重要方法。如果你的丈夫有相当的收入,但花销起来也大手大脚,你就应当帮他捂紧钱包,逐步培养他计划用钱的习惯。

你虽然可以参考其他成功妻子的家庭预算计划,但每个家庭的实际情况各不相同,不能完全照搬。你所制订的这个计划一定是属于你的且是独一无二的。

将日常开销记录下来,使你对支出情况有个清楚的了解。在这些消费项目中分析哪些是应该开销的,哪些是可以节省的,以便日后注意。曾有一位妻子在月底清理账目时发现用于购买零食的钱就达200多元,这在她丈夫收入不太丰实的情况下,的确是个不小的数目。后来她改变了吃零食的习惯,也就节省了一笔可观的资金。

根据家庭的实际需求列出每月或每年的开支计划。首先将你每月必须开支的部分列出来,比如食物开销、水电费、房租、孩子入托上学的教育费、医疗费、购置衣物费等等。其次计划出你本月或者本年度拟购买的贵重物品,如小汽车、彩电、空调等等。制订这些预算时你所必须遵循的一个最根本的原则,就是一定要在你们的收入范围以内,否则,你就应当尽量减少那些不太重要的开销计划。

储存一定数额的钱以便应急。虽然眼下你和你的丈夫、孩子都平平安安,你的亲朋好友也都顺心安康,但一些意想不到的灾害难免有随时降临的可能。如果你将每个月的收入都用于开销,你就无法应付这些意外的紧急事件。所以,留有一定的活动资金以备应急对一个家庭来讲十分重要。如果你临时向别人借款,不但不能保证顺利借到,而且还要欠人一大笔人情。

将剩余的钱用作获取更大的利益。前面已经涉及要储存一部分钱留着应急,对于一个收入较多的家庭你也不必将所有的剩余的钱都存入银行,因为银行的利息毕竟太少。你可以将这些钱去投资一些有利润的商业活动,或者买一幢房子,然后出租给别人,收取租金,或者去开一个小店,雇请一两名精明的人来经营,这样也可以获得更大的利润,达到钱生钱的目的。

怎样对付留私房钱的男人

男人留私房钱是一个值得一谈的现象,同时是做妻子的特别需要理解的地方。在许多家庭里,往往是妻子当家,掌管着财经大权,而且喜欢对丈夫实行经济管制。其实,这种"管制"往往有两个目的:第一,限制丈夫在外拈花惹草;第二,免得丈夫胡乱花用,例如赌博等等。从而觉得一旦卡住经济命脉,好像丈夫就会老实了。这其实是一种十分愚蠢的想法。并且,还会产生相反的效果。所以,即使发现丈夫有那么一点"私房钱",有一个"小小的金库",也不能感到有多大的了不起,要认真分析男人存私房钱的具体情况。

父母的生活有困难,或者父母生病了,弟弟妹妹上学需要钱用,很想帮家里一把,却怕爱人不同意,所以悄悄地攒几个小钱贴补家用。遇到这种情况,应该体谅丈夫的心情。家里有了困难,做儿女的怎能袖手旁观呢? 父母养育了儿女,儿女必须孝敬父母,对此要给予支持。假如并未表示过反对丈夫支援家里,丈夫却瞒着你做了这件事情,那是丈夫的过错。

但是也不用和他争吵,而应该先阐明自己的观点,然后指出"小金库"的事情。这时,丈夫就会觉得不好意思。假如过去确有类似的事情和丈夫闹过意见,就应该检讨自己,今后主动提出给丈夫的家里一些资助。结果,丈夫不仅为你的转变而高兴,也不必再偷偷攒钱了。

你花钱的时候大手大脚,缺乏长远的计划,经常是月赶月,一分钱都剩不下。可是丈夫却很想攒些钱为家里添置些东西,可是又怕你攒不下,只能偷偷设个"小金库",到时候拿出来搞搞家庭现代化。假如是这种情况,你就不能过问"小金库"的事了。

只要不影响正常的生活开支,你就应该注意积蓄。丈夫看见你和他想到一块儿了,也就不必偷偷地攒钱了。

丈夫有某些嗜好,比如抽烟、喝酒、养花、养鱼……可你却极力反对,进行经济封锁,想以此改掉丈夫的嗜好。但是,丈夫不肯改变习惯,还设置了"小金库",以使自己用钱的时候方便。碰到这种情况,你也不必大动肝火,而要和丈夫讲明道理,指出某些嗜好的害处。但绝不能搞经济封锁,这不能从根本上解决问题,还会使他偷着攒钱的时候更无所顾忌。另外,对于丈夫的某些嗜好,不能一概反对。比如,像适当地养一些花、草、虫和鱼等,不仅可以美化环境,还能陶冶性情。假如你在这些问题上宽宏大量,不令丈夫感到为难,丈夫的钱攒得也就没有意义了。

夫妻的感情很不好,貌合神离,私下攒钱留一个后手,这种情况只能从改善夫妻关系上解决了。

其实,对于心眼比较小的妻子来说应该为男人攒私房钱而感到高兴,而不要一心钻进牛角尖里不能自拔。事实上,以前常常是妻子留私房钱,以防止某一天被丈夫抛弃,或者遭遇不测,而现在丈夫也留"私房钱",这正说明女性的地位得到了提高。这应该值得你高兴呀!如果想靠经济手段来杜绝和制裁男人,是不明智的。从另外一角度来说,丈夫手里留一点私房钱,也不会在一些细小的开支上和妻子产生冲突。

了解配偶的金钱观

金钱在婚姻生活中起着重要作用,夫妻的金钱观是否一致,是其关系能否和谐的重要因素。了解爱人的金钱观,可以从下面的测试开始。本测试共有10道题,每道题有四个选项。

A.应该这样做
B.应该尽量这样做
C.没有必要这样做
D.最好不要这样做

01.对经济上有困难的亲友慷慨解囊。
02.丈夫不过问家庭经济情况,由妻子管理财政。
03.丈夫从工资中先把自己的零花钱扣掉,再把剩余的交给妻子。
04.不让妻子管家,由丈夫每个月交房租、电费等等。
05.家里要有积蓄,以备急用。
06.在购买家具、小车等价格昂贵的物品的时候,要和爱人商量后决定。
07.丈夫负责保证全家的经济收入。
08.除了固定的工资收入以外,夫妻俩还应该尽量挣一些"外快"。
09.不能随便挥霍金钱。
10.即使家庭经济窘迫,也要保持乐观开朗的心情。

夫妻两人要独立回答。在每个题目的4个答案中,如果两人所选择的刚好是同一个答案,那么该题的得分是3分;如果两人对同一题目的选择差一个阶次,如一个选A,一个选B,那么该题目的得分为2分。要是两人的选择相差两个阶次,该题得1分;如果差三个阶次,该题得0分。总分在20～25分之间,说明你们的金钱观的协调性属一般水平,在这个世上有不少和你们相似的夫妻;如果低于这个分数,就应该选择答案相差阶次大的题目进行讨论,以缩小分歧。

需要说明的是，这个测验只是针对夫妻之间金钱观的差异是否过大，而不是针对你们的金钱观是否健康。事实上，有很多夫妻因为错误的金钱观导致家庭财政的危机，但是两人的金钱观是相近的，并未因此损害夫妻感情。

"红杏出墙"的诱惑

> 成功男人是：家里有个做饭的，身边有个好看的，外面有个想念的。
>
> ——新民谣

仁川大学毕业后，当了一名普通的公务员，认识了干出纳工作的秀秀，仁川对她一见钟情，展开了疯狂的追求。秀秀为自己能找到这么爱自己的男朋友而陶醉，毫不犹豫地嫁给了他。

仁川婚后的事业非常顺利，不久调到一个企业当上了厂长。这时，他认识了年轻漂亮的女孩兰兰，心就不在自己的那个家里了。

仁川感觉每天和自己的老婆生活在一起，就像喝了许多遍的茶水一样，没滋没味。日子久了，体会不到妻子的关心，也发现不了妻子的优点，和情人偷偷摸摸地在一起，反而满眼看见的都是对方的长处。几天不见，就像丢了魂似的，那感觉比当年谈恋爱时还热烈。

秀秀做梦也没有想到，刚当上厂长不到一年的丈夫会突然提出和她离婚。既然爱情已经死亡，那她还有什么可留恋的呢？秀秀只好与丈夫分手。

仁川和兰兰新婚初期生活得确实很恩爱。可是，时间一长，问题出现了。兰兰每天下班回家后，都要和锅碗瓢盆打交道，再加上一天劳累，有时吃完饭，连桌子也不收拾，倒在床上就呼呼大睡。如此一来，不但把房间弄得乱七八糟，并且自己也不像以前做情人时那样注意修饰了。尤其是在怀孕期间，身体胖胖的，彻底失去了昔日的风采。

面对眼前的兰兰，仁川困惑了，也后悔了。可是，当他梦醒时，一切都太晚了。

什么是婚外恋

所谓婚外恋,是指婚姻关系中的一方与配偶以外的异性发生情爱与性关系的行为。在现实的社会生活中,这种现象并不少见,而且还有日益增长的势头。婚外恋问题不仅直接关系着家庭中婚姻关系的稳定,也直接影响到社会整体的文化道德观念。从交往形式上看,婚外恋一般包括两种情况:一种是婚外性行为,另一种是没有性行为关系,只存在着一种"柏拉图"式的精神恋爱。如果从时间上分,婚外恋既有短暂的,也有长期的。

对于婚外性行为的评价,人们较为一致地把它当作一种不道德行为而予以谴责。但对于精神恋爱,很多人的认识上就存在一定的分歧,认为当事人不发生性关系,不算婚外恋行为。其实从人类爱情的基本结构上看就十分清楚,爱情是由性爱和情爱两个基本部分构成,无论是性爱还是情爱,它们都具有强烈的排他性。从理论上讲,真正的人类的爱情,只能发生在一对异性之间,而不可能同时存在于一个人与两个异性之间,如果夫妻间一方与婚外的异性发生爱情关系,其结果必然是降低对配偶的情爱与性爱,或干脆排斥配偶对自己的爱情。因此,无论是婚外性行为还是精神恋,无论是暂时的,还是长期的,对配偶的伤害和对家庭稳定的破坏作用都是一样的。

产生婚外恋的心理原因

婚外恋作为一种社会现象,当然存在着产生这种社会现象的生理与心理基础。

婚姻的感情基础不牢是产生婚外恋的首要原因。随着社会的发展,生活水平的提高和人们对生活需求观念的更新,以及价值观的改变,意识中的那种对婚姻生活的不满足感,越来越强烈地表现出来。于是,原先维系男女之间爱情的链条断裂并导致情感逐步淡化。如果夫妻双方的关系不能进行有效的调适,不能重建并更新夫妻间的爱情,就可能在双方或一方中产生移情别恋的动机,一旦遇到合适的异性,就很自然地导致婚外恋。

心理学研究表明,人需要的满足与否直接影响着人际关系的形成和发展。需要得到满足,对人际关系就起着增强的作用,反之,就产生失望之感,而削弱人际关系。若长期得不到满足,就会使人际关系疏远或中止。夫妻间爱情的发展同样遵循这一规律,夫妻中任何一方心理上或生理上的需要长期得不到满足,就有可能导致夫妻间心理上的隔阂,甚至使感情发生转移。

婚外恋问题作为人类两性间的关系问题,当然有其生理的依据,但更主要的是一种性心理行为。从社会的角度来评价婚外恋,是对婚姻体制构成了严重的威胁,具有明显的反道德性质。但是作为人的情感关系中的特殊现象,它又具有强烈的感情迸发力。如果对婚外恋行为作一个较为宽容的判断的话,那么可以说它是当代家庭生活中的具有悲剧性的一幕,它的出现曾使多少幸福的家庭解体,无论当事者处理得如何,对社会、对个人、对子女安宁的生活都是一种不小的危害。

为何有的女性甘愿做情妇

著名漫画家朱德庸笔下的"万人迷"是只要爱情不要婚姻的女性,虽然她才貌双全,却只愿意做情妇。

男性进行婚外恋的目的一般是寻求新的性刺激。而女性则不然。那么什么样的女人最容易成为情人呢?

一是爱慕虚荣,追求物质享受的女人;二是性欲旺盛,渴望激情的女人;三是天资艳丽,性感漂亮的女人;四是感情丰富,优柔脆弱的女人。

女人寻找婚外恋一般有多种目的性。对于第一种女人来说,本身的婚姻家庭状况不尽如人意,尤其物质上的匮乏,再加上她本身的虚荣作祟,就很容易对有钱有权的男人产生好感。于是不自觉地沦为这些男人的狩猎对象。第二种女人虽然性欲旺盛,渴望激情,但她又不仅仅只追求简单的性满足,大多时候,她的目的更为注重的是感觉,也就是所谓的"激情"。当然,女人的内心是有顾虑的,所以她们多数还是处于被动的地位。女人不会主动向一个男人提出性要求,但她可以向一个男人流露出爱慕心理和欣赏的表情。为了一个性欲掩盖下的激情,她会渴望男人成为她的情人,从而带给她快慰。

而第三种和第四种女人,其本身并没有所谓的情人渴望意识。但她们的性感和脆弱却无意识地吸引着男人，或者得到男人的关爱。再加上异性潜在的诱惑力，她们便极容易投入男人的怀抱成为他们的情人。但有一点与前两者不同，虽然建立了所谓的情人关系，但这类女人更渴望她的情人给予的是更多的爱护和真情。

预防婚外恋的发生

心理学家发现，孤独感常是促成外遇的主要原因，一个人要是没有人与他分享生活中的大大小小的事件时，孤独感便会油然而生，如果夫妻间缺乏亲切友好的感情交流，一方或双方便会感到孤独，以致寻找外遇。

夫妻间性生活不只是一种宣泄和生理需要的满足，主要是维持夫妻爱情的纽带，它不仅仅是肉体的交合还应伴随有情感的交流，如果在性生活中缺乏感情的分享，有一方就会感到孤独和寂寞，人的感情就像一座火山一样，不会永远沉寂，总会有爆发的一天，一旦爆发时，就会变成一种妄想目的破坏力量，很多有婚外恋的人坦然地承认，与他们发生性关系的人要比他们的配偶有更大的吸引力。值得注意的是，这种吸引力有时并不在于金钱、地位和外貌，而是在于气质和性格。

由于单调造成的厌倦是情变的主要原因。结婚几年后，生活的热情开始冷却。如果夫妻双方不能探索、寻找出新的、更令人满意的生活方式的话，则在这平淡无奇的背后就会孕育着人的好奇反射的总爆发，不甘寂寞的人便会寻找能够重新弹奏起交响乐的第三根琴弦。

夫妻间的争吵固然难免，但如果争吵太多，即所谓的"大吵三六九，小吵天天有"的话，就会使配偶的感情遭到过多的伤害而产生隔阂和更大的心理矛盾冲突，如当一方饱受伤害之苦而达到忍无可忍的时候，这就会促使其对夫妻生活的厌倦，丧失一起生活的信心。

一些社会心理学家认为，从实际情况分析，婚外恋之所以呈增加的趋势，根本的原因还在于缺乏真正的离婚自由，当今社会对离婚的观念还是相当的陈旧和落后，一些已经"死亡"或应该"死亡"的婚姻，由于它受到来自社会各个方面，包括工作单位、家人、邻居、婚姻登记机关、亲朋好友等等舆论的干预，以及当事人自身受子女、住房、经济等原因的限制和约束，顿觉离婚代价太大而却步,因之,离婚的充分自由也是杜绝婚外恋现象和提高婚姻稳定性的一个重要的因素,要给婚姻充分的自由。

防范"第三者"插足

要树立正确的恋爱观,正确地对待恋爱中的问题,要树立正确的婚姻观与家庭观,夫妻双方都要对婚姻与家庭高度负责,最大限度的尽自己对婚姻与家庭的义务。

夫妻感情的发展是无止境的,理想的夫妻应是随着岁月的增长,夫妻之情不断深化,夫妻感情越巩固,第三者就无地可插足,夫妻感情不和是第三者插足的良好时机,有些夫妻结婚后,忽视感情的培养,长此下去,感情易淡弱,为第三者插足提供了条件。

夫妻间要相互信任,无话不说,这样不仅可能消除夫妻之间的误解,而且也可以商量解决一些问题。例如在生活实践中,第三者对丈夫表示爱恋之情或者公开表达时,夫妻可共同商量对策,妥善地处理与解决问题。

夫妻的心灵美是相互吸引的基础,但不能忽视外表美在爱情中的作用。有些女性在婚后逐渐不注意适当的修饰,在无意识中冲淡了爱的吸引力。婚后夫妇双方都要保持清洁整齐,注意适当的修饰,保持异性的魅力,保持自己原有的吸引力。

当发现配偶有了婚外恋,怎样帮助配偶摆脱第三者是要讲究心理对策的。

首先要冷静、理智地分析情况。愤怒的情绪是可以理解的,但是一定要努力控制自己的情绪,通过调查分析,弄清事情的真相,采取正确的态度和对策。如果任由怒火燃烧的话,不仅不能使爱人回心转意,反而易使夫妻的矛盾激化。

其次要向爱人说明外遇对他自己,对家庭,对子女的危害性等等,讲明道理,使爱人对自己的错误有个正确的认识,悬崖勒马,改正错误。发现配偶有外遇,严肃批评是完全应该的,但同时在生活上要更加关心对方,感情上更加体贴。否则只能加大与对方的心理距离。

最后,要根据情况,有针对性地做好第三者的工作,必要时可以用法律

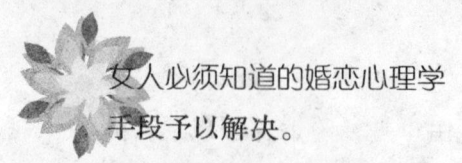

手段予以解决。

丈夫发生外遇的二十个信号

有人讲,夫妻双方一方有外遇,知道最晚的往往是配偶。其实,当你的爱人在心理或行为上已经出轨,对你不再忠诚时,总会有蛛丝马迹可寻。以下归纳一些外遇者常有的表现,供你参考。最关键的是你要细致观察,用心体会,既不能疏漏了丈夫的重要变化,也要避免风声鹤唳,草木皆兵,庸人自扰。

他大部分时间不在家,对家的关注明显减少;
当你打电话找他时,很难联系上;
在家时,他坐立不安;
夫妻在一起时,谈话越来越少;
突然"加班"多了;
某个同事或朋友的名字突然在他口中提到,某个常提的名字突然被回避掉了;
经常不经意地蹦出对某女性有好感的话来;
他对你忽然格外关心,格外温柔,热情得过了头;
开始说一些不像他平时所说的观点和笑话;
在家中他比你更快抢着去接电话,而且经常低声交谈,或支吾不语,或避开家人;而你常接到拿起来没声或声称打错的电话;
他突然开始想锻炼身体;
他突然异常地注重服饰,如打起鲜艳的领带;
他的开销比平常大了,又说不清楚花销的去向;
与女同事单独出差;
过从甚密的师生关系;
对你冷淡,性生活越来越少;
突然被要求做一些新的做爱技巧;
做爱时不再叫你的昵称了;

在争执中显得更好胜；

在日常生活中挑你错误和毛病比平时明显增加。

通常，不管是丈夫或妻子，有了外遇，一定突然间对自己的容貌、身材、衣着注意起来。平常不用香水的丈夫，突然香喷喷的回家；素来黄脸婆的妻子，突然热衷减肥，买了许多新衣服。中年的丈夫或妻子，突然故意装扮成年轻的样子，花格子衬衫、少女装都穿上了；而且对穿着表现得很神秘，回家之后立即换掉衣服，目的是要隐藏女人的香水气味或男人的烟味。

借口要工作得更晚，或突然间应酬多起来，常很晚回家，又提不出可信的理由，可能就是有外遇的征兆。或者，突然过分地关心对方的作息表，对配偶何时做什么，何时出差，何时加班，何时回家，打听得一清二楚，很可能是要利用配偶正忙的时候同情人约会，或者害怕约会时不小心碰到配偶，只好先弄清对方的行踪。

突然有奇特的电话，一接，对方不敢出声，或立刻说"打错了"挂掉，声音明显地属同一人。或者，配偶常借故溜出去打公用电话，或躲起来打电话，一当有人进房来，神色不安立刻挂断电话，这很可能正在同情人通电话。或者，接到电话，看到配偶在场，神色有异，匆匆讲几句就挂断，可能是情人打来的电话。

丈夫可能突然开始表示办公室有大量工作，出差频繁。突然有较平常为多的开销，将奖金藏起来不交，或向朋友借钱。

有的人突然对配偶严厉、挑剔或不理不睬，十分冷漠。有的人则变得积极、进取、自信，总之与过去不一样。突然对以往没兴趣的活动，比如打网球、慢跑、团体聚会等等，开始有兴趣起来，利用活动时间同情人约会，是最佳借口。

如对方衬衫上有口红印，口袋里有两张来路不明的电影票，被朋友看到同异性在一起吃饭、散步，关系极亲热等。

有上述一两项征兆，并不一定表明配偶有外遇。如果出现某些固定的模式，一段时间皆有征兆，而且三四种以上的征兆同时出现，就该对配偶注意了。

值得注意的是，夫妻之间千万不要疑神疑鬼，庸人自扰。一个过度怀疑

第四章 如何克服婚恋中的矛盾

的妻子,每天盘问丈夫的行踪,翻他的口袋,扣他的零用钱,最后丈夫受不了,真的就会发生外遇了。

婚姻状况测试

"第三者"在你家会找到插足之地吗?

01. 我和他经常会为同异性交往而争吵怄气,每次争吵之后,极难平静——
A.是的　　B.不　　C.不确定

02. 他手中有不少钱,花起来如流水,可对家庭建设却毫无兴趣——
A.是这样　　B.不是　　C.有时候是

03. 他经常背着我独自到外面游逛、约会、跳舞——
A.是　　B.否　　C.不确定

04. 他很少主动要求同我过性生活——
A.是　　B.否　　C.不确定

05. 当初恋爱我们十分相爱,彼此有强烈吸引力,可婚后他衍生了新动机(如原想找一个漂亮女人,婚后又羡慕贤内助)——
A.是　　B.否　　C.有点

06. 我常常因为忙工作、忙家务、忙孩子而忘记关心他——
A.是　　B.否　　C.不确定

07. 他最喜欢拿孩子做出气筒——
A.是　　B.否　　C.有的

08.我们夫妻原来感情蛮好,可婚后由于客观原因(如升学、提职等)把我们的差距拉大,于是感情日渐淡薄——
　　A.是这样　　　　B.不　　C.很难说

09.近来我丈夫常在我面前提及和夸赞某个女子——
　　A.是的　　　B.否　　C.不确定

10.半年来,我们夫妻性生活极不协调——
　　A.是这样　　　B.不是　　　　C.有点儿

11.我们两个的年龄相差12岁以上,双方都对此很敏感——
　　A.是这样　　　　B.不　　C.大概是

12.他一有时间,就躲在家观看那些淫秽书刊和黄色录像——
　　A.是的　　　B.否　　C.偶尔

　　以上12题根据自己的情况做答,凡选A得2分,B得1分,C为0分。答完后算出你的总分。
　　如果分数在9分以下,说明你的家庭"固若金汤",第三者虽然有意介入,但只能望洋兴叹。不过你也不可高枕无忧,社会毕竟是复杂的,你的注意点要放在未来上。
　　得分在9～16分,说明你的家庭已注意对第三者进行了防范,但不能说完全没有第三者的插足的可能,不要大意,特别要防范那些条件优越、手段高明的第三者。
　　总分在16分以上,建议你们对婚姻的历史与现状做一番回忆与思考,如果属于误会要及时消除,如感情出现危机看能否设法弥补,显然,你的家庭给第三者留下面积较大的落脚之地,说不定第三者已经插足,你要认真对待。

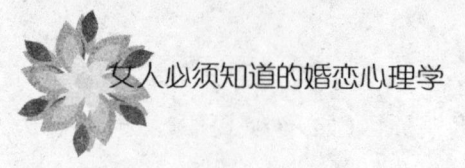

天亮以后说分手

> 人是一种受本能愿望支配的低能弱智的生物。
> ——《一个幻觉的未来》，弗洛伊德

28岁的小茹是一名公司职员，已经结婚两年多了。在一次同学生日聚会上，小茹认识了一位有名的画家，画家幽默、随和的性格引起了小茹的注意。晚会结束后，画家被委派送小茹回家。分手时小茹主动要了对方的电话，但是很长时间两人都没有联系。

有一天，画家忽然给小茹打电话，请她帮一个微不足道的小忙。虽然事情没有办成，但是画家还是来电话说，那件事很麻烦你了，一直想找个机会答谢，能否赏光一起喝茶。听他这么一讲，小茹根本就没有勇气拒绝。

或许是因为小茹年轻的时候太招惹人了，丈夫对她管得比较紧，结婚后小茹还从没和一个异性朋友单独出去过。

他们的约会选择的茶馆在城楼上。喝完茶两人沿着城墙往下走。当时月光清幽，小茹心里有种说不上来的冲动。不知什么时候画家已经将小茹揽到怀里，她昏沉沉看着他，一点回绝的力气都没有。小茹说，当时与他可能发生什么事的念头一下子烧得她很兴奋，有点像初恋时的感觉，于是就去了画家的住处。

第二天回家，丈夫询问她前一天晚上没有回家的原因，她撒谎说睡在同学家里了。丈夫打电话去问，结果自然是对不上茬。他一下子觉得问题大了，非要小茹说出原委。小茹知道这种事越解释越糟糕，只是说："什么事都没有，你要相信我。"可丈夫从此以后对她越来越冷淡了。

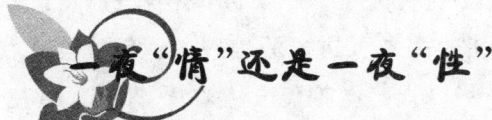
一夜"情"还是一夜"性"

对于"一夜情",美国著名的社会学家有过一番精辟的诠释:"一夜情主要是基于男女双方动物性的吸引,男女主角更多考虑的是对方的外貌、身体等非社会性因素,而忽略了恋人相处时应注重的主因,例如,性格、品质、修养等。从这个意义上说,"一夜情"是一种社会退步的表现,是人向动物的一种退化。"

有的学者认为"一夜情"的产生与中国处在社会的转型期有关。随着新旧体制的转型,经济的发展,中国人的生活在物质上越来越富足,但是精神生活的发展却远远落在物质生活之后。随着经济的发展,人们的居住密度越大,社会中人们的生存压力就越大,人际关系就越紧张,彼此就越缺乏信任,使人们出现迷茫和焦虑。而作为已经适应群居生活的社会人,却又渴望着人与人之间的交流和往来,这就促使一部分人寻找一种特别的、短暂的又无须计较后果的情感交流方式。

女性的主动是现代两性关系中的新现象,尤其在"一夜情"的案例中表现得更为突出。

不少女性找"一夜情"的心理根源,来自她们心底的伤,最多的就是被男友抛弃了,而这个男友往往是她第一个以为可以托付终身的男人。所以在分手后,心理受到极大的伤害,不再相信爱,于是开始故意放纵自己,用"一夜情"来弥补自己心灵的伤口。而由于对爱情的失望,加上对自己放纵的痛恨,这种复杂的感情会导致心理上认为自己是个坏女孩儿,更加的放纵自己,所以频繁地找"一夜情"。

孤独心理是女性寻找"一夜情"更主要的原因。当漫漫的长夜,身边无人陪伴的时候,心理的孤寂,往往是很多单身女性"一夜情"的原因。其实对性的需要并不大,只是想找个人陪陪自己,和自己度过漫长的夜。"一夜情"是对温暖的向往和对孤独的恐惧的一种填补。这类女性一般观念开放,思想激进,充满对浪漫情怀的渴求。从这个角度说,"一夜情"也有其积极的因素。

传统文化观念中的男女关系是男尊女卑、男主女从、男强女弱,"一夜情"中女性的积极、主动暂时地改变了这种关系——女性也有权进行性表达,满足自己的性需要,从某种角度讲也是一种进步的表现。现代社会,女性在逐渐摆脱被动、屈从的地位,一些男人甚至抱怨女人在婚姻生活中表现过于主动,以至让男人感到有压力。

但是无论如何,我们仍处于一个男权社会,女性所处的不利地位并没有完全改善。女性在性方面的主动更容易受到非议,相反,社会对于男性总是更多宽容。一个女人如果没有在心理上做好充足的准备——能够承担事情的后果,如果有后果的话,女性受到的伤害可能更大。因为女性比男性要承担更多的舆论压力。

"一夜情"的危害

"一夜情"是对传统性道德的颠覆。不可否认,传统的性观念、性意识有落后的方面。所谓"食色性也",性本来就是一种本能的东西,是关系人生繁衍、人生幸福的大问题。然而,两性关系其实又是把双刃剑,性问题往往是一团烈火,如果不慎重对待,就极有可能因之而受伤。从科学的角度讲,不仅要追求性自由,而且更应该追求性健康。性自由不是绝对的、不加任何限制的,人类的性包含了爱情、道德的因素。如果过分放纵性欲,追求所谓的纯粹的性满足,会使人变得颓废堕落。

由于"一夜情"的发生常常带有偶然性,加之为了追求快感,大多数男女在发生性关系时都没有必要的安全措施,更由于彼此对对方既往的性经历和健康状况几乎一无所知,因此这"一次"就很可能沾染性病甚至艾滋病,这个结论已经被众多的临床统计充分证实。另一方面,由于偷情行为经常是在极度亢奋的状态下进行的,男方容易动作粗暴,不讲技巧,难免会引发炎症及生殖道的创伤,女性则容易发生阴道痉挛、局部擦伤、阴道撕裂、大出血等。此外,偷情者双方都有着怕被人撞破隐私的紧张心态,这种情况下很容易诱发性功能障碍。因此,"偶尔一次"并非那么轻松简单,不设防的结果是不受保护的。

除了身体上的伤害,"一夜情"行为带来的心理阴霾更是难以消除的。这种不可能坦然进行的性关系,在彼此心理上多多少少会很自然地留下如同偷窃者一样的烙印。激情过后，除了担心可能怀孕、患病、被他人知晓外，如何面对现在或未来的伴侣？这段不合法的性经历该深深掩埋，还是从容道出？总归是潜藏心头的一块巨石，成为一种无形的心理负荷。

　　从心理学的角度分析，参与"一夜情"者多数没有心理疾病，但不排除有这个可能。那种对性行为过分追求已成瘾者，心理学上称为"性成瘾者"。多数"性成瘾者"都是婚外的行为，寻求强烈的刺激，获得新奇感，因为婚内的性行为对其已经起不到强刺激作用。"性成瘾者"不仅对自己、家庭有破坏力，对社会也会有不良影响，因为不节制的行为可能会导致犯罪行为的发生。

　　此外，"一夜情"行为比婚外恋对整个社会产生负面效应还要大。因为婚外恋的对象一般是一个人，而"一夜情"是不断变换对象，是对婚姻家庭的破坏，是对人际关系的破坏，自然就影响到社会。